신약성서
헬라어 문법

신약성서
헬라어 문법

J. G. 메이첸 지음
이 영 근 개정·번역

비블리카 아카데미아

ΤΗΙ ΜΗΤΡΙ ΜΟΥ

개정번역판을 내면서

교회는 항상 개혁되어야 한다는 말이 있다. 그리고 이러한 요구에 부응하여 각 교회는 나름대로의 개혁 방향을 새롭게 정립하고 있다. 그 중에서는 개혁을 시대 상황에 따른 새로운 변화로 이해하기도 한다. 하지만 개혁은 전혀 새로운 모습으로의 탈바꿈이 아니요 오히려 "*근원으로* 되돌아가는 것"(ad fontes)이다. 즉, 인간의 개혁은 본래의 하나님의 형상을, 교회의 개혁은 그 토대인 하나님의 말씀을 회복하는 것이라고 말할 수 있다. 그러므로 우리는 교회의 개혁을 위해 거창한 구호를 앞세우면서 회중들 속으로 들어갈 것이 아니라, 성경을 품고 자기만의 골방 속으로 들어가 하나님의 말씀을 깊이 파헤쳐야 할 것이다. 또한 그 옛날 이천 년 전 팔레스타인 사막의 쿰란 사람들은 "성경 연구"(그들의 말을 빌리자면, מִדְרַשׁ הַתּוֹרָה "미드라쉬 핫토라")가 곧 광야에서 하나님의 길을 예비하는 것이라고 여겼다. 이는 오늘날 그리스도의 재림을 예비하는 우리에게도 적용될 수 있지 않을까.

성경을 연구하는 데는 여러 가지 길이 있을 것이지만, 그러나 가장 기본적이면서도 가장 중요한 일은 히브리어 구약과 헬라어 신약의 원전을 읽고 이해하는 것이다. 물론 원전이 우리말로 잘 번역되어 있는 것도 사실이다. 그러나 번역본의 한계는 이미 주전 2세기에 히브리어를 헬라어로 번역한 "집회서" 머리말에도 지적되어 있다. 따라서 하나님의 말씀을 전하는 예언자들과 사도들의 외치는 소리를 좀더 생생하게 듣고 가슴 벅찬 감동에 전율하며 그들의 파토스에 의해 점화된 불같은 뜨거움이 치밀어 오르는 체험을 하기 위해서는 원전을 펼 수밖에 없음이 사실이다. 그래서 신학교에 입학하는 학생들 대부분은 원전만큼은 제대로 공부하겠다고 굳게 다짐한다. 그러나 성경의 원전은 정말이지 차갑도록 그들의 접근을 거부하고 자기에 대한 뜨거운 열정을 먼저 보이라고 요구한다. 그리고 미지근한 자들에게는 시작부터 바윗

덩이 같은 낙담을 안겨준다. 그리하여 많은 학생들이 원전을 향하여 "머리를 흔들고" — 이는 아마도 애정의 왜곡된 표현일 것이다 — 떠나버리지만, 그들 마음 한 구석에는 야속한 미련이 아무리 지우려 해도 지워지지 않고 남아 있을 것이다. 그러나 다시 한 번 시도해야 한다. 처음의 확신을 끝까지 굳게 붙드는 자가 그리스도의 동역자가 된다고 하지 않던가? 이제 히브리어와 헬라어 문법책을 책상 앞에 처음처럼 다시 펴놓기 바란다.

역자는 원래 구약학을 전공하는 자이다. 그러면서도 헬라어 문법을 말하려고 하니 여간 쑥스럽지가 않다. 그러나 구약학을 전공하기 이전에 하나님의 말씀을 연구하는 자라고 말하고 싶다. 역자는 처음에 — 지금도 그렇지만 — 성서신학을 하면서 여러 가지 역사비평에 관한 많은 학설들에 접했었다. 일면 수긍이 가는 것도 있지만 짧은 신학적 소견으로는 받아들일 수 없는 주장도 있었다. 그러나 무엇보다도 당황스러웠던 것은 성경 원문의 텍스트도 잘 알지 못하는 터에 문체와 용어 등에 근거한 비평학적 담론들에 참여해야 하는 일이었다. 이는 매우 고통스럽고 더욱이 나 자신을 속이는 짓이었다. 기초 공사도 안된 터에 인테리어 작업을 하는 건축업자를 상상해 보라(그런 역자에게 주위의 교우들은 하나님의 집을 세우는 종이라고 아낌없는 후원을 하였다). 그런데 이러한 고민은 역자 자신의 것만이 아니었다. 많은 신학생들이 이 문제에 부딪쳐 심히 고민하고 비틀거리는 것을 보았다. 그들에게 가장 중요하고 시급한 일은 다름 아닌 성경 원전을 읽게 해주는 것이다. 실제로 그들은 자신들의 신학교에 성경 원전을 읽게 해달라고 부르짖고 있다. 그러나 신학 교육의 현장은 그러한 소리에 귀를 기울일 수 있을 만큼 여유롭지 않다. 정해진 기간에 가장 효과적으로 가능한 여러 분야의 신학을 가르쳐야만 한다. 따라서 이 과제는 학생들 스스로가 해결할 수밖에 없다. 역자는 이러한 현실을 감안하여 신학생들 스스로가 헬라어 문법을 배우고 신약 원전을 읽을 수 있도록 하기 위해서 이 책을 선택하여 번역하였다. 이 책은 요즘 새로 나오는 헬라어 문법책들에 비하면 가독성(可讀性)이 좋게 만들어지지는 않았다. 그러나 학생들에게 정말 필요한 것은 헬라어 문법을 쉽게 빨리 배우는 것이 아니라, 헬라어 성경을 읽고 독해하는 것이다. 그러한 관점에서 볼 때, 가독성이나 용이성(容易性)은 그리 중요한 것이 아니다. 어차피 학생들은 성경 원전을 평생 읽고 야곱처럼 그것과 씨름해야 할 입장이다. 문법을 처음에 쉽게 빨리 배웠다 해서 그것으로 끝나는 것이 아니라, 원문 독해에 가서는 그 댓가를 톡톡히 치러야 한다. 그러므로 중요한 과제는 헬라어 문법 체계를 하나하나 서두르지 않고 착실히 익히는 것이며, 그렇게 해야 원문을 독해 할 때 흥미를 잃지 않는다. 만일 이를 어기고 처음에 조급히 대충 배우면 원문을 읽을 때 막히는 것이 많아 곧 흥미를 잃고 좌절하게 된다.

한 가지 이 책의 단점이자 장점으로 지적하고 싶은 것은 헬라어 단어와 예문 그리고 헬라어로 번역하는 연습문제를 우리말로 옮기지 않고 영어를 그대로 옮긴 것이다. 이 점은 독자들의 호된 비판을 감수하겠다. 그러나 역자 나름의 변명을 알타이語에 속한 우리말과 인구어(印歐語)에 속한 헬라어의 구조가 너무 다른 데서 찾고 싶다. 사실 우리말에는 신약성서 헬라어 구문에서 가장 중요한 위치를 차지하는 분사가 없으며 시제도 서로 일치시키기 어렵다. 뿐만 아니라 부정사 및 관사, 성(性), 전치사, 가정법, 접속사, 관계대명사 등 무엇 하나 제대로 상응시킬 수가 없다. 만약 억지로라도 일치시킨다면 이는 프로크루스테스의 침대에 뉘어진 것처럼 헬라어나 우리말이나 피차에 심한 손상을 받을 수밖에 없다. 평소 역자는 국어 교육을 위해서는 중·고등학교 영어 교실에서 영어를 우리말로 직역(直譯)시키는 일을 중지시켜야 한다고 생각한다. 국문법에는 어긋나고 영문법에는 맞는 괴상한 우리말이 횡행하고 있지 않은가. 헬라어를 우리말로 옮기는 것은 문법의 영역이 아닌 문학 창작의 영역이라 할 수 있다. 그러나 이 책의 목적은 분명히 헬라어 문법을 가르치는 데 있으므로, 헬라어 문법을 잘 설명할 수 있는 같은 어족에 속한 영어를 매개로 하였음을 이해해 주기 바란다. 이 책을 보는 학생들은 다행히 기초 영문법 정도는 다 알고 있으리라고 예상하였다. 역자는 신학교 일학년 때 이 책의 원서를 보면서 영어와 헬라어를 비교하므로 영문법도 더욱 확실하게 이해하게 된 일석이조의 효과를 거두었다는 사실을 독자들에게 일러주고 싶다.

또 한 가지 이 책의 특성은 "형태론"(morphology)에 대한 약간의 설명을 덧붙인 것이다. 이 부분은 원서에 포함되어 있지 않다. 그래서 굳이 이 책을 "개정 번역판"이라고 지칭하게 되었다(하지만 원서의 내용은 하나도 빠뜨리지 않고 모두 다 번역하였다). 역자가 성서 헬라어를 처음에 배울 때 혼란스럽게 느낀 것은 히브리어와는 달리 헬라어에는 불규칙한 형태들이 매우 많다는 점이었다. 예를 들면, 제2단순과거(aorist)를 불규칙한 형태로 분류하고 이를 무조건 암기하라는 식이었다. 하지만 히브리어 단어와 마찬가지로 헬라어 단어도 거의 모두 어떤 법칙에 의해서 그 형태가 변화되는 것을 고전 헬라어 문법책을 통해서 알게 되었다.[1] 물론 성서 헬라어 문법에서 그 문제까지 다루면 학생들에게 너무 부담이 될 수도 있을 것이다. 그러나 역자의 경험으로는 신·구약을 막론하고 성경 원전을 깊이 있게 그리고 흥미롭게 읽기 위해서는 음성학과 형태론에 대한 이해가 반드시 필요하다고 생각한다. 그래서 최소한이나마 이 문제를 각주를 통해서 설명하였다.

책을 만들고 나면 보람보다는 오히려 아쉬움만 남는다. 원고를 떠들어 보면 볼수록 미진한 것들만 쏟아지고 왜 이렇게 뿐이 안되는가 하는 자책으로 인해 괴롭다. 그리고 출판되고 나서는 한 동안 이 책에 눈길도 주기 싫을 것이다. 그럼에도 만일 이 책으로 헬라어 문법을 공부하여 유익을 얻은 학생들이 나온다면, 이는 오직 하나님의 은혜의

---

1. 이와 관련하여 역자가 주로 참고한 책들을 소개하면 다음과 같다 : 1) Herbert W. Smyth, *Greek Grammar* (Harvard University, 1920; revised by Gordon M. Messing, 1956). 2) Andrew L. Sihler, *New Comparative Grammar of Greek and Latin* (Oxford University, 1995). 또한 신약성서 헬라어 문법책들 중에서 음성학과 형태론에 관한 유용한 정보를 얻은 책으로, 3) J. H. Moulton & W. F. Howard, *A Grammar of New Testament Greek,* Vol. II, "Accidence and Word-Formation with Semitisms in the New Testament" (T. & T. Clark, 1929)가 있다.

역사에서 비롯된 것이며, 원저자인 메이첸 교수의 덕택일 뿐! 이 책의 부족하거나 아쉬운 점은 역자의 탓으로만 돌리기 바란다. 끝으로, 이 개정번역판이 나오기까지에는 비블리카 아카데미아의 두 형제들, 김 성원님과 이 두경님의 충심어린 조언과 격려가 있었음을 밝혀둔다. 그들이 그리스도 안에 있는 형제들에게 어떠한 사랑을 베풀고 수고를 아끼지 아니하였는지는 오직 주님께서만 아시나니 한 호흡과 같은 인간의 감사보다는 영원하신 주님께로부터 오는 상급으로 말미암은 기쁨과 평안이 그들에게 충만하기를 기원한다.

이 영근

비블리카 아카데미아

2001년 12월

서 문

이 교재는 헬라어 성서 공부를 시작하려고 하지만, 헬라어에 대한 지식이 전혀 없거나 또는 매우 불완전하여 그 기초 과정을 다시 학습해야 할 학생들에게 우선 도움이 되도록 만들어졌다. 오늘날 교육의 조급성을 생각할 때, 헬라어 성서를 보기 원하는 많은 학생들이 고전 헬라어를 공부해서 그 과제에 접근하기는 사실상 불가능한 일이다. 이러한 상황은 분명히 유감스럽지만, 그러나 엄연한 현실임을 부정할 수 없다. 불행하게도 신약성서를 배우는 수많은 학생들은 고전 헬라어를 전혀 알지 못하고 있다. 하지만 그들이 고전 헬라어를 모르기 때문에 그보다 훨씬 쉬운 신약성서 헬라어만이라도 배워 보아야겠다는 의욕을 상실했다면 이는 더더욱 불행한 일일 것이다.

이 책에서는 헬라어 고전은 언급하지 않고 신약 헬라어의 용법만을 설명할 것이다. 그러나 헬라어 고전을 이전에 대충이나마 배운 적이 있다면, 본 과정을 이수하는 데 크게 도움이 될 것이다. 그러한 지식을 소유한 학생들은 완전한 초보자들보다 훨씬 빠르게 각 단원들을 습득해 나갈 수 있을 것이다.

이 책은 헬라어 문법을 가르치기 위한 책이지 그것을 기술(記述)한 책이 아니다. 따라서, 이 책의 모든 내용은 그 언어를 친숙하게 읽도록 하는 데 도움이 되도록 하였다. 기술 문법책은 예들 들면 법칙들을 딱딱하고 간결한 공식으로 열거하겠지만, 이 책은 그렇게 하지 않았다. 저자는 이 책에서 15년 동안 신약성서 헬라어를 가르친 경험을 바탕으로 반드시 필요하다고 판단한 문법 사항들을 설명하는 데 노력을 기울였다. 더욱이 기술 문법책의 해설은 신약성서에서 실제로 발견될 수 있는 것만을 예(例)로 들지만, 본서는 신약의 책들에 나타나지 않을 수 있더라도, 이론적으로 단순화된 형태에 가능한 한 국한시켜 예를 들었다. 이로써, 어휘는 모든 점에서 학생들이 실제로 배웠던 것으로 한정시키고, 번잡한 각주는 피할 수 있었다. 문법적 요점은 한 번에 한 가지만 고려하는 것이 매우 중요하다. 그런데 신약성서에서 직접 인용한 예문들은 학생들에게 낯선 단어들과 용법들을 지니고 있어서 특별히 설명하려는 문법 요점을 오히려 모호하게 만드는 경우가 종종 있다. 그렇지만 신약성서에 자주 쓰이는 말을 예문으로 제시하도록 노력하였다.

이 책의 내용과 순서는 그 교육적 특성에 맞게 결정되었다. 신약성서 헬라어에서 꼭 알아야 할 필수적인 요점들만 다루고, 그 다양성과 유연성까지 설명하지는 않았다. 사실 그러한 성격은 본문을 독해하면서 터득하는 것이 좋다. 어떤 부분에서는, 예를 들면 분사와 관련하여, 설명이 너무 제한되지 않았느냐는 비판이 제기될 수 있을 것이다. 분사는 기본적으로 시간과 상관이 없으며, 다양한 뉘앙스를 나타낼 수 있다는 사실을 저자는 잘 알고 있다. 그러나 초보자들에게 무엇보다도 중요한 것은 현재와 단순과거 분사 사이의 차이를 확실히 이해하는 것인데, 처음에는 시제에 대한 우리의 사고 방식을 적절히 사용해야만 그 차이를 확실하게 구별할 수 있다. 또한 학생들은 먼저 단순하고 평범한 내용을 끈기 있게 반복함으로써 그것을 자신들의 뇌리에 확고히 심어둔 다음에 좀더 정교하고 난해한 내용을 다루는 것이 안전하다. 더욱이 이 책에서는 분사를 매우 비중 있게 다루었으며, 그것의 여러 가지 용법들을 충분한 시간을 갖고 학습하도록 배려하였다. 경험으로 판단하면, 분사가 신약성서 헬라어 읽기를 배우는 데 가장 힘든 난관이라고 말할 수 있다.

연습문제들은 특별히 주의를 기울여 만들었다. 마지막 몇 단원들을 제외하면, 연습문제에 나오는 문장들은 대부분 신약성서에서 그대로 옮겨온 것들이 아니다. 왜냐하면 이 책은 성서 구절을 암기시키려는 것보다는 헬라어를 가르치는 데 일차적 목적이 있기 때문이다. 그러나 이 책의 뒷부분에서는 신약성서의 헬라어 본문들이 직접 인용되는데,

이 때 자신이 암기하고 있는 성서 구절과 같은 것이 있으면 거기에 나오는 헬라어의 낱말 뜻은 단순히 어휘에서 보는 것보다 기억하기가 훨씬 용이하다. 하지만 초기 단계에서부터 그렇게 하면 득(得)보다 실(失)이 많다. 연습문제들은 해당 단원에서 설명했던 형태들과 용법들을 명확히 나타내도록 할 뿐만 아니라, 이전에 설명했던 가장 중요한 용법들을 새로운 문법적 관련 안에서 항상 돌이켜 볼 수 있도록 세심한 주의를 기울였다.

어휘들은 신약성서에 매우 자주 쓰이거나 또는 특별히 설명할 필요가 있는 단어들로 제한하였다. 예문들과 연습문제들에 새로이 나오는 단어들은 빠짐없이 수록되도록 매 단원마다 노력을 기울였다. 배운 단어들을 실제로 사용하지 않고, 그저 단어만을 달달 외우는 것은 시간 낭비일 뿐이다.

저자는 이 분야를 개척한 학자들에게 깊은 사의를 표하면서, 그들의 저서들을 여기에 소개한다: John Homer Huddilston, Ph.D., *Essentials of New Testament Greek*, 1st. ed., 1895; Rev. H. P. V. Nunn, M.A., *The Elements of New Testament Greek*, 1st. ed., 1913. 또한 John Williams White가 지은 두 책, *The Beginner's Greek Book* (1895)과 *The First Greek Book* (1896)은 문법을 기술하는 형식을 정하는 데 많은 도움이 되었다. 참고한 서적들 중에서 특히 유용했던 책들을 소개한다: J. H. Moulton, *A Grammar of New Testament Geek*, ed. by Wilbert Francis Howard, Vol. II (특히 Part ii, *Accidence*), 1920; E. D. Burton, *Moods and Tenses in New Testament Greek*, 1906; Blass-Debrunner, *Grammatik des neutestamentlichen Griechisch*, 1913; Goodwin, *Greek Grammar*; Grimm-Thayer, *Greek-English Lexicon of the New Testament*; Moulton & Geden, *Concordance to the Greek Testament*; A. T. Robertson, *A Grammar of the Greek New Testament in the Light of Historical Research*, 1914.

저자는 프린스턴 대학교 교수인 Edward Capps, Ph.D., LL.D.에게 심심한 사의를 표하고 싶다. 그는 더할 수 없이 친절하게 이 책을 면밀히 교정해 주었으며 여러 가지 점에서 귀중한 도움을 주었다(물론 이 책에 어떤 오류가 있다면 절대로 그의 탓이 아니다). 또한 프린스턴 신학교 교수인 Rev. William Park Armstrong, D.D.의 현명한 조언과 변함없는 친절은 저자에게 많은 용기와 도움을 주었다.

목 차

헬라어에 대한 개관

고전 시대에 헬라어는 다수의 방언들로 분화되었는데, 그들 중에서 도리스語(Doric)와 아이올리스語(Aeolic) 그리고 이오니아語(Ionic)가 큰 비중을 차지하였다. 주전 5세기에는 이오니아語에서 갈라져 나온 아티카語(Attic)가 특히 산문체 문학의 언어로서 최고의 권위를 획득하였다. 아티카語는 영화를 누렸던 아테네의 언어이기도 하였다. 투키디데스와 플라톤 및 데모스테네스를 비롯한 그리스의 大문호들이 거의 모두 이 언어를 사용하였다.

헬라어를 말하는 세계에서 아티카 방언이 우세하게 된 데는 여러 가지 요인들이 있었겠지만, 그 가운데서 제일 먼저 지목해야 할 것은 아테네 작가들의 천재성이다. 그러나 아테네의 정치적·상업적 중요성이 끼친 영향도 간과해서는 안된다. 수많은 이방인들이 외교와 전쟁과 교역을 통해 아테네와 접촉하였으며, 또한 아테네는 식민지들을 통하여 자신의 영향력을 확대시켜 나갔다. 하지만 아테네 제국은 사실상 빨리 분열되었다. 아테네는 펠로폰네소스 전쟁에서 스파르타에게 정복당한 것을 시작으로, 그 후 주전 4세기 중엽에는 그리스의 다른 도시국가들과 함께 마케도니아의 필립 왕의 지배를 받았다. 그러나 아티카 방언의 영향력은 정치적 세력의 상실 후에도 여전히 지속되어, 아테네를 정복한 자들도 그 언어를 사용하게 되었다.

마케도니아는 원래 그리스에 속한 왕국이 아니었지만, 그 당시 번성했던 아테네 문명을 받아들였다. 필립의 아들, 알렉산더 대왕의 가정교사가 그리스의 철학자, 아리스토텔레스였다는 사실만으로도 그 당시 상황을 짐작할 수 있을 것이다. 알렉산더는 순식간에 동방의 모든 나라들을 정복하였는데, 마케도니아 군대의 승리는 곧 아티카式 헬라어의 승리이기도 하였다. 그러나 알렉산더가 이룩한 대제국은 주전 323

년에 그가 죽자마자 사실상 붕괴되고 말았다. 하지만 그 제국에서 갈라져 나간 왕국들은 적어도 그 왕족들이나 지배 계급들을 감안할 때 아직은 그리스 왕국들이었다. 따라서 마케도니아의 정복은 바로 동방의 헬레니즘化를 뜻하였으며, 또는 이미 시작된 헬레니즘化의 진행을 어떻든 엄청나게 가속시킨 결과를 낳게 되었다.

주전 마지막 두 세기 동안에는 로마인들이 지중해 세계의 동쪽 지역을 정복하였지만 그들은 헬라어 사용을 억제하려고 하지 않았다. 오히려 그 정복자들은 매우 심각할 정도로 자신들이 정복한 자들에 의해 정복당하였다. 로마 자체도 이미 그리스의 영향권 안으로 들어와 버렸으며, 이제 광대한 자기 제국의 적어도 동쪽 지역을 다스리는 데는 헬라어를 사용하였다. 로마 제국의 언어는 라틴어라기보다는 오히려 헬라어라고 해야 할 정도였다.

따라서 주후 1세기에 헬라어는 세계적인 언어가 되었다. 한편 여러 나라의 고대 언어들도 사실상 여전히 남아 있어서, 많은 지방에서는 헬라어와 함께 토착 언어도 섞여 있었다. 하지만 적어도 로마 제국의 동방에 위치한 대도시들에서는 헬라어는 어디에서나 통용되었다. 로마에서도조차 헬라어를 사용하는 인구가 많았다. 따라서 로마 교회에 보내는 바울의 편지가 라틴어가 아닌 헬라어로 쓰여진 것은 전혀 이상한 일이 아니다.

그러나 헬라어는 자신의 영향력을 그처럼 지나치게 확장시킨 댓가를 치러야 했다. 그것은 정복의 과정에서 중요한 변화를 겪었다. 아티카語를 제외한 고대 헬라 방언들은 그리스도 시대가 시작되기 이전에 거의 완전히 사라졌음에도 불구하고 새로이 통합된 세계에서 사용된 헬라어에 상당한 영향력을 발휘하였다. 한편 이방 언어들이 끼친 영향은 예상 밖으로 헬라 방언들보다 훨씬 적었다. 그러나 보다 교묘하고 애매한 성격의 영향들이 강력하게 작동하였다. 언어는 그 사용자들의 지적·정신적 습성을 반영하는 것이다. 예를 들면, 아티카의 산문(散文)은 강렬한 애국심과 찬란한 문학 전통으로 뭉쳐진 조그만 도시 국가의 정신적 삶을 반영한다. 그러나 알렉산더 시대 이후에 아티카 말은 정신적으로 긴밀히 결합되어 살아가는 소규모 시민 집단의 언어가 더 이상 아니었다. 반면에 그것은 매우 다양한 성격을 지닌 사람들의 의사 소통 수단이 되었다. 따라서 汎세계적인 새 시대의 언어가 그 뿌리였던 아티카의 토착 방언과 매우 다른 모습을 지니게 된 것은 결코 이상한 일이 아니다.

알렉산더 이후에 세상에 널리 퍼진 이 새로운 언어는 "코이네"라고 일컬어졌는데 이는 적절한 명칭이었다. "코이네"라는 말은 "일반적"이라는 뜻을 나타낸다. 따라서 그것은 다양한 사람들의 일반적인 의사 소통 수단이었던 언어를 가리키는 데 나쁘지 않은 이름이었다. 즉, 코이네는 주전 300년경부터 고대 역사가 끝날 무렵인 주후 500년경까지 세상에서 널리 사용된 헬라어인 것이다.

신약성서는 코이네가 사용되던 때에 기록되었다. 언어학적인 측면에서 고려하면, 그것은 주전 마지막 수 세기 동안에 알렉산드리아에서 만들어진 "칠십인경"(Septuagint)이라고 불리는 구약성서의 헬라어 번역본과 일반적으로 "사도 교부들"(Apostolic Fathers)이라는 이름으로 분류되는 주후 2세기 초엽의 기독교 문헌들과 매우 밀접한 연관이 있다. 이러한 세 종류의 글들 가운데, 신약성서의 언어가 물론 제일 중요하겠지만, 그러나 표현 수단이라는 측면만을 고려한다면, 서로 간에 아무런 차이도 발견할 수 없다. 그러면 코이네의 발전 단계에서 이 그룹 전체는 어떤 자리를 차지하고 있는가?

신약성서의 언어는 투키디데스나 플라톤 또는 데모스테네스와 같은 아티카의 大문호들이 사용한 것과 현저히 다르다는 사실이 항상 주목되어 왔다. 하지만 이는 놀라운 일이 아니다. 그것은 수세기의 경과 및 새로운 汎세계주의의 대두로 인해 발생한 중요한 변화들로써 쉽게 설명될 수 있다. 그러나 다음의 사실은 매우 뜻밖이다. 즉, 신약성서의 언어는 그보다 4세기 이전에 활동했던 아티카 작가들의 언어와 다를 뿐만 아니라 신약성서가 기록된 바로 그 시대의 그리스 작가들의 언어와도 다르다는 사실이 알려졌다. 예를 들면, 신약성서의 헬라어는 플루타르크가 사용한 헬라어와 매우 다르다.

이러한 차이는 신약성서가 히브리어나 아람어와 같은 셈어의 영향을 강하게 받은 유대식 헬라어로 기록되었기 때문이라는 가설로 설명되는 때가 종종 있었다. 그러나 근년에 와서는 다른 설명이 점점 더 인기를 얻고 있다. 이 다른 설명에 중요한 자극을 준 것은 애굽에서 발견된 "비문학적 파피루스들"이었다. 최근까지 코이네는 대부분 거의 전적으로 문학 작품을 통해서만 학자들에게 알려졌었다. 그러나 지난 이삼십 년 동안, 애굽에서 유언장이나 영수증 또는 청원서와 私信 등과 같은 수많은 문서들이 발견되었다(애굽의 공기는 고대의 부서지지 쉬운 필기구일지라도 잘 보존될 만큼 무척 건조하다). 이러한 문서들은 "문학 작품"이 아니었다. 그들 중 다수는 그저 한 번 읽고 버리도록 작성된 것들이었다. 따라서 그 문서들은 책에서 사용되는 세련된 언어보다는 일상 생활에서 말해지는 실제 언어를 보여준다. 또한 그것들은 플루타르크와 같은 작가들의 언어와 중요한 차이점들을 지니기 때문에 코이네 시대에는 문학적 언어와 일상 언어 사이에 큰 격차가 있었다는 흥미로운 사실을 새롭고도 명확히 드러내 주었다. 그 당시의 문학가들은 아티카의 훌륭한 모범들을 다소 엄격하게 모방하고 있었으며, 어떤 인위적인 문학 전통을 고수하였다. 반면에 비문학적인 파피루스들을 기록한 無名人들은 아무 것도 모방하지 않고, 통속적인 언어로 꾸밈 없이 자신의 생각을 표현하였다.

그러나 신약성서의 언어는 코이네 시대의 문학과도 차이가 나는 여러 가지 점들에서 비문학적인 파피루스들과는 일치한다는 사실이 발견되었으며, 이로 인해 신약성서 언어의 명백한 특수성을 설명하기 위한 새로운 가설이 제시되었다. 이제 신약성서 헬라어가 현대의 독자들에게 독특한 인상을 심어준 것은 최근까지 코이네 시대의 문학적 언어와 다른 일상 언어에 대한 우리의 지식이 매우 짧았기 때문이었던 것으로 생각된다. 사실상 보통 말하기를, 신약성서는 헬라 세계 전체에 산재된 도시들에서 사용된 통속적 형태의 코이네로 기록되었다고 한다.

이러한 가설은 의심할 바 없이 중요한 사실적 요소를 내포하고 있다. 신약성서의 언어는 다른 문학 작품들에서처럼 일부러 꾸민 언어가 아니며 또한 유대식 헬라 사투리도 아니고, 그 당시의 자연스런 일상 언어였음이 분명하다. 그렇더라도 셈어의 영향을 낮게 평가해서는 안된다. 신약성서의 저자들은 거의 모두 유대인들이었으며, 그들 모두는 구약성서의 영향을 강하게 받았다. 특히 그들은 언어에 관한 한 칠십인경의 영향을 받았는데, 칠십인경은 거의 모든 고대 번역본들이 그렇듯이 原書의 언어로부터 영향을 받았다. 칠십인경은 이스라엘 종교의 심오한 요소들을 표현하기 위해 헬라어 어휘를 만들어 내기까지 하였다. 그리고 이 어휘는 신약성서에 깊은 영향을 끼쳤다. 또한 신약성서 저자들의 독창성이 무시되어서는 안된다. 그들은 개혁적인 새로운 신념들의 영향 아래 있었으며, 그 신념들은 언어의 영역에 효력를 나타냈다. 보통 단어들은 새롭고도 고상한 의미들을 부여 받았으며, 보통 사람들은 새롭고도 영광스런 경험에 의해 더 높은 영역으로 들리워졌다. 따라서 세부 항목들에서는 언어적인 유사성이 있음에도 불구하고, 신약성서의 책들이 애굽에서 발견된 서신들과 그 형태에서도 굉장히 다른 것은 이상한 일이 아니다. 신약성서의 저자들은 그 당시의 평범한 일상 언어를 사용하였지만, 그들은 그것으로 비범한 사상들을 표현하였다. 이 과정에서 그 언어 자체는 어느 정도 변형되었다. 히브리서는 의식적인 기교(技巧)라도 속에서 우러나는 진심을 표현하는 수단이 될 수 있었다는 것을 보여주며, 바울 서신들은, 그들 중에서 가장 간략한 것이라도, 애굽의 잔해 더미들에서 발견된 문서들처럼 버려질 것을 예상하고 사적인 일에 대해 대충 적어논 단순한 쪽지들이 아니라, 사도가 하나님의 교회에 보낸 편지들이다. 그레코-로마의 汎세계적인 대중 언어였던 코이네는 역사에서 그 목표에 잘 이바지 하였다. 그것은 인종과 언어의 장벽을 허물었으며, 그 생애의 한 시점에서 고귀하게 되었다.

제 1 과
헬라어 알파벳

1. 헬라어 알파벳은 아래와 같은 24개 문자들로 이루어진다.

형태 대	형태 소	이름[1] 헬라어	이름[1] 영어	발음[2]
Α	α	ἄλφα	*alpha*	***a**ha*[a]; ***fa**ther*[aː]
Β	β	βῆτα	*bēta*	***b**eg*[b]
Γ	γ	γάμμα	*gamma*	***g**o*[g]; *a**n**gle*[ŋ]
Δ	δ	δέλτα	*delta*	***d**ig*[d]
Ε	ϵ	ϵἶ, ἔ (ἒ ψιλόν)	*ĕpsīlon*	*m**e**t*[e]
Ζ	ζ	ζῆτα	*zēta*	*da**z**e*[z] 또는 *wi**sd**om*[zd]
Η	η	ἦτα	*ēta*	(불어) *f**ê**te, m**è**re*[ɛː][3]
Θ	θ	θῆτα	*thēta*	***th**in*[θ][4] 또는 "ㅌ"
Ι	ι	ἰῶτα	*iōta*	*f**i**fteen*[i]; *fift**ee**n*[iː]

---

1. 헬라어 알파벳의 이름은 우리말로 음역하기가 곤란한 부분이 있으므로 헬라어와 영어로 표기하였다.

2. 각 문자의 소리를 지닌 영어(또는 불어와 독어) 단어를 예로 들고, 괄호 안에 그 소리를 나타내는 "국제발음기호(IPA)"를 기재하였다.

3. 이 모음을 late의 "a"[ei]처럼 발음해서는 안된다. 이는 헬라어의 영미식 발음이지 원래 소리가 아니다. 한편 [e]와 [ɛ]의 차이에 대해서는 프랑스어 문법책이나 사전의 발음 해설편을 참조하기 바란다.

4. 중세 시대를 거치면서 변화된 발음 방식이다. 원래 발음은 예를 들면 "hot house"를 붙여 읽을 때 t와 h가 연음되어 나는 소리와 같다. 즉, 우리말의 "ㅌ"과 유사한 음가(音價)를 지닌 자음이다. 참고로 일러두자면, 헬라어 문

Κ	κ	κάππα	*kappa*	*s**k**in*[k] 또는 "ㄲ"
Λ	λ	λάμβδα	*lambda*	***l**et*[l]
Μ	μ	μῦ	*mu*	***m**et*[m]
Ν	ν	νῦ	*nu*	***n**et*[n]
Ξ	ξ	ξεῖ (ξῖ)	*xi*	*mi**x***[ks]
Ο	ο	οὖ, ὄ (ὂ μικρόν)	*ŏmīcron*	***o**bey*[o]
Π	π	πεῖ (πῖ)	*pi*	*s**p**in*[p] 또는 "ㅃ"
Ρ	ρ	ῥῶ	*rho*	***r**un*[r]
Σ	σ, ς	σίγμα	*sigma*	***s**uch*[s]
Τ	τ	ταῦ	*tau*	*s**t**eel*[t] 또는 "ㄸ"
Υ	υ	ὖ (ὖ ψιλόν)	*üpsīlon*	(독어) *gl**ü**ck*[y]; ***ü**ber*[yː]
Φ	φ	φεῖ (φῖ)	*phi*	***ph**ono*[f][1] 또는 "ㅍ"
Χ	χ	χεῖ (χῖ)	*chi*	*Ba**ch***[x][2] 또는 "ㅋ"
Ψ	ψ	ψεῖ (ψῖ)	*psi*	*gy**ps**y*[ps]
Ω	ω	ὦ (ὦ μέγα)	*ōmĕga*	*l**o**ng*[ɔː]

법책에 일반적으로 제시되는 헬라어 발음법은 중세 신학자인 에라스무스가 주장한 방식(Erasmianism)으로서, 오늘날 서구인들은 대부분 이 방식을 따르고 있는데, 이는 그들 언어의 발음 구조상 원래대로 소리내기가 부자연스럽기 때문이다. 따라서 한국인이 구태여 이 방식을 따를 이유는 없을 것이다. 이를테면 "דָּוִד"을 원래대로 "다윗"이라고 발음하는 데 전혀 어려움이 없는 바에 구태여 "데이비드"라고 할 필요는 없지 않은가.

1. 원래는 "up hill"을 붙여 읽을 때 p와 h가 연음되어 나는 소리와 같다. 즉, 우리말의 "ㅍ"과 유사한 음가를 지닌 자음이다.

2. 원래는 "back hand"를 붙여 읽을 때 k와 h가 연음되어 나는 소리와 같다. 즉, chorus의 "ch" 또는 우리말의 "ㅋ"처럼 발음된다.

a. 한 단어의 철자에서 γ 또는 κ 또는 χ 바로 앞에 위치한 γ는 우리말의 "ㅇ"(이응) 또는 영어의 "ng"[ŋ]와 같은 소리가 난다.

b. 단어의 첫머리에 위치한 ρ는 발음될 때 기음(氣音 aspirate)이 섞이므로, 기음 부호를 지닌 ῥ로 표기된다.

c. Σ의 소문자는 단어의 끝머리에서는 ς로, 그 밖의 다른 곳에서는 σ로 표기된다(ex. *σεισμός 지진*).

d. 괄호 안에 표기된 헬라어 명칭은 후대에 붙여진 것이다. 일례로, 중세 때 αι와 οι는 각각 ε와 υ처럼 발음되었으므로, 이러한 이중모음들과 구별하기 위하여 "단순한 ε", "단순한 υ"라는 뜻으로 ἒ ψιλόν, ὖ ψιλόν이라고 일컬은 것이다.

참고. 위에 제시된 바와 같은 헬라어 알파벳 체계는 이오니아(Ionia)에서 비롯되었으며, 주전 403년에 아테네가 이를 차용하였다. A부터 T까지의 문자들은 가나안(또는 페니키아) 문자에서 파생된 것으로서 그 명칭 또한 셈어에서 나왔다.[1] 한편 Y부터 Ω까지의 문자들은 그리스인들이 고안하였다. 고대에는 대문자만 사용되었다. 소문자는 언셜체(uncial)를 흘려 쓴 것으로서 9세기 경부터 나타났다.[2]

2. 헬라어에 입문하는 자들은 대문자보다는 우선 소문자부터 철저히 익혀두는 것이 좋다. 헬라어 문장은 영어처럼 반드시 대문자로 시작하지 않아도 된다. 습자(習字)할 때는 획의 바른 진행 방향과 순서를 잘 따라야 한다. 예를 들면 β와 ρ의 획은 밑에서부터 시작되며 펜을 한 번도 떼지 않고 쓴다. δ는 둥근 획을 시계 바늘 반대 방향으로

1. 히브리어 알파벳 명칭과 비교하라. 또한 그 명칭이 무엇을 의미하는지도 알아보라. 이와 관련하여, 이영근 편저, *히브리어 문법 해설*(서울: 비블리카 아카데미아, 2004), 42쪽을 보라.

2. 언셜체는 각이 둥근 대문자로서 주후 2/3세기부터 쓰여졌다. 지금까지 발견된 가장 오래된 소문자 헬라어 성서 사본은 주후 835년에 나온 것이다. 이와 관련하여, K. Aland & B. Aland, *The Text of the New Testament* (Grand Rapids: Wm.B. Eerdmans, 1987), 81, 125-8쪽을 보라.

돌리고 그 탄력을 이용해서 위로 휘어져 올라간다. σ는 둥근 획을 시계 바늘 방향으로 돌리고 상단에서 그 탄력을 이용해 오른쪽 수평 방향으로 약간 물결치듯 진행한 후 획을 끝마친다. 처음에 잘못 길들여진 글씨체를 나중에 고치기란 쉬운 일이 아니다. 빨리 쓰려고 서두르지 말고 천천히 또박또박 쓰기 바란다. 참고로 일러두건데, 히브리어와 헬라어 성경 본문을 구식 펜촉으로 잉크를 찍어 정성스레 쓰는 것은 경건 훈련에 많은 도움이 된다.

3. 헬라어 모음들은 다음과 같다.

단모음 :	α	ϵ	o	ι	υ
장모음 :	α	η	ω	ι	υ

a. 위에서 보듯이 α, ι, υ는 장모음일 수도 있고 단모음일 수도 있다. 즉, 그 형태만 가지고는 양적인 차이(quantity)를 판별할 수 없다. 또한 발음될 때 질적인 차이(quality)도 거의 느낄 수 없으며, 단지 소리가 길게 나느냐 짧게 나느냐로 구별할 수 있을 뿐이다.[1]

b. ϵ와 o는 항상 단모음이며, η와 ω는 항상 장모음이다. 즉, 형태상으로 소리의 길고 짧음이 명확히 구별된다. 이러한 점에서는 헬라어가 라틴어보다 모음의 장단을 구별하기 쉽다.

c. 단어가 굴절(inflection)되거나 형성(formation)될 때, 단모음이 그에 상응하는 장모음으로 바뀌거나 또는 그 반대로 변하는 경우가 종종 있다. 이를 표로 만들어 보면 아래와 같다:

단모음	α	ϵ	ι	o	υ
장모음	η (또는 α)	η (또는 $\epsilon\iota$)	ι	ω(또는 $o\upsilon$)	υ

1. 양적인 차이(quantity)란 소리의 길고 짧은 정도를 말한다: 예를 들면 [a]와 [a:]; 질적인 차이(quality)란 발성 구조가 다른 것을 말한다: 예를 들면 [a]와 [e].

d. 모음이 발성될 때의 혀의 위치를 도표로 그리면 아래와 같다.[1]

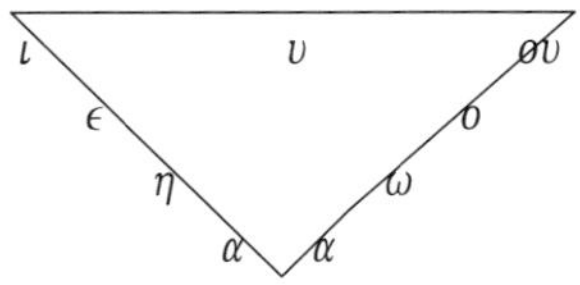

위의 도표에서 혀가 아래쪽으로 내려갈수록 발성기관이 열리고 위쪽으로 올라갈수록 협착해진다. 따라서 *ι*와 *υ*는 폐모음(close vowel), *α*는 개모음(open vowel), 중간에 위치한 *ϵ*와 *ο*는 반폐모음(half-close vowel), *η*와 *ω*는 반개모음(half-open vowel)이다.[2] 일반적으로 *ϵ*와 *η*, *ο*와 *ω*는 양적으로만 차이나는 것으로 잘못 알고 있는데, 표에서도 볼 수 있듯이 실제로는 질적인 차이도 존재한다(또한 위의 알파벳 목록에서 *ϵ*와 *η*, *ο*와 *ω*의 발음기호를 비교하면서 큰 소리로 발음해 보므로 구체적인 차이를 확인하라).

4. 이중모음(diphthong[3])은 한 음절 안에서 두 모음이 결합되어 형성된다. 그 두 번째 모음은 항상 폐모음인 *ι* 또는 *υ*이다. 흔히 쓰이는 이중모음들과 그 발음은 아래와 같다:

αι : *aisle*의 ai처럼 발음한다.
ϵι : *late*의 a처럼 발음한다.
οι : *oil*의 oi처럼 발음한다.
αυ : *cow*의 ow처럼 발음한다.
ϵυ : *feud*의 eu처럼 발음한다.
ου : *food*의 oo처럼 발음한다.
υι : *queen*의 uee처럼 발음한다.

---

1. 헬라어를 배울 때 음성학(phonetics)을 도외시하는 경향이 있는데 이는 잘못된 것이다. 음성학적인 지식이 있어야 나중에 명사나 동사의 여러 굴절 현상들을 이해할 수 있다.

2. 한편 *ι*와 *υ*을 제외한 모든 모음들을 개모음으로 분류하는 경우도 있다.

3. "두 소리"를 의미하는 헬라어 *δίφθογγος*에서 나온 문법 용어이다.

이 밖에도 이중모음 *ηυ*와 *ωυ*(각 문자의 소리를 떼지 않고 바로 이어서 발음한다)가 있으나 이들은 잘 쓰이지 않는다.

*ι*가 장모음 *α*, *η* 또는 *ω*와 결합하여 하나의 소리를 형성하는 경우, 그 *ι*는 자신과 결합되는 문자 아래에 기재되며(*ᾳ*, *ῃ*, *ῳ*), 따라서 "이오타 첨자"(iota subscript)라고 일컬어진다.[1] 그러나 이러한 이오타 첨자는 실제 발음에 어떠한 영향도 끼치지 않는다. 즉 *ᾳ*는 장모음 *α*로, *ῃ*는 *η*로, *ῳ*는 *ω*로 발음된다.

5. 단어의 첫머리에 위치한 모음은 항상 기음(氣音, aspirate)을 갖는다. 이 기음은 모음 위에 표기된다; 만일 그 모음이 이중모음인 경우에는 그것의 두 번째 모음 위에 표기된다.

거친 기음(῾)이 표기된 모음은 발음할 때 "ㅎ"[h] 소리를 먼저 내야 한다. 부드러운 기음(᾿)이 표기된 모음은 그러한 "ㅎ"[h] 소리가 나서는 안된다. 따라서 *ἐν*은 "엔"[en]으로, *ἑν*은 "헨"[hen]으로 발음된다; 이중모음 *οὐ*는 "우"[u:]로, *οὑ*는 "후"[hu:]로 발음된다.

6. 헬라어에는 다음과 같은 세 가지 강세(accent)가 있다: 高강세(´), 曲강세(῀), 低강세(`).[2] 이 강세들은 기음처럼 모음 위에 표기되며, 이중모음인 경우에는 그것의 두 번째 모음 위에 표기된다. 만약 기음과 강세가 동일한 모음 위에 올 때는 기음을 먼저 표시하고 바로 그 우편에 강세를 나란히 놓는다(*οἴκου*, *ὃς*); 그러나 곡강세는 기음 위에 얹어 놓는다(*οἶκος*, *ἧς*). 강세의 용법은 2과에서 상세히 다룰 것이다. 여기서 우선 알고 넘어가야 할 사항은 강세가 표시된 음절은 반드시 힘을 주어 발음해야 한다는 것이다.

고대어 본문에서 강세 또는 억양은 매우 중요하다. 왜냐하면 고대인들은 "*눈으로 읽는 자*"(reader)보다는 "*귀로 듣는 자*"(audience)를 향

---

1. 대문자들에서 그러한 이오타는 나란히 철자된다(adscript); 예를 들면, THI ΩΙΔΗΙ = *τῇ ᾠδῇ*, *to the song.*

2. 이들을 영어로 표기하면 다음과 같다: *acute, circumflex, grave.*

해 글을 썼기 때문이다. 이러한 이유로 헬라어 본문에는 악센트 표시가 거의 매 단어마다 기재되어 있다. 참고로 히브리어 성경의 마소라 본문에는 무려 27(시편, 욥기, 잠언은 21)가지의 강세가 매 단어마다 표시되어 있다. 사람들은 흔히 성경 원어가 이미 사어(死語)가 되었다 해서 발음에 유의하지 않는 경우를 많이 본다. 그러나 성경의 원작자(author)는 저자(writer)가 아니라 선포자(speaker)였음을 감안할 때 그러한 태도는 잘못된 것이다. 원전을 읽으면서 예언자들과 사도들의 외치는 소리를 스스로 재현하고 듣는 것은 수천년의 시간을 뛰어넘어 그들의 파토스(πάθος) 안으로 돌입할 수 있는 길임을 명심하기 바란다. 또한 성경 원어가 비록 사어가 되었더라도 본래 발음을 구현하는 데는 아무런 문제가 없다. 고대의 성곽이 폐허가 되었더라도 그 남은 유적과 문헌적 증거를 토대로 옛 모습을 복원할 수 있는 것과 같은 이치이다. 자, 이제부터는 새벽마다 히브리어와 헬라어 성경을 펼치고 낭랑한 음성으로 "독경"을 하며 잠든 세상을 일깨우자.

7. 구두점. 헬라어 본문에는 네 개의 구두점이 사용된다: 반점(,)과 온점(.) 이 둘은 국어나 영어에서의 용법과 거의 같다; 행(行)의 윗부분에 찍는 점(·)은 국어나 영어의 쌍(반)점처럼 쓰인다; 물음표(;)는 쌍반점과 같은 모양이다.

연습문제

8. 알파벳의 이름을 외우고 소문자 쓰기를 충분히 연습한 후에, 마태복음 5장을 "큰 소리로 천천히 또박또박" 읽어보라. 헬라어 성경이 아직 준비되지 않았다면 이 책의 연습문제들에 수록된 문장들을 읽어보라.

제 2 과
강　　세

9. 고대에 헬라어 강세는 단순히 힘을 주어 발음하는 것을 의미하지 않았고 음악적인 억양을 나타내었다.[1] 그러나 기초 문법을 배우는 입장에서 그 억양까지 원래대로 재현하려 하는 것은 좀 과중한 일이다. 따라서 현재 단계에서는 강세절(accented syllable)을 세게 발음하는 것으로 만족해야 할 것이다. 그리고 세 가지(高・低・曲) 강세들을 구별하여 발음하는 것도 아쉽지만 일단은 훗날의 과제로 미뤄 놓을 수 밖에 없다. 그러나 헬라어에 어느 정도 익숙하게 된 후에는 이 문제에 반드시 관심을 기울이기 바란다.[2]

지금으로서는 비록 세 가지 강세의 발음을 정확히 분간하여 원래대로 구현하지는 못한다 할지라도, 단어를 익힐 때 어떤 강세가 어느 음절에 위치하는지는 정확히 알아야 한다. 왜냐하면 악센트의 위치와 종류에 따라서 단어의 의미가 사뭇 달라지기 때문이다. 일례로 φιλεῖ *그가 사랑한다*(직설법 현재 3인칭 단수) : φίλει *사랑하라*(명령법 2인칭 단수); εἰς *into* : εἷς *one*.

10. 미리 확인해 둘 요점들.

a. 단어의 마지막 음절을 "말음절"(ultima), 마지막에서 두 번째 음절

---

1. 강세, 즉 악센트(accent)라는 용어는 라틴어 *accentus*(< *ad-cano*)에서 나온 말인데, 이에 해당하는 헬라어는 προσῳδία이다. 이들의 원래 의미는 "*(단어에 붙여진) 노래 또는 곡조*"이다.

2. 이 문제를 해결하는 데는 다음 자료가 많은 도움이 될 것이다: Daitz, S. G. *The Pronunciation and Reading of Ancient Greek: A Practical Guide with two cassettes.* New York: Jeffrey Norton, 1984.

을 "제2말음절"(penult), 마지막에서 세 번째 음절을 "제3말음절"(antepenult)이라고 칭한다. 그러므로 *λαμβάνομεν*이란 단어에서, 말음절은 -*μεν*, 제2말음절은 -*νο*-, 제3말음절은 -*βα*-이다.

b. 장모음이나 이중모음을 지닌 음절은 길다. 그러나 단어의 끝머리에 붙은 *αι*와 *οι*는 *강세와 관련해서*는 단모음으로 취급된다. 예를 들면 *ἀνθρώπους*의 말음절(-*πους*)은 이중모음 *ου*를 지녔기 때문에 "길다"고 말하지만, *ἄνθρωποι*의 말음절(-*ποι*)은 *οι*가 끝머리에 붙어 있기 때문에 "짧다"고 말한다. 반면에 *ἀνθρώποις*의 말음절(-*ποις*)은 길다고 말하는데, 이는 *οι*가 끝머리에 놓이지 않았으므로 다른 이중모음들처럼 길기 때문이다.

c. 앞에서도 지적했듯이, *ε*와 *ο*는 항상 짧고, *η*와 *ω*는 항상 길다. 그러나 *α*, *ι*, *υ*의 길고 짧음은 개개의 경우마다 확인해야 한다.

11. 강세의 일반 법칙들.

a. 高강세(´)는 단어의 마지막 세 음절들 중 어느 하나에 놓일 수 있다; 曲강세(῀)는 마지막 두 음절들 중 어느 하나에 놓일 수 있다; 低강세(`)는 마지막 음절에만 놓일 수 있다.

예를 들면, *ἄποστολος*는 高강세가 끝에서 네 번째 음절에 있으므로 위의 법칙에 위배된다. 또한 *πιστεῦομεν*도 위의 법칙에 맞지 않는데, 이 경우는 曲강세가 끝에서 세 번째 음절에 있기 때문이다.

b. 曲강세는 짧은 음절에 놓일 수 없다.

c. 말음절이 길다면,

(1) 제3말음절에는 강세가 올 수 없으며,

(2) 제2말음절에 강세가 오는 경우에는 그것은 반드시 高강세를 취해야 한다.

예를 들면, *ἀπόστολῳ* 또는 *ἀπόστολου*는 말음절이 긴 데도 불구하고 제3말음절에 강세가 있으므로 c(1)의 법칙에 맞지 않는다. 그러나 *ἀπόστολε* 또는 *ἀπόστολοι*는 말음절이 짧으므로 법칙에 어긋나지 않는다. 한편 *δοῦλου* 또는 *δοῦλων*은 말음절이 긴 데도 불구하고 제2말음절에 高강세가 아닌 曲강세가 놓였으므로 c(2)에 위배되지만, *δοῦλος* 또는 *δοῦλοι*는 말음절이 짧으므로 법칙에 어긋나지 않는다.

d. 말음절이 짧고 제2말음절이 긴 단어 형태에서, 후자에 강세가 온다면 그것은 반드시 曲강세여야 한다.

예를 들면, *δούλε* 또는 *δούλοι*는 이 법칙에 위배된다(曲강세가 놓여야 할 자리에 高강세가 있다). 그러나 *δούλου*는 말음절이 짧지 않으므로 법칙에 맞는다. 또한 *υἱός*는 말음절이 짧고 제2말음절이 긴 형태라고 해도 강세가 제2말음절에 위치하지 않기 때문에 법칙에 어긋나지 않는다. 부연하면, 짧은 말음절 바로 앞의 긴 음절은 반드시 曲강세를 지녀야 한다는 것이 아니라, 만일 어떤 경우에 강세가 거기에 놓이게 된다면, 그것은 다름 아닌 曲강세여야 한다는 말이다.

e. 긴 말음절은 高강세 또는 曲강세를 취할 수 있다.

예를 들면, *ἀδελφοῦ*와 *ἀδελφού*는 둘 다 강세 법칙에 맞는다. 그런데 여기서 유의할 점은 강세 법칙에 맞는다고 해서 철자법상으로도 옳다는 것은 전혀 아니라는 사실이다. 따라서 이 둘 중 어느 것이 옳은 형태인지를 따지기 위해서는 또 다른 측면(굴절법칙 등)을 아울러 감안해야 한다.

f. 어떤 단어의 말음절에 놓인 高강세는, 한 문장 안에서 그 단어 바로 뒤에 구두점의 개입 없이 다른 단어들이 이어질 경우에는, 低강세로 바뀐다.

예를 들면, *ἀδελφός*는 그 자체로는 옳은 형태이다. 그러나 그 뒤에 다른 단어, *ἀποστόλου*가 이어진다면, *ἀδελφός*의 高강세는 低강세로 바뀌어서 *ἀδελφὸς ἀποστόλου*와 같은 구문이 되어야 한다.

12. 강세에 관한 이러한 일반 법칙들은 각 단어들의 강세의 위치와 종류를 정확히 결정하는 것이 아니라, 단지 배제되어야 하는 강세를 규정할 뿐이다. 달리 말하면, 그 법칙은 헬라어 단어가 취할 수 있는 강세의 범위를 단순히 제한하는 데 그친다. 이러한 범위 내에서 어떤 강세가 어느 위치에 실제로 놓이게 되는지는 앞으로 다루어질 문법에

의해 부분적으로 결정될 수 있는데, 많은 경우에는 각 단어의 기본적인 형태를 사전에서 확인한 다음 그 굴절 패턴에 맞는 패러다임을 검토함으로써 그 문제를 해결할 수 있다. 일례로 *λυομενου*라는 철자가 있다 하자. 강세의 일반 법칙에만 따르면 *λυομενού* 또는 *λυομενοῦ* 또는 *λυομένου*와 같은 형태들이 나올 수 있다(또한 *προσωπον*은 *πρόσωπον* 또는 *προσῶπον* 또는 *προσωπόν*이 모두 가능하다); 이 밖의 다른 강세 표기들은 모두 그 법칙에 위배될 것이다. 그러나 이 세 가지 가능한 형태들 가운데 어느 것을 실제로 선택해야 하는지는 강세 법칙만으로 해결되지 않는 또 다른 문제이다.

한편 이 일반 법칙에 의해 결정된 강세 범위를 좀더 좁히는 데 도움이 되는 특별한 법칙이 둘 있는데, 이들은 다음과 같다:

13. 동사의 강세 법칙

동사의 강세는 역진적(逆進的, recessive)이다.

설명: 동사에서 강세의 위치는 그 일반 법칙이 허용하는 한 뒤쪽으로 이동한다. 이 법칙은 어떤 동사 형태라도 그 강세를 확정지을 수 있다. 따라서 그 형태의 굴절 패턴이나 그 외의 다른 정보를 꼭 알아야 할 필요가 없다. 일단 그것이 동사임을 알고 난 다음에는 말음절을 유의해서 보는 것만으로 족하다. 예를 들어 말음절이 짧다면, 高강세가 제3말음절에 놓여야 한다(물론 세 음절 이상으로 이루어진 단어를 전제로 한 말이다); 만약 말음절이 길다면, 高강세가 제2말음절에 있어야 한다.

예: *ἐγινωσκου*라는 동사 형태에 강세를 표기해야 한다고 가정해 보자. 동사의 강세 법칙에 따라, 그 강세의 위치는 가능한 한 뒤쪽으로 이동해야 한다. 그러나 *ἔγινωσκου*는 법칙 a에 어긋난다; 또한 말음절이 길기 때문에 *ἐγίνωσκου*는 법칙 c(1)에 위배된다. 그러므로 제2말음절에 강세가 와야 한다. 그러나 *ἐγινῶσκου*는 법칙 c(2)에 맞지 않는다. 따라서 *ἐγινώσκου*가 바른 표기이다. 또한 *ἐγινωσκε*라는 동사 형태에서, *ἔγινωσκε*는 법칙 a에 어긋나지만, *ἐγίνωσκε*는

허용된다; 그리고 동사들은 역진적인 강세를 취하므로 *ἐγίνωσκε*의 강세 표기가 올바르며, *ἐγινῶσκε* 또는 *ἐγινωσκέ*는 틀린 표기이다. 한편 두 음절로만 이뤄진 동사는 법칙 d의 적용을 받게 되는 경우가 많다. 일례로 *σωζε*라는 동사 형태에 강세를 표기해야 한다면, 동사의 역진적 강세 법칙에 따라 그 두 음절들 중 앞엣것이 강세를 취해야 하며, 그 강세는 법칙 d에 따라 *σώζε*가 아니라 *σῶζε*여야 한다.

14. 명사의 강세 법칙

명사에서 강세는 가능한 한 단수 주격 형태의 강세절과 동일한 음절에 놓이게 되는데, 이 경우에도 강세의 일반 법칙이 적용된다.

설명: 동사의 강세 법칙과는 달리, 이 법칙만으로는 명사 형태의 강세를 결정지을 수 없다. 단수 주격(어휘 또는 사전에서 표제어로 등장하는 형태)의 강세는 단어의 철자처럼 각 명사마다 개별적으로 익혀야 한다. 그러나 단수 주격의 강세가 일단 확인되고 나면, 그 명사의 다른 굴절 형태들의 강세는 이 법칙에 의해서 결정될 수 있다.

이에 대한 구체적인 예들은 다음과 같다:

(a) *λογος*라는 명사 단수 주격 형태를 가정해 보자. 11의 일반 법칙이나 명사의 강세 법칙이나 그 강세가 *λόγος*인지 아니면 *λογός*인지 결정짓지 못한다. 그러나 사전이나 어휘 목록 등을 통해 그 강세가 *λόγος*라는 사실을 일단 확인하고 나면, 그 명사의 다른 굴절 형태들(*λογου*, *λογῳ*, *λογον*, *λογε*, *λογοι*, *λογων*, *λογοις*, *λογους*)의 강세를 결정할 수 있다. 즉, 이 형태들은 각각 高강세가 제2말음절에 놓이게 되는데, 그 이유는 다음과 같다: (1) 명사의 강세 법칙에 따라, 강세는 그 일반 법칙에 어긋나지 않는 한 같은 자리에 남게 된다; (2) 그 일반 법칙은 강세가 제2말음절에 놓이는 것을 결코 금하지 않는다; (3) 법칙 b에 따르면, 高강세만이 짧은 음절에 놓일 수 있다.

(b) 명사 *οἶκος*의 다양한 형태들도 위에 제시된 *λόγος*의 굴절 패턴을 따른다(*οικου*, *οικῳ*, *οικον* 등등). 이 경우에, *λόγος*와 관련하

여 위에서 검토했던 사항들 중 (1)과 (2)는 여전히 유효하다. 그러나 (3)은 적용되지 않는다. 왜냐하면 여기에서 제2말음절은 짧지 않고 길므로, 高강세뿐만 아니라 曲강세도 올 수 있기 때문이다. 이러한 경우에는 법칙 c(2)와 d가 그 두 강세들 중 어느 하나를 선정하게 된다. 즉, 말음절이 길다면 제2말음절은 高강세를, 말음절이 짧다면 제2말음절은 曲강세를 취하게 된다. 그 결과 다음과 같은 형태들이 이뤄진다: *οἶκος*, *οἴκου*, *οἴκῳ*, *οἶκον*, *οἶκε*, *οἶκοι*, *οἴκων*, *οἴκοις*, *οἴκους*.

(c) 명사 *ἄνθρωπος*의 경우에는 단수 주격의 강세가 제3말음절에 있으므로, 그 굴절 형태들도 명사의 강세 법칙에 따라 강세를 제3말음절까지 끌어올리려고 한다. 하지만 말음절이 긴 경우에는 강세가 제3말음절까지 도달하지 못하는데, 만약 그렇게 되면 법칙 c(1)에 어긋나기 때문이다. 이러한 경우에 강세가 최대한 다가갈 수 있는 위치는 제3말음절에서 가장 가까운 음절인 제2말음절이다; 그리고 법칙 c(2)에 따라 (제2말음절에 위치한) 그 강세는 曲강세가 아닌 高강세여야 한다. 그 결과 다음과 같은 형태들이 나오게 된다: *ἄνθρωπος*, *ἀνθρώπου*, *ἀνθρώπῳ*, *ἄνθρωπον*, *ἄνθρωπε*, *ἄνθρωποι*, *ἀνθρώπων*, *ἀνθρώποις*, *ἀνθρώπους*.

(d) 명사 *ὁδός*의 모든 굴절 형태들에서, 강세는 항상 말음절에 놓이게 될 것이다. 왜냐하면 강세의 일반 법칙은 말음절에 강세가 오는 것을 전혀 제지하지 않기 때문이다. 만약 말음절이 짧다면, 그 강세는 물론 高강세여야 한다. 그러나 말음절이 길다면, 그 강세는 일반 법칙만을 고려하는 한 高강세나 曲강세나 모두 가능하다. 그러므로 이러한 경우에는 지금까지 제시된 법칙들만으로는 어떤 강세를 사용해야 할지 결정할 수 없다. 부연하면, 말음절이 짧은 *ὁδός*, *ὁδόν*, *ὁδέ*, *ὁδοί*는 확정될 수 있지만, 말음절이 긴 형태들은 *ὁδού*, *ὁδῴ*, *ὁδών*, *ὁδοίς*, *ὁδούς*가 옳은지, 아니면 *ὁδοῦ*, *ὁδῷ*, *ὁδῶν*, *ὁδοῖς*, *ὁδοῦς*가 옳은지는 지금 단계로서는 판단할 수 없으며, 이 문제는 앞으로 명사의 굴절(declension, 曲用)을 배우면서 풀어나가야 한다.

15. 연습문제

(헬라어를 쓸 때, 기음과 강세는 영어에서 i의 점과 t의 가로획을 표기할 때처럼 단어의 철자가 끝날 때마다 바로 표기해야 한다. 패러다임이나 문장을 끝까지 다 기록하고 나서 기음과 강세를 첨가하는 것은 잘못된 筆法이다.)

I. 아래 제시된 동사 형태들에 강세를 표기하고, 큰 소리로 발음해 보라:

1. *ἐλυομεν*, *ἐλυομην*, *ἐλυσω*. 2. *ἐλυου*, *ἐλυε*, *ἐλυσαμην*. 3. *διδασκε*, *διδασκονται*, *διδασκομεθα* (끝머리의 *α*는 단모음이다). 4. *λυε*(이처럼 *λυ*로 시작되는 모든 형태들이 그렇듯이, 여기에 철자된 *υ*는 장모음이다), *λυου*, *λυουσι*(끝머리의 *ι*는 단모음이다). 5. *λυσαι*, *λυσω*, *λυετε*.

II. 아래에 제시된 명사 형태들에 강세를 표기하고, 큰 소리로 발음해 보라. 단수 주격은 (1) *ἀπόστολος*, (2) *κώμη*, (3) *πλοῖον*:

1. *ἀποστολοις*, *ἀποστολους*, *ἀποστολου*, *ἀποστολοι*, *ἀποστολῳ*. 2. *κωμαις*, *κωμαι*, *κωμας*(*α* 장모음), *κωμῃ*. 3. *πλοια*(끝글자 *α* 단모음), *πλοιων*, *πλοιοις*, *πλοιου*, *πλοιῳ*, *πλοιον*.

III. 아래 제시된 형태들은 강세에 관한 일반 법칙에 비추어 볼 때 강세가 올바르게 표기되었는가? 만약 그렇지 않다면 각각의 경우 어떤 법칙(들)을 위반했는지 말하라. 또한 그 일반 법칙에 어긋나지 않는 모든 방식으로 각 단어들의 강세를 표기해 보라.

1. *ἔδιδομεν*, *ὥραι*, *πρόφηταις*. 2. *δόξῃ*, *ἐρῆμου*, *οὖρανον*. 3. *ἔρημος*, *βουλαί*, *λὺε*.

[주의: 다음에 이어지는 모든 단원들을 공부할 때도 강세 법칙들을 항상 염두에 두기 바란다. 그리고 패러다임이나 연습문제에 나오는 각

단어들에 표기된 강세를 간과하지 말고, 어떤 강세 법칙이 적용되었는지 치밀히 따져봄으로써, 그 형태를 철저히 이해하기 바란다. 이렇게 하다 보면 강세를 정확히 표기하는 일에 익숙하게 될 것이다.]

제 3 과
현재 능동태 직설법

16. 어 휘

(어휘들은 각 단원의 해설 부분들과 패러다임들을 잘 이해하고 나서 연습문제에 들어가기 전에 암기해야 한다.)

βλέπω, I see.	*λαμβάνω, I take.*
γινώσκω, I know.	*λέγω, I say.*
γράφω, I write.	*λύω, I loose, I destroy.*
διδάσκω, I teach.	*ἔχω, I have.*

17. 헬라어 동사는 "시제"(tense)와 "태"(voice)와 "법"(mood)에 따라 굴절된다. "현재" 시제는 (직설법에서) 현재 시간과 관련되어 있다; "능동태"는 주어에 미치는 (타자의) 동작이 아니라 주어 자신의 동작을 표현하는 형식이다; "직설법"은 예를 들면 명령이나 기원과는 달리 단정적으로 서술하는 방식이다.

18. 동사 *λύω(I loose)*의 현재 능동태 직설법은 다음과 같이 굴절된다:

단 수		복 수	
1. *λύω*,	*I loose* 또는 *I am loosing.*	1. *λύομεν*,	*we loose* 또는 *we are loosing.*
2. *λύεις*,	*thou loosest* 또는 *thou art loosing.*	2. *λύετε*,	*ye loose* 또는 *ye are loosing.*
3. *λύει*,	*he looses* 또는 *he is loosing.*	3. *λύουσι*,	*they loose* 또는 *they are loosing.*

19. 헬라어에서 동사의 (1·2·3)인칭과 (단·복)수에 따른 변화는 어미(語尾, ending)에 의해 표현된다. 따라서 *we loose*라는 말을 헬라어로 옮길 경우에는 대명사가 필요하지 않다. 즉, *we*는 어미 -*ομεν*에 의해 충분히 표현되는 것이다.

20. 동사가 어떻게 활용(活用, conjugation)되든지 간에 변하지 않고 남아 있으면서 다양한 어미들이 덧붙여지는 부분이 있는데, 이를 "동사 어간"(verbal stem) 또는 일반적으로 "어간"(stem)이라고 일컫는다.[1] 이 어간에 시제를 나타내는 접미소가 붙어 현재 어간이나 미래 어간과 같은 "시제 어간"(tense stem)이 형성된다.[2] 하지만 어떤 경우에는 시제 접미소가 드러나지 않을 수도 있는데, *λύω*가 그러한 경우이다. 즉, *λύω*의 동사 어간은 *λυ*-인데 이는 또한 현재 어간이기도 하다. 사전이나 어휘는 동사의 경우 항상 현재 직설법 일인칭 단수 형태를 표제어로 취급하므로, 동사의 "현재 어간"은 그 표제어에서 일인칭 단수 어미를 떼어 내고 남은 부분이 된다. 예를 들면, *λέγω(I say)*의 현재 어간은 *λεγ*-이다. 동사의 현재 능동태 직설법의 활용 형태들은 우선 그 현재 어간을 추출하고, 거기에 인칭과 수에 따른 어미들, 즉 -*ω*, -*εις*, -*ει*, -*ομεν*, -*ετε*, -*ουσι*를 덧붙여서 얻을 수 있다.

---

1. 이 어간은 "어근"(root)의 형태와 같을 수도 있지만, 대개의 경우 그 모음이나 弱자음이 변화된 형태를 지닌다.

2. 현재 어간(present stem)은 동사 어간에 현재 시제 접미소(present tense suffix)가 붙어 형성된다. 이때 어두음이 중첩되는 수도 있으며 경우에 따라서는 음운 변화가 일어나기도 한다. 일례로, *γινώσκω*를 분석하면 *γι*(어두음 중첩)-*γνω*(어간)-*σκ*$^{o}/_{\epsilon}$(시제접미소)-*ω*(어미)가 된다; 일인칭 어미 -*ω*는 엄격히 말하면 시제 접미소 끝에 붙은 간모음(幹母音, thematic vowel) *ο*가 길어진 형태이다. *γνω*의 *γ*는 *ν* 앞에서 묵음이 되어 사라지고 그 대신에 *γι*의 *ι*가 장음화 되었다. 즉 *γιγνώσκω*(*ι* 단모음)가 *γινώσκω*(*ι* 장모음)로 진화된 것이다. 이처럼 음성학 또는 음운론과 형태론에 근거한 분석은 헬라어를 학습하고 이해하는 데 매우 중요하다. 특히 앞으로 배울 제2단순과거(second aorist) 형태는 이러한 분석 방식을 알지 못하면 불규칙한 변화 형태로 밖에 달리 받아들일 도리가 없을 것이다.

"일차적 시제들"(primary tenses[1])에 첨가되는 일차적 인칭 어미들은 원래는 다음과 같은 형태들이었다:

단수	복수
1. -μι 또는 —	1. -μεν
2. -σι(-ς)	2. -τε
3. -τι(-σι)	3. -ντι(-νσι)

* 괄호 안에 기재된 어미는 변화를 겪은 형태이다.

어간과 이러한 인칭 어미들 사이에는 "幹모음"(thematic vowel)이 끼여 있다. 이 모음은 μ과 ν 앞에서는 ο가 되며, 그 밖의 다른 문자 앞에서는 ϵ로 된다. 따라서 이것을 "가변모음"(variable vowel)이라고도 일컫는다. 그러나 현재 능동태에서는, 특히 단수의 경우에, 이러한 규칙성이 잘 드러나지 않는다. 따라서 헬라어를 처음 배우는 단계에서는 단순히 -ω, -ϵις, -ϵι, -ομϵν, -ϵτϵ, -ουσι를 여러 가지 인칭과 수를 나타내는 어미들로 간주하는 것이 좋을 듯싶다.[2]

21. 현재시제인 λύω는 현재 시점에 일어난 그 동작을 단순히 서술하는 *I loose*와 그 동작의 진행 상태에 초점을 맞춘 *I am loosing*을 모두 표현할 수 있다. 부연하면 헬라어의 현재시제는 "현재"뿐만 아니라 "현재진행"도 나타내며, 따라서 그 두 시제를 표현하는 데 영어처럼 형태상의 차이를 보이지 않는다. 그러나 과거 시점으로 이동하면, 그와 같은 두 가지 시제상의 차이는 매우 중요하게 되며 영어에서보다 더욱 현격하게 된다.

---

1. 여기에 포함되는 시제들은 현재(present), 미래(future), 완료(perfect)이다; 한편 "이차적"(secondary) 시제들은 미완료(imperfect), 단순과거(aorist), 과거완료(pluperfect)이다.

2. 참고로, -ουσι가 변화되어 온 과정을 살펴보면, -ο(간모음)+ντι(어미) > -οντι(끝머리에 붙은 ι 앞의 τ는 종종 σ로 바뀐다) > -ονσι(σ 앞의 ν는 탈락되고 그 대신에 선행 모음이 보상적으로 길어진다; 즉 ο가 ου로) > -ουσι.

22. 영어에서 주어가 2인칭일 때는 수에 따른 형태상의 차이가 나타나지 않는다. 즉, *you loose* 또는 *you are loosing*은 단수도 되고 복수도 된다. 그러므로 문맥으로 판별할 수 없다면, 이 말은 *λύεις* 또는 *λύετε*로 옮겨질 수 있을 것이다. 이러한 혼동을 피하기 위해, 연습문제에서 2인칭 주어의 수를 구별해야 할 필요가 있는 경우에는 *thou loosest, ye loose* 따위와 같은 고문체(古文體)가 사용될 것이다.

어휘와 문법 설명에 나오는 헬라어 풀이 및 연습문제에서 헬라어로 작문하는 부분은 독자가 학습하는 데 도움이 되도록 굳이 우리말로 옮기지 않고 영어를 그대로 사용하였다. 그 이유는 헬라어와 영어는 같은 인구어(印歐語, Indo-European)에 속해 있으므로 양자 사이에 동사의 시제와 법과 태, 명사의 격(格), 관사, 전치사, 어순 등을 상당 부분 일치시킬 수 있기 때문이다. 반면에 헬라어와 전혀 다른 어족(語族)인 알타이語(Altaic)에 속한 우리말로 헬라어를 옮기게 되면, 문법적 틀이 서로 맞지 않아 헬라어 문법을 학습하는 현재의 입장에서는 오히려 거북스러운 점이 있다. 다행히 헬라어를 배우는 학생들은 대부분 이 책에 나오는 영어를 이해하는 데 별 지장이 없으리라 생각한다. 한편 헬라어를 우리말로 또는 우리말을 헬라어로 번역하는 일은 문법적인 과제라기보다는 오히려 문학적인 과제일 것이다. 따라서 우선은 헬라어의 틀을 잘 이해하는 데 도움이 되도록 영어를 매개로 하였음을 독자들은 이해해 주기 바란다.

23. 연습문제

I. 1. *βλέπεις, γινώσκεις, λαμβάνεις.*
2. *γράφει, ἔχει, λέγει.*
3. *λύει, διδάσκει, βλέπει.*
4. *λαμβάνομεν, ἔχομεν, γινώσκομεν.*
5. *βλέπετε, λέγετε, γράφετε.*
6. *διδάσκουσι, λαμβάνουσι, λύουσι.*

7. *γινώσκετε, γινώσκεις, γινώσκομεν.*
8. *βλέπομεν, διδάσκουσι, λέγει.*
9. *ἔχεις, βλέπουσι, λαμβάνομεν.*

II. 1. We are knowing, we see, we are seeing.
2. They are loosing, they loose, he looses.
3. He is loosing, ye have, thou knowest.
4. I am taking, we know, they say.
5. He has, we are writing, they see.

[연습문제를 풀 때는 헬라어를 항상 소리내어 읽어라. 그렇게 함으로써 그 단어 형태와 구문이 눈과 입과 귀를 통해 습득되도록 하라.]

제 4 과
제2곡용. 어순. 유동음 ν

24. 어 휘

ἀδελφός, *ὁ*, *a brother.*
ἄνθρωπος, *ὁ*, *a man.*
ἀπόστολος, *ὁ*, *an apostle.*
δοῦλος, *ὁ*, *a slave, a servant.*
δῶρον, *τό*, *a gift.*
θάνατος, *ὁ*, *a death.*
ἱερόν, *τό*, *a temple.*
καί, (접속사) *and.*
λόγος, *ὁ*, *a word.*
νόμος, *ὁ*, *a law.*
οἶκος, *ὁ*, *a house.*
υἱός, *ὁ*, *a son.*

25. 헬라어에는 세 가지 "곡용"(曲用 declension[1])이 있다. 이들 중에서 제2곡용을 먼저 배우도록 하겠다. 왜냐하면 이 곡용이 나머지 다른 곡용들보다 더 쉽고, 많은 수의 명사들에 적용되기 때문이다.

26. 헬라어에는 부정관사가 없다. 따라서 *ἀδελφός*는 *brother* 또는 *a brother*를 의미한다(대개는 후자를 뜻한다). 그러나 헬라어는 정관사를 갖고 있다. 그러므로 헬라어에서 정관사가 나타나지 않으면, 그 영어 번역에서도 정관사를 사용하지 않는다. 즉, *ἀδελφός*는 *the brother*를 의미하지 않는다. 복수 형태에서, 영어는 헬라어와 마찬가지로 부정관사를 취하지 않는다. 따라서 *ἄνθρωποι*는 단순히 *men*을 뜻하며, *the men*이 아니다.

---

1. 명사, 대명사, 형용사(분사 포함)의 성, 수, 격을 나타내기 위한 굴절(屈折, inflection)을 "곡용"(曲用, declension)이라 하고, 동사의 시제, 법, 태, 수, 인칭을 나타내기 위한 굴절을 "활용"(活用, conjugation)이라 한다.

27. 헬라어의 명사는 性(gender)과 數(number)와 格(case)을 갖고 있다.

28. 性은 세 가지로 나누어진다: 남성(masculine), 여성(feminine), 중성(neuter).

명사의 성은 어휘 목록이나 사전에서 일일이 확인해야 하는 경우가 종종 있다. 그러나 제2곡용에 속한 명사들 중에서, 단수 주격이 -*ος*로 끝나는 것들은 거의 모두가 남성이며, -*ον*으로 끝나는 것들은 모두가 중성이다. 성은 어휘 또는 사전에서 명사 뒤에 기재된 관사로 표시된다. 즉, 남성 정관사 *ὁ*는 남성을, 여성 정관사 *ἡ*는 여성을, 중성 정관사 *τό*는 중성을 표시한다.

29. 數는 두 가지로 나누어진다: 단수(singular), 복수(plural). 동사의 형태는 그 주어의 수에 따라 변화한다. 즉, 단수 주어에는 단수 형태의 동사를, 복수 주어에는 복수 형태의 동사를 사용한다.

30. 格은 다섯 가지로 나누어진다: 주격(nominative), 속격(genitive), 여격(dative), 대격(accusative), 호격(vocative).

31. *ἄνθρωπος*, *ὁ*, *a man*의 곡용은 다음과 같다:

	단 수	복 수
주격	*ἄνθρωπος*, *a man.*	*ἄνθρωποι*, *men.*
속격	*ἀνθρώπου*, *of a man.*	*ἀνθρώπων*, *of men.*
여격	*ἀνθρώπῳ*, *to/for a man.*	*ἀνθρώποις*, *to/for men.*
대격	*ἄνθρωπον*, *a man.*	*ἀνθρώπους*, *men.*
호격	*ἄνθρωπε*, *man.*	*ἄνθρωποι*, *men*(=주격)

32. 학생들은 위와 같은 패러다임을 익힐 때, 단어가 굴절되면서 강세의 위치와 종류가 어떻게 변하는지를 강세 법칙들에 비추어 세밀히

분석해 보기 바란다; 그리고 반드시 강세절을 세게 발음하면서 소리내어 읽도록 하라.

33. 명사의 어간은 다양한 어미들이 덧붙을 때 변하지 않고 남아있는 부분이다. 예를 들면 *ἄνθρωπος*의 어간은 *ἀνθρωπο*-이다. 그리고 *ἄνθρωπος*와 같은 제2곡용 명사들은 모두 *ο*로 끝나는 어간을 갖고 있다. 그러므로 제2곡용을 때로는 *ο*-곡용이라고도 일컫는다. 그러나 어간의 끝에 붙은 이 *ο*는 어미들과 결합되어 보이지 않게 되는 경우가 있다. 따라서 처음 배우는 입장에서는 *ἀνθρωπ*-를 어간으로 간주하고 -*ος*, -*ου* 등을 어미로 취급하는 것이 더 편리할 듯싶다. 여하튼 *ο*는 제2곡용 명사들의 마지막 음절에 들어 있는 특징적인 모음이라는 사실을 꼭 기억해 두기 바란다.

34. 문장의 주어는 주격을 취한다. 따라서 *ἀπόστολος γινώσκει*는 *an apostle knows*를 뜻한다. 타동사의 목적어는 대격을 취한다. 따라서 *βλέπω λόγον*은 *I see a word*를 뜻한다.

35. 속격은 소유 관계를 나타낸다. 따라서 *λόγοι ἀποστόλων*은 *words of apostles* 또는 *apostles' words*를 의미한다. 그러나 속격은 이 밖에도 여러 가지 중요한 용법들을 많이 가지고 있다. 속격의 다양한 용법들은 많은 문장들을 독해하는 과정에서 그 실례를 살펴보므로 하나하나 배워나가야 한다. 라틴어의 탈격이 지닌 기능들은 헬라어에서는 속격과 여격이 분담하고 있다.

36. 여격은 주로 간접 목적어에서 나타난다. 일례로 *λέγω λόγον ἀποστόλοις*는 *I say a word to apostles*를 뜻한다. 이 밖에도 여격은 중요한 용법들을 많이 가지고 있다. 이 역시 속격처럼 용례들을 일일이 관찰함으로써 터득해야 한다.

37. 호격은 상대방을 부를 때 사용된다. 즉, *ἀδελφέ, βλέπομεν*은 *brother, we see*(*형제여! 우리가 본다*)를 뜻한다. 어떤 곡용에 속하든지 간에, 복수에서 호격은 주격과 같은 형태이다. 그러므로 복수 호격은 패러다임에 기재하지 않는 것이 보통이다.

38. 패러다임 §557에 수록된 *λόγος, ὁ, a word,* 그리고 *δοῦλος, ὁ, a servant*의 곡용을 연습하라. 이 명사들이 *ἄνθρωπος*와 다른 점은 강세에 있다. 각각의 경우에 강세의 일반 법칙들이 어떻게 적용되었는지 관찰해 보라.

39. *υἱός, ὁ, a son*의 곡용은 다음과 같다:

	단수	복수
주격	*υἱός*	*υἱοί*
속격	*υἱοῦ*	*υἱῶν*
여격	*υἱῷ*	*υἱοῖς*
대격	*υἱόν*	*υἱούς*
호격	*υἱέ*	*υἱοί*(= 주격)

40. 여기에서 명사의 강세 법칙에 따르면, 단수 주격의 강세가 말음절에 있으므로, 다른 격들의 강세도 모두 말음절에 있어야 한다. 그런데 어떤 강세를 표기해야 하는가? 말음절이 짧은 경우에는 강세의 일반 법칙이 이 문제에 답할 수 있을 것이다. 즉, 그 법칙에 따르면 짧은 음절에는 曲강세가 올 수 없고 高강세만이 허용되기 때문이다. 그러나 말음절이 길다면, 그 일반 법칙은 高강세와 曲강세를 가리지 않고 어느 것이든 허용한다. 그러므로 이 경우에는 다음과 같은 특별한 법칙이 요구된다:

제2곡용에서, 말음절에 강세가 있는 경우에는, 단수와 복수의 속격과 여격은 曲강세를 취하고, 그 밖의 다른 격은 高강세를 취한다; (물론 강세의 위치는 항상 말음절이다).

설명: "그 밖의 다른 격"이라 함은 실제적으로는 복수 대격에만 해당되는 말이다. 왜냐하면 단수와 복수의 주격과 호격 및 단수 대격에서 말음절은 모두 짧기 때문에 그 일반 법칙에 따라 曲강세는 올 수 없기 때문이다.

41. *δῶρον, τό, a gift*의 곡용은 다음과 같다:

	단수	복수
주(호)격	δῶρον	δῶρα
속격	δώρου	δώρων
여격	δώρῳ	δώροις
대격	δῶρον	δῶρα

42. *δῶρον*이 중성 명사라는 점에 주목하라. 모든 중성 명사들은 어느 곡용에 속해 있든지 간에 단수와 복수의 주격과 대격과 호격이 모두 같다. 그리고 복수의 주격과 대격과 호격은 항상 단모음 *α*로 끝난다.

43. 어순(語順)

헬라어 문장의 일반적인 어순은 영어와 마찬가지로 주어, 동사, 목적어의 순서로 이루어진다. 라틴어에서처럼 동사를 문장 끝에 배치하는 경향은 없다. 그러나 강조하기 위해서 또는 음조(音調)를 좋게 하기 위해서, 그 어순은 우리말이나 영어에서보다 훨씬 자유롭게 바뀌어질 수 있다. 예를 들어 *an apostle says a word*라는 문장을 헬라어의 일반적인 어순에 따라 옮기면 *ἀπόστολος λέγει λόγον*이 된다. 그러나 *λέγει ἀπόστολος λόγον*과 *λόγον λέγει ἀπόστολος*도 모두 완벽한 문장이라고 할 수 있다. 그러므로 헬라어를 번역할 때는 어순보다는 어미들에 주의를 기울여야 한다.

44. 유동음 ν

동사의 3인칭 복수 어미인 -*ουσι*가 모음 앞이나 문장 끝에 위치하게 되는 경우에는 "유동음(流動音, movable) ν"라고 불리는 ν가 그 어미에 덧붙을 수 있다. 예를 들면 *βλέπουσιν ἀποστόλους*와 같은 경우이다. 유동음 ν는 자음으로 시작되는 낱말 앞에서도 나타나는 때가 있다. 따라서 *λύουσι δούλους* 또는 *λύουσιν δούλους*, 둘 다 올바른 표기이다. 이 유동음 ν는 모음으로 시작되는 낱말 앞에 위치한 동사 형태가 모음으로 끝나는 경우에는 언제나 첨가되는 것으로 생각해서는 안된다. 오히려 그 반대로 유동음 ν가 나타나는 형태는 그리 흔치 않으며, 어떤 규칙성을 갖고 출현하는 것도 아니어서 나올 때마다 짚고 넘어가야 한다.[1]

45. 연습문제

I. 1. *ἀδελφὸς βλέπει ἄνθρωπον.*

2. *δοῦλος γράφει λόγους.*

3. *ἀπόστολοι διδάσκουσιν ἄνθρωπον.*

4. *ἀπόστολοι λύουσι δούλους.*

5. *δοῦλος λαμβάνει δῶρα.*

6. *λαμβάνουσιν υἱοὶ οἴκους.*

7. *δούλους καὶ οἴκους λαμβάνουσιν ἀδελφοί.*

---

1. 유동음 ν는 동사의 3인칭 복수 형태에만 첨가되는 것은 아니다. -*σι*로 끝나는 명사 또는 형용사에, 단순과거나 완료 시제에서 -*ε*로 끝나는 3인칭 단수 어미에, 또는 be 동사 현재 3인칭 단수인 *ἐστί*에도 붙을 수 있다. 예를 들면, *πᾶσιν ἔλεγεν ἐκεῖνα he said those to everybody*(그러나 *πᾶσι λέγουσι ταῦτα they say these to everybody*라는 표기도 있다), *ἔστιν ἄλλος there is another*, *Ἀθήνησιν ἦσαν they were at Athens.* 이 예문들에는 아직 배우지 않은 단어 형태들도 있는데, 유동음 ν에 대한 이해를 돕기 위해서 실어 놓았다.

8. βλέπομεν ἱερὰ καὶ ἀποστόλους.
9. δούλους βλέπετε καὶ ἀδελφούς.
10. γράφεις λόγον ἀποστόλῳ.
11. διδάσκει ἄνθρωπον.
12. ἀδελφὸς λέγει λόγον ἀποστόλῳ.
13. ἀδελφὸς ἀποστόλων γινώσκει νόμον.
14. δοῦλοι γινώσκουσι νόμον καὶ λαμβάνουσι δῶρα.
15. γινώσκουσιν ἄνθρωποι θάνατον.
16. λαμβάνομεν δῶρα καὶ ἔχομεν ἀδελφούς.
17. ἀποστόλοις καὶ δούλοις λέγομεν λόγους θανάτου.
18. ἀδελφοὶ καὶ δοῦλοι γινώσκουσιν καὶ βλέπουσιν ἱερὰ καὶ δῶρα.
19. γράφει ἀπόστολος νόμον καὶ λέγει λόγους υἱοῖς δούλου.
20. υἱοὶ ἀποστόλων λέγουσι λόγους καὶ λύουσι δούλους.

II. 1. A servant is writing a law.
2. A son sees words.
3. Brothers are loosing servants.
4. Sons take gifts.
5. An apostle sees a servant and a gift.
6. Servants and sons are saying a word to a brother.
7. We see gifts and servants.
8. Men see words and gifts of a brother and houses of apostles and sons.
9. Words and laws we write to brethren; a word of death we say to a servant.
10. A son is seeing temples and houses.

11. Ye know death.
12. Thou takest an apostle's gift (= a gift of an apostle).
13. Thou art writing a brother's word to a servant.
14. I loose servants and say words to sons and brothers.
15. A son sees death.
16. They know laws and teach servants of an apostle.

제 5 과
제1곡용

46. 어 휘

ἀλήθεια, ἡ, truth.	*ζωή, ἡ, life.*
βασιλεία, ἡ, a kingdom.	*ἡμέρα, ἡ, a day.*
γραφή, ἡ, a writing, a Scripture.	*καρδία, ἡ, a heart.*
δόξα, ἡ, glory.	*παραβολή, ἡ, a parable.*
εἰρήνη, ἡ, peace.	*φωνή, ἡ, a voice.*
ἐκκλησία, ἡ, a church.	*ψυχή, ἡ, a soul, a life.*
ἐντολή, ἡ, a commandment.	*ὥρα, ἡ, an hour.*

47. 단수 주격의 형태가 *α* 또는 *η*로 끝나는 제1곡용의 모든 명사들은 여성이다.

48. *ὥρα, ἡ, an hour*의 곡용은 아래와 같다:

	단수	복수
주(호)격	*ὥρα*	*ὧραι*
속격	*ὥρας*	*ὡρῶν*
여격	*ὥρᾳ*	*ὥραις*
대격	*ὥραν*	*ὥρας*

49. *ὥρα*의 어간은 *ὡρα*-이다. 제1곡용은 때로는 *α*-곡용이라고도 불리는데, 이는 거기에 속한 명사들의 어간이 *α*로 끝나기 때문이다. 하지만 그 모음은 바로 뒤에 따라붙는 어미들과 결합하여 다른 모습으로 나타날 수도 있는바, 처음 배우는 입장에서는 *ὡρ*-를 어간으로

간주하고, -α, -ας 등을 어미로 취급하는 편이 더 나을 듯싶다. 제2곡용에서 ο가 그렇듯이, 제1곡용에서는 α가 특징적인 모음이라는 사실을 잘 기억해 두기 바란다.

50. 단수 주격, 속격, 대격, 그리고 복수 대격에서 어미에 나타나는 α는 장모음이다.

51. 복수 속격은 명사의 강세 법칙에 맞지 않는 형태를 보인다. 그 법칙에 따른다면, 그 강세는 단수 주격의 강세절과 같은 위치에 놓여 있어야 한다. 그러나 제1곡용의 경우에는 단수 주격의 강세가 어디에 있든지 간에 복수 속격에서는 말음절에 曲강세가 위치한다.

52. *βασιλεία, ἡ, a kingdom*의 곡용은 *ὥρα*의 그것과 정확히 일치한다. 왜냐하면 둘 다 단수 주격에서 말음절의 장모음 α 앞에 있는 제2말음절이 길고 강세를 지녔기 때문이다.

53. *ἀλήθεια, ἡ, truth*의 곡용은 아래와 같다:

	단수	복수
주(호)격	ἀλήθεια	ἀλήθειαι
속격	ἀληθείας	ἀληθειῶν
여격	ἀληθείᾳ	ἀληθείαις
대격	ἀλήθειαν	ἀληθείας

이 명사는 단수 주격의 말음절에서 단모음 α를 지닌다. 이처럼 제1곡용에서 단수 주격의 특징적 모음인 α가 짧을 때는 단수 대격의 말음절의 α도 짧다. 그러나 모든 제1곡용 명사들의 단수 속격과 복수 대격의 말음절의 α는 항상 길다. 강세는 복수 속격을 제외하고는 어느 경우든 명사의 강세 법칙에 따른다(§51을 보라).

54. *δόξα, ἡ, glory*의 곡용은 아래와 같다:

	단수	복수
주(호)격	δόξα	δόξαι
속격	δόξης	δοξῶν
여격	δόξῃ	δόξαις
대격	δόξαν	δόξας

55. 제1곡용 명사들의 단수 주격의 특징적 모음 α는 그 바로 앞에 ϵ, ι, ρ가 아닌 어떤 다른 문자가 놓인 경우에는 단수 속격과 여격에서 η로 바뀐다.

56. *γραφή, ἡ, a writing, a Scripture*의 곡용은 아래와 같다:

	단수	복수
주(호)격	γραφή	γραφαί
속격	γραφῆς	γραφῶν
여격	γραφῇ	γραφαῖς
대격	γραφήν	γραφάς

57. 제1곡용 명사의 단수 주격이 η로 끝나는 경우에, 그 η는 단수의 모든 격들에서 변하지 않고 그대로 유지된다. 그러나 복수에서는 다른 제1곡용 명사들과 똑같이 굴절된다.

58. 제1곡용에서 말음절이 강세를 지닐 경우에는, 제2곡용에서와 마찬가지로(§40을 보라), 단수와 복수의 속격과 여격은 曲강세를, 그 밖의 다른 형태들은 高강세를 취한다.

59. 연습문제

I. 1. ψυχὴ βλέπει ζωήν.

2. βασιλεία γινώσκει ἀλήθειαν.
3. ἄνθρωπος γράφει ἐντολὰς καὶ νόμους.
4. ἀπόστολοι λαμβάνουσι δούλους καὶ δῶρα καὶ ἐκκλησίας.
5. ἀπόστολοι καὶ ἐκκλησίαι βλέπουσι ζωὴν καὶ θάνατον.
6. υἱὸς δούλου λέγει παραβολὴν ἐκκλησίᾳ.
7. παραβολὴν λέγομεν καὶ ἐντολὴν καὶ νόμον.
8. βασιλείας γινώσκετε καὶ ἐκκλησίας.
9. ἐκκλησίαν διδάσκει ἀπόστολος καὶ βασιλείαν δοῦλος.
10. νόμον καὶ παραβολὴν γράφει ἄνθρωπος ἐκκλησίᾳ.
11. καρδίαι ἀνθρώπων ἔχουσι ζωὴν καὶ εἰρήνην.
12. φωνὴ ἀποστόλων διδάσκει ψυχὰς δούλων.
13. ὥρα ἔχει δόξαν.
14. φωναὶ ἐκκλησιῶν διδάσκουσι βασιλείας καὶ ἀνθρώπους.
15. βλέπεις δῶρα καὶ δόξαν.
16. γράφει ἐκκλησίᾳ λόγον ζωῆς.
17. λέγει καρδίαις ἀνθρώπων παραβολὴν καὶ νόμον.
18. γράφει ἐκκλησίᾳ υἱὸς ἀποστόλου.

II. 1. A kingdom takes glory.
2. Churches are saying parables to hearts of men.
3. A heart of a man is teaching an apostle, and a voice of an apostle is teaching a servant.
4. We have writings of apostles.
5. Churches have peace and glory.

6. A day sees life and death.
7. Apostles take temples and kingdoms.
8. We see houses and temples and churches.
9. A servant says a parable to hearts of men.
10. We know voices of churches and words of truth.
11. A voice of an apostle says a parable to souls of men.

제 6 과

관사. 제1·2곡용 형용사. 일치. 관사의 용법. 형용사의 관형적·서술적 위치. 형용사의 명사적 용법.

60. 어 휘

ἀγαθός,ή,όν, (형) *good.*
ἄλλος,η,ο, (형) *other.*
δίκαιος,α,ον, (형) *righteous.*
ἐγείρω, *I raise up.*
ἔρημος, *ἡ*, *a desert.*
ἔσχατος,η,ον, (형) *last.*
κακός,ή,όν, (형) *bad.*
καλός,ή,όν, (형) *good, beautiful.*
κύριος, *ὁ*, *a lord, the Lord.*
μικρός,ά,όν, (형) *small, little.*
νεκρός,ά,όν, (형) *dead.*
ὁ, *ἡ*, *τό*, (관) *the.*
ὁδός, *ἡ*, *a road, a way.*
πιστός,ή,όν, (형) *faithful.*
πρῶτος,η,ον, (형) *first.*

주의: -*ος*로 끝나는 제2곡용 명사들은 거의 모두가 남성이지만, *ἔρημος*와 *ὁδός*는 여성 명사이다.

61. 형용사 *ἀγαθός*, *good*의 곡용은 아래와 같다:

	단 수			복 수		
	남성	여성	중성	남성	여성	중성
주격	ἀγαθός	ἀγαθή	ἀγαθόν	ἀγαθοί	ἀγαθαί	ἀγαθά
속격	ἀγαθοῦ	ἀγαθῆς	ἀγαθοῦ	ἀγαθῶν	ἀγαθῶν	ἀγαθῶν
여격	ἀγαθῷ	ἀγαθῇ	ἀγαθῷ	ἀγαθοῖς	ἀγαθαῖς	ἀγαθοῖς
대격	ἀγαθόν	ἀγαθήν	ἀγαθόν	ἀγαθούς	ἀγαθάς	ἀγαθά
호격	ἀγαθέ	ἀγαθή	ἀγαθόν	ἀγαθοί	ἀγαθαί	ἀγαθά

위에서 보듯이, 모든 성과 수와 격에 따른 굴절 형태들이 제시되어 있는 형용사와 관사 등의 패러다임을 익힐 때에는 가로 방향부터 읽어 나가야 한다. 즉, 세 가지 성의 단수 주격 형태를 확인한 후에 단수 속격으로 이동하고, 세 가지 성의 단수 속격 형태를 확인한 후에 단수 여격으로 이동한다. 이런 방식으로 단수의 변화를 마친 다음에는 복수로 넘어가서 단수에서와 같은 요령으로 각 형태들을 읽어 나간다.

어미 변화에 있어서, 형용사 *ἀγαθός*의 남성은 제2곡용의 남성 명사와 똑같고, 그 여성은 *η*로 끝나는 제1곡용의 여성 명사와 똑같으며, 그 중성은 제2곡용의 중성 명사와 똑같다.

62. §§569, 570에 제시된 *μικρός*, *small*과 *δίκαιος*, *righteous*의 곡용을 연습하라. 이러한 형용사들의 여성 형태들에서, 어미 바로 앞의 문자가 *ρ* 또는 모음인 경우에는 장모음 *α*가 나타난다(*ἀγαθή*처럼 *η*가 아니다; §55를 참조하라). 제1·2곡용의 모든 형용사들에서 여성 복수 속격의 강세는 명사 법칙을 따르며, 제1곡용 명사들에 적용되는 특수한 법칙(§51)을 따르지 않는다.

63. 관사의 곡용은 아래와 같다:

	단 수			복 수		
	남성	여성	중성	남성	여성	중성
주격	*ὁ*	*ἡ*	*τό*	*οἱ*	*αἱ*	*τά*
속격	*τοῦ*	*τῆς*	*τοῦ*	*τῶν*	*τῶν*	*τῶν*
여격	*τῷ*	*τῇ*	*τῷ*	*τοῖς*	*ταῖς*	*τοῖς*
대격	*τόν*	*τήν*	*τό*	*τούς*	*τάς*	*τά*

64. *ὁ*, *ἡ*, *οἱ*, *αἱ*는 “후접어”(後接語, proclitic)이다. 후접어는 바로 뒤에 위치한 낱말에 (마치 접두사처럼) 밀접하게 연결되므로, 그 자체의 강세를 갖지 않는다.

65. 관사는 형용사 *ἀγαθός*와 같은 패턴으로 곡용된다; 그러나 다음 사항들은 예외이다: (1) 불규칙한 후접어 형태들이 나타난다; (2) 중성 단수 주격과 대격의 형태는 *τόν*이 아니라 *τό*이다; (3) 호격이 빠져 있다.

66. 일치(Agreement)

형용사 및 관사는 그 꾸밈을 받는 명사들과 성·수·격에 있어서 일치한다.

예문: (1) *ὁ λόγος, τοῦ λόγου, τῷ λόγῳ, βλέπω τὸν λόγον, οἱ λόγοι, τῶν λόγων, τοῖς λόγοις, βλέπω τοὺς λόγους*. (2) *τὸ δῶρον, τοῦ δώρου*. (3) *ἡ ὥρα, τῆς ὥρας, τῇ ὥρᾳ, βλέπω τὴν ὥραν, αἱ ὧραι*. (4) *ἡ ὁδός* (§60을 참조하라), *τῆς ὁδοῦ, τῇ ὁδῷ, βλέπω τὴν ὁδόν, αἱ ὁδοί, τῶν ὁδῶν, ταῖς ὁδοῖς, βλέπω τὰς ὁδούς*. (5) *καλὸς λόγος, καλὴ ὥρα, καλὴ ὁδός*, 등.

67. 관사의 용법

헬라어에서 관사의 용법은 영어의 정관사 용법과 대충 일치한다. 따라서 *λόγος*는 *a word*를, *ὁ λόγος*는 *the word*를 뜻한다; 그리고 *λόγοι*는 *words*를, *οἱ λόγοι*는 *the words*를 뜻한다. 헬라어와 영어에서 서로 일치하지 않는 관사 용법들은 개개의 경우마다 확인해야 한다. 현재로서는 헬라어를 옮길 때 그 관사의 존재 여부를 반드시 나타내주어야 한다. 그러나 우리말의 "그"라는 낱말은 영어의 "the"처럼 헬라어 관사와 일치하지 않는다. 따라서 헬라어 문법을 처음 배우는 단계에서는 영어로 옮기는 것이 좋다. 헬라어의 문법적 틀에 우리말을 억지로 끼워 맞추다보면 우리말이 뒤틀어질 우려가 있다는 점을 유의하기 바란다.

형용사의 관형적·서술적 용법

68. 형용사는 다음 두 가지 방식으로 쓰여진다: (1) 관형적으로, (2) 서술적으로.

예를 들면, *the good word*와 같은 구문에서, 형용사 *good*은 관형적으로 사용되었다. 한편 *the word is good*이란 문장에서는 형용사 *good*은 서술적으로 사용되었다.

69. 헬라어에서, 관형적 형용사(attributive adjective)와 서술적 형용사(predicate adjective)를 구별하는 일은 영어에서보다 훨씬 중요하다. 그 차이점은 사실상 헬라어 문법의 가장 중요한 특성들 중 하나이다.

70. *The good word*라는 말은 헬라어에서 다음과 같은 두 가지 방식으로 통상 표현될 수 있다: *ὁ ἀγαθὸς λόγος* 또는 *ὁ λόγος ὁ ἀγαθός*. 이 구문들에서 보듯이, 관형적으로 사용된 헬라어 형용사는 관사 바로 뒤에 위치하는 특성을 지니고 있다. 이 두 가지 방식들 중 첫 번째 것인 *ὁ ἀγαθὸς λόγος*는 영어의 어순과 마찬가지로 (1) 관사, (2) 관형적 형용사, (3) 명사 순으로 구성되었으며, *the good word*를 문자적으로 옮긴 것이다. 한편 그 두 번째 것인 *ὁ λόγος ὁ ἀγαθός*는 직역하면 *the word—namely the good one*이 된다. 물론 이러한 구문은 영어에서는 부자연스럽지만 헬라어에서는 아주 흔히 사용된다. 그리고 *ὁ ἀγαθὸς λόγος*와 마찬가지로 이것도 단순히 *the good word*라고 번역해야 한다.

71. *The word is good*은 헬라어에서 두 가지 방식으로 표현될 수 있다: *ὁ λόγος ἀγαθός* 또는 *ἀγαθὸς ὁ λόγος* (여기서 *is*에 해당하는 계사[繫辭, copula]는 생략될 수 있다). 헬라어에서 서술적으로 사용된 형용사는 관사 바로 뒤에 위치하지 않는다.

72. 앞에서 설명한 내용을 요약하면 아래와 같다:

형용사의 관형적 위치	ὁ ἀγαθὸς λόγος 또는 ὁ λόγος ὁ ἀγαθός	= *the good word.*
형용사의 서술적 위치	ὁ λόγος ἀγαθός 또는 ἀγαθὸς ὁ λόγος	= *the word is good.*

73. 독자들은 위의 구문들을 잘 생각하면서 소리내어 읽음으로써 그 차이를 머리 속에 반드시 새겨 놓기 바란다. 그리하여 예를 들면 *ἀγαθὸς ὁ λόγος*가 굳이 따지지 않아도 *good (is) the word*라는 뜻으로 자연스럽게 받아들여지는 데까지 이르러야 하며, 행여나 *the good word*라는 말과 조금이라도 혼동되어서는 안된다. 이 충고가 잘 지켜진다면, 헬라어 구문론의 상당 부분을 습득하는 데 큰 도움이 될 것이다.

74. 헬라어에서, 형용사의 관형적 위치와 서술적 위치는 명사에 관사가 붙었을 경우에만 상호 구별될 수 있다. 그러므로 형용사가 관사 없는 명사와 결합되면 두 가지 방식으로 번역될 수 있다. 예를 들면, *ἀγαθὸς λόγος* 또는 *λόγος ἀγαθός*는 *a good word*(관형적) 또는 *a word is good*(서술적)으로 번역될 수 있다.

75. 형용사의 명사적 용법

형용사는 명사처럼 사용될 수 있는데, 특히 관사가 붙었을 경우에 그러하다.

예문: (1) *ἀγαθός, a good man; ἀγαθή, a good woman; ἀγαθόν, a good thing; ἀγαθοί, good men; ἀγαθαί, good women; ἀγαθά, good things.* (2) *ὁ ἀγαθός, the good man; ἡ ἀγαθή, the good woman; τὸ ἀγαθόν, the good thing; οἱ ἀγαθοί, the good men; αἱ ἀγαθαί, the good women; τὰ ἀγαθά, the good things.*

때때로 남성 복수에서 영어는 헬라어와 마찬가지로 *men* 따위의 말을 덧붙이지 않고도 형용사 자체를 명사처럼 사용할 수 있다. 그러므로 *οἱ ἀγαθοί*는 *the good*으로도 옮길 수 있는데, 이는 *the good men* 또는 *the good people*을 의미하는 말이다; *οἱ νεκροί, the dead*는 *the dead people* 등을 의미한다.

76. 연습문제

I. 1. *ἀγαθὴ ἡ ἐκκλησία καὶ ἡ βασιλεία κακή.*
2. *ἡ κακὴ καρδία τῶν ἀνθρώπων γινώσκει θάνατον.*
3. *οἱ ἀπόστολοι βλέπουσι τοὺς μικροὺς οἴκους καὶ τὰς κακὰς ὁδούς.*
4. *οἱ δοῦλοι οἱ κακοὶ λύουσι*[1] *τὸν οἶκον τοῦ ἀποστόλου.*
5. *οἱ κακοὶ λύουσι τὸ ἱερόν.*
6. *ὁ κύριος τῆς ζωῆς*[2] *ἐγείρει τοὺς νεκρούς.*
7. *οἱ λόγοι τῆς ἀληθείας διδάσκουσι τοὺς ἄλλους ἀποστόλους.*
8. *οἱ δίκαιοι λαμβάνουσι τὰ δῶρα τοῦ κυρίου τὰ καλά.*
9. *ὁ κακὸς βλέπει τὴν ἔρημον καὶ τοὺς ἐσχάτους οἴκους.*
10. *πρῶτοι οἱ δοῦλοι· ἔσχατοι οἱ κύριοι.*
11. *τῇ ἐκκλησίᾳ τῇ μικρᾷ γράφει ὁ κύριος λόγον ἀγαθόν.*
12. *τοὺς πιστοὺς βλέπει ὁ πιστός.*

---

1. *λύω*는 때때로 *I destroy*를 의미한다.
2. 추상명사들 및 *ζωή*와 같은 명사들은 관사를 종종 취하는데, 영어에서는 관사가 생략된다.

13. ἔσχατοι οἱ δοῦλοι οἱ κακοί· πρῶτοι οἱ υἱοὶ οἱ ἀγαθοί.
14. ὁ υἱὸς τοῦ ἐσχάτου ἀδελφοῦ βλέπει τὰς καλὰς ἐκκλησίας τοῦ κυρίου.
15. ἄλλην παραβολὴν λέγομεν τῇ κακῇ βασιλείᾳ.
16. πρώτη ἡ ἐκκλησία· ἐσχάτη ἡ ἄλλη βασιλεία.
17. ταῖς πισταῖς λέγει ὁ κύριος παραβολὴν καλὴν καὶ τοῖς πιστοῖς.
18. ὁ ἀγαθὸς γράφει ἀγαθά· ὁ κακὸς κακά.
19. ἀγαθὸς ὁ δοῦλος καὶ λέγει καλά.
20. ἡ ἀλήθεια πιστὴ καὶ ἡ ὥρα κακή.

II. 1. To the first church the Lord writes the first parable.
2. The good woman sees the ways of the desert.
3. The good things are first and the bad things last.
4. Death is bad and life is good.
5. The Lord of the kingdom raises up the faithful men and the faithful women.
6. The good know the bad, and the bad the good.
7. The good words we say to the Church, and the bad words we write to the brethren.
8. Thou seest the good days of the Lord of life.
9. The roads are good and the men bad.
10. The first gift is last and the last (gift) first.
11. The good servants know the truth and the glory of the Lord.
12. The last day takes the bad servants.
13. The men are destroying the beautiful temples and the small houses.
14. The righteous have another house.

15. The church is taking the other house.
16. I know the other ways.
17. The Lord is saying the other parable to the first church.

제 7 과
제1곡용의 남성 명사. 전치사

77. 어 휘

ἄγγελος, ὁ, an angel, a messenger.
ἄγω, I lead.
ἀπό, (전) +속격, *from.*
βάλλω, I throw, I cast, I put.
διά, (전) +속격, *through;*
+대격, *on account of.*
εἰς, (전) +대격, *into.*
ἐκ(모음 앞에서는 *ἐξ*),
(전) +속격, *out of.*
ἐν, (전) +여격, *in.*
θεός, ὁ, a god, God
(*God*을 의미할 때, 관사가 보통 붙는다).
κόσμος, ὁ, a world.
λίθος, ὁ, a stone.
μαθητής, ὁ, a disciple.
μένω, I remain.
μετά, (전) +속격, *with;*
+대격, *after.*
οὐρανός, ὁ, heaven.
πέμπω, I send.
πρός, (전) +대격, *to.*
προφήτης, ὁ, a prophet.
τέκνον, τό, a child.
τόπος, ὁ, a place.
φέρω, I bear, I bring.

78. 제1곡용에서, 단수 주격이 *-ης*로 끝나는 명사들은 남성이다.

79. *προφήτης, ὁ, a prophet*의 곡용은 아래와 같다:

	단 수	복 수
주격	*προφήτης*	*προφῆται*
속격	*προφήτου*	*προφητῶν*
여격	*προφήτῃ*	*προφήταις*
대격	*προφήτην*	*προφήτας*
호격	*προφῆτα*	*προφῆται*(=주격)

*προφήτης*가 남성일지라도, 단수 주격과 속격 및 호격을 제외하고는 제1곡용의 여성 명사와 똑같은 패턴으로 굴절하기 때문에 사실상 제1곡용 명사로 분류된다.

*μαθητής*는 강세를 제외하고는 *προφήτης*와 똑같이 곡용된다.

전치사

80. 전치사는 관계를 나타낸다. 예를 들면, *the book is in the desk*라는 문장에서, 전치사 *in*은 the book과 the desk 사이의 어떤 관계를 나타낸다. 한편 *the book is on the desk*라는 문장에서, 전치사 *on*에 의해 표현된 양자 사이의 관계는 앞의 경우와 다르다.

영어에서 전치사 바로 뒤에 오는 명사들은 항상 동일한 격("목적"격)을 취한다. 그러나 헬라어에서는 전치사에 따라 그 명사의 격이 달라진다.

81. 전치사 *ἐν*은 *in*을 뜻하며, 항상 여격을 지배한다. 따라서 *in the house*는 *ἐν τῷ οἴκῳ*; *in the truth*는 *ἐν τῇ ἀληθείᾳ*로 옮겨진다. 반면에 *into*를 의미하는 전치사 *εἰς*는 항상 대격을 지배한다. 따라서 *into the house*는 *εἰς τὸν οἶκον*으로 된다. 끝으로, 전치사 *ἀπό*는 항상 속격을 지배한다. 따라서 *from the house*는 *ἀπὸ τοῦ οἴκου*로 옮겨진다.

82. 이 세 전치사들의 용례를 관찰해 보면, 다음과 같은 일반 법칙을 발견할 수 있다. 즉, 속격은 "떨어짐"(separation)을, 여격은 한 곳에 "머무름"(rest)을, 대격은 한 곳으로 "나아감"(motion toward)을 표현하는 경우에 사용된다. 그러므로 분리를 나타내는 전치사들은 자연히 속격을 지배하고, 한 곳에 머무름을 나타내는 전치사들은 여격을 지배하며, 한 곳으로 나아가는 동작을 표현하는 전치사들은 대격을 지배하는 것이다.

83. 그러나 전치사들의 용법들은 매우 다양해서, 어느 한 일반 법칙으로 그것들을 다 설명할 수는 없다. 예를 들면, 분리의 의미를 나타내지 않는 전치사일지라도 속격을 지배하는 경우가 많이 있다.

84. ἐν, εἰς, ἐκ는 모두 전접어로서 그 자체의 강세를 지니지 않는다(§64를 참조하라).

85. ἐν, εἰς, ἐκ, ἀπό는 각각 하나의 격만을 지배한다. πρός는 간혹 속격이나 여격과 결합되기도 하지만 주로 대격을 지배한다. 하지만 그 밖의 많은 전치사들은 한 가지 이상의 격들을 취한다. 그리고 어떤 격을 취하느냐에 따라 그 전치사의 의미가 종종 달라지기도 한다. 예를 들면, διά+속격은 *through*; διά+대격은 *on account of*: μετά+속격은 *with*; μετά+대격은 *after*를 의미한다.

86. 어휘를 공부할 때, 전치사들이 어떻게 번역되어야 하는지를 아는 것만으로는 불충분하며, 그것들이 어떤 격과 결합되어 어떤 의미를 나타내는지도 알아야 한다. 따라서 ἐν이 *in*을 뜻한다고 말하는 것만으로는 부족하며 "ἐν+여격"이 *in*을 뜻한다고 말해야 한다. 부연하면, "ἐν+여격"의 구문이 불가분의 한 개념으로 학생들의 머릿속에 심겨져야 한다. 즉, ἐν은 자신이 지배하는 격과 따로 생각될 수 없는 것이다. 마찬가지로, 그러나 더욱 분명한 예로서, μετά가 *with* 또는 *after*를 뜻한다는 것만으로는 부족하며, "μετά+속격"은 *with*, "μετά+대격"은 *after*를 뜻한다고 말해야 한다. 이러한 학습 방식은 모든 전치사에 대해 동일하게 적용되어야 한다.

87. 또 하나 중요한 원칙은 전치사의 의미를 정확하게 익히는 것이다. 헬라어의 한 전치사를 모든 문맥에서 영어나 우리말의 어느 한 단어나 어구로 옮기는 것은 불가능하다. 예를 들면, 여격과 결합된 ἐν이 영어에서 *in*으로 번역될 수 없는 경우가 가끔 있다. 그러나 우선은 일

반적인 의미를 알고 난 다음에 특수한 예로 나아가는 방법이 적절하다. 만약 이 순서를 뒤집는다면, 걷잡을 수 없는 혼란에 빠지게 될 것이다. 그러므로 학생들은 전치사에 관한 한 당분간은 어휘에 제시된 낱말풀이를 철저히 고수하기 바란다. 그렇게 함으로써 전치사의 근본적인 의미에 대한 감각이 형성되고 나면, 그 파생된 의미들을 혼동하지 않고 익힐 수 있을 것이다.

88. 끝으로, 헬라어 문장에서 전치사가 갖는 중요성을 인식해야 한다. 신약 원전을 정확하게 이해하기 위해서는 무엇보다도 전치사를 잘 알아야 한다. 그러므로 어휘에서 전치사는 항상 따로 선별해 놓고 특별히 관심을 기울이도록 하라. 그리고 새로운 전치사를 배울 때는 이전 것들도 반드시 복습하기 바란다.

89. 연습문제

I. 1. *οἱ μαθηταὶ τῶν προφητῶν μένουσιν ἐν τῷ κόσμῳ.*
2. *οἱ κακοὶ βάλλουσιν λίθους εἰς τὸν οἶκον τῶν μαθητῶν.*
3. *ὁ θεὸς πέμπει τοὺς ἀγγέλους εἰς τὸν κόσμον.*
4. *ὁ προφήτης πέμπει τοὺς μαθητὰς τοῦ κυρίου ἐκ τῶν οἴκων εἰς τὴν ἐκκλησίαν.*
5. *ὁ θεὸς ἐγείρει τοὺς νεκροὺς ἐκ θανάτου.*
6. *λαμβάνετε τὰ καλὰ δῶρα ἀπὸ τῶν τέκνων.*
7. *ἄγομεν τὰ τέκνα ἐκ τῶν οἴκων.*
8. *μετὰ τοὺς ἀγγέλους πέμπει ὁ θεὸς τὸν υἱόν.*
9. *μετὰ τῶν ἀγγέλων ἄγει ὁ κύριος τοὺς δικαίους εἰς τὸν οὐρανόν.*
10. *διὰ τῶν ὁδῶν τῆς ἐρήμου φέρουσιν οἱ δοῦλοι τὰ δῶρα εἰς ἄλλον τόπον.*

11. *διὰ τῶν γραφῶν τῶν προφητῶν γινώσκομεν τὸν κύριον.*
12. *διὰ τὴν δόξαν τοῦ θεοῦ ἐγείρει ὁ κύριος τοὺς νεκρούς.*
13. *φέρουσιν τοὺς νεκροὺς εἰς τὴν ἔρημον.*
14. *οἱ μαθηταὶ διδάσκουσι τὰ ἀγαθὰ τέκνα ἐν τῇ ἐκκλησίᾳ.*
15. *ὁ κύριος λέγει παραβολὴν τοῖς μαθηταῖς ἐν τῷ ἱερῷ.*
16. *διὰ τὴν ἀλήθειαν βλέπουσιν οἱ προφῆται τὸν θάνατον.*
17. *ἀπὸ τῆς ἐρήμου ἄγουσιν οἱ μαθηταὶ τοὺς ἀγαθοὺς δούλους καὶ τοὺς υἱοὺς τῶν προφητῶν πρὸς τοὺς μικροὺς οἴκους τῶν μαθητῶν.*
18. *διὰ τὴν βασιλείαν τοῦ θεοῦ φέρομεν τὰ κακά.*
19. *διὰ τὰς ψυχὰς τῶν ἀδελφῶν βλέπει κακά.*
20. *καλὸς ὁ οὐρανός· κακὸς ὁ κόσμος.*

II. 1. In the world we have death, and in the Church life.
2. The prophets lead the righteous disciples of the Lord into the way of the desert.
3. The child is throwing a stone into the little house.
4. The man is saying a good word to the disciples and is leading the disciples to the Lord.[1]
5. The disciples are remaining in the church and are saying a parable to the other prophets.

---

1. 이 문장에서 영어 전치사 *to*의 두 가지 용법을 주의 깊게 구별해야 한다. 즉, 앞의 *to*는 헬라어에서 여격으로, 뒤의 *to*는 전치사로 번역된다.

6. Through the voice of the prophet the Lord is teaching the disciples.
7. On account of the Church the disciples and the apostles write good words to the brethren.
8. On account of the children the prophet is sending the evil men into the desert.
9. After the Lord the apostle sees the disciple.
10. The prophets are teaching the disciples with the children.
11. They are bringing the disciples to the Lord.
12. The Lord is remaining with the prophet in another place.
13. The righteous are leading the disciples through the desert to the Lord.
14. We see the days of the Son of God in the evil world.
15. Evil are the days; good are the churches.
16. Through the word of the Lord God raises the dead.

제 8 과

전접어. 인칭대명사. εἰμί의 현재 직설법.

90. 어 휘

αὐτός, ή, ό, (대) *he.*	*ἐγώ*, (대) *I.*
σύ, (대) *thou.*	*εἰμί*, *I am.*
δέ, (접) *but, and.*	

91. 접속사 *δέ*는 후치사(postpositive)이다. 즉, 그것은 절의 첫머리에 오지 않는다; 보통은 두 번째 자리에 온다.

예문: *ὁ δοῦλος γινώσκει τὸν ἀπόστολον, ὁ δὲ ἀπόστολος βλέπει τὸν κύριον*, *the servant knows the apostle and the apostle sees the Lord.*

전접어

92. "전접어"(前接語, enclitic)는 바로 앞에 놓인 낱말과 매우 밀접하게 결합되어 보통은 자신의 강세를 갖지 않는 단어이다. 따라서 전접어는 뒷 낱말과 결합되어 자신의 강세를 갖지 않는 "후접어"(proclitic)와 구별된다(§64를 보라). 후접어는 특별한 강세 법칙을 발생시키지 않는다. 그것은 자신의 강세를 갖지 않을 뿐, 앞이나 뒤에 오는 단어들의 강세에 어떠한 변화도 초래하지 않는다. 그러나 전접어의 경우는 매우 다르다. 그것은 아래와 같은 법칙들을 야기시킨다:

I. 전접어 앞 단어의 강세:

(1) 전접어 앞 단어는 그 마지막 음절의 高강세를 低강세로 바꾸지 않는다.

예: *ἀδελφὸς μου*는 틀리다; *ἀδελφός μου*는 맞다.

(2) 전접어 앞 단어가 제3말음절에서 高강세를 지니거나 또는 제2말음절에서 曲강세를 지닌다면, 그 단어는 말음절에서 (高)강세를 하나 더 갖게 된다.

예: *ἄνθρωπός μου, δῶρόν σου, ἄνθρωπός ἐστιν, δῶρόν ἐστιν.*

(3) 전접어 앞 단어가 그 자신도 후접어나 전접어라면, 그것은 말음절에서 高강세를 취한다.

예: *εἴς με, ἄνθρωπός μού ἐστιν.*

II. 전접어가 자신의 강세를 갖는 경우들:

(1) 두 음절로 이루어진 전접어가 제2말음절에서 高강세를 지니는 낱말 뒤에 놓일 경우에는 자신의 강세를 유지한다.

예: *ὥρα ἐστίν*은 맞다; *ἐστίν*이 두 음절로 된 전접어이기 때문이다. 또한 *ὥρα μου*도 맞다; *μου*는 단음절로 된 전접어이기 때문이다.

(2) 전접어가 강조되거나 또는 절의 첫머리에 놓일 때는 자신의 강세를 유지한다.

93. 이러한 법칙들을 기억하는 데 도움이 되는 방법은 전접어가 앞 단어와 결합하여 한 단어를 이루는 것으로 상정하고 강세의 일반 법칙을 적용시키는 것이다. 그러면 전접어의 강세 법칙은 그 일반 법칙에 위배되지 않도록 한 조치로 간주될 수 있다. 즉, *ἄνθρωποσεστιν* 또는 *ἄνθρωποσμου* 또는 *ἄνθρωποσμε*를 한 단어로 간주한다면, 그 단어의 강세는 제3말음절보다 더 앞에 위치하므로 그 일반 법칙에 어긋난다; 그리고 *δῶρονμου*는 曲강세가 제2말음절보다 더 앞에 위치하므로 그 일반 법칙에 어긋난다. 그러므로 어떤 조치가 취해질 필요가 있다. 그리고 이러한 요구에 실제적으로 행해진 일은 강세를 하나 더 추가하여 강세 없이 길게 이어진 음절들을 쪼갠 것이다. 동일한 요령에 의하면 *ὥραεστιν*의 강세는 *ὥράεστιν*이 되었을 것이다. 그러나 한 단어에서 두 개의 高강세가 바로 이웃하는 것은 바람직하지

않았다. 따라서 이 경우에는 궁여지책으로 전접어가 자신의 강세를 유지토록 하였다.

그러나 한 가지 유의할 점은, 전접어 강세에 관한 문제를 다루는 이러한 방식이 모든 경우에 다 들어맞는 것은 아니라는 사실이다; 예를 들면 *ὥρα μου*라는 올바른 표기에서, 그 두 낱말을 한 단어로 결합해본 *ὥραμου*는 말음절이 길면 제3말음절에 강세가 올 수 없다는 일반법칙에 어긋나 있다.

인칭 대명사

94. 일인칭 대명사의 곡용은 아래와 같다:

	단 수	복 수
주격	*ἐγώ, I.*	*ἡμεῖς, we.*
속격	*ἐμοῦ* 또는 *μου, of me.*	*ἡμῶν, of us.*
여격	*ἐμοί* 또는 *μοι, to/for me.*	*ἡμῖν, to/for us.*
대격	*ἐμέ* 또는 *με, me.*	*ἡμᾶς, us.*

*ἐμοῦ, ἐμοί, ἐμέ*는 강조하고 싶을 때 사용되는 형태들이다. 강조되지 않은 형태들, *μου, μοι, με*는 전접어이다.

95. 이인칭 대명사의 곡용은 아래와 같다:

	단 수	복 수
주격	*σύ, thou.*	*ὑμεῖς, ye.*
속격	*σοῦ, of thee.*	*ὑμῶν, of you.*
여격	*σοί, to/for thee.*	*ὑμῖν, to/for you.*
대격	*σέ, thee.*	*ὑμᾶς, you.*

*σοῦ, σοί, σέ*의 형태들은 강조되는 경우를 제외하고는 전접어이다. 만일 그것들이 강조될 경우에는 패러다임에 제시된 강세들을 취한다.

96. 삼인칭 대명사의 곡용은 아래와 같다:

단 수

	남성	여성	중성
주.	*αὐτός, he.*	*αὐτή, she.*	*αὐτό, it.*
속.	*αὐτοῦ, of him.*	*αὐτῆς, of her.*	*αὐτοῦ, of it.*
여.	*αὐτῷ, to/for him.*	*αὐτῇ, to/for her.*	*αὐτῷ, to/for it.*
대.	*αὐτόν, him.*	*αὐτήν, her.*	*αὐτό, it.*

복 수

	남성	여성	중성
주.	*αὐτοί, they.*	*αὐταί, they.*	*αὐτά, they.*
속.	*αὐτῶν, of them.*	*αὐτῶν, of them.*	*αὐτῶν, of them.*
여.	*αὐτοῖς, to/for them.*	*αὐταῖς, to/for them.*	*αὐτοῖς, to/for them.*
대.	*αὐτούς, them.*	*αὐτάς, them.*	*αὐτά, them.*

*αὐτός*의 곡용은 (호격이 빠진) *ἀγαθός*와 같은 패턴으로 굴절한다; 단, 중성 단수 주격과 대격의 형태는 *αὐτό*이다.

97. 대명사의 용법

(1) 대명사는 명사를 대신하는 낱말이다.

예를 들면, *I see the disciple and teach him*은 *I see the disciple and teach the disciple*과 같은 의미이다. 대명사 *him*은 재차 등장하는 명사인 *disciple*을 대신하고 있다.

(2) 대명사로 대체된 명사를 선행사(antecedent)라고 부른다.

따라서 *I see the disciple and teach him*이란 문장에서, *him*의 선행사는 *disciple*이다.

(3) 대명사는 그 선행사의 성과 수에 일치하는 형태를 취한다.

예를 들면,

(a) *βλέπω τὸν μαθητὴν καὶ διδάσκω αὐτόν, I see the disciple and teach him.* 이 문장에서 *μαθητήν*은 *αὐτόν*의 선행사이다. 그리고 *μαθητήν*은 남성 단수이므로 그 대명사 역시 남성 단수 형태인 *αὐτόν*이다.

(b) *μένω ἐν τῷ οἴκῳ καὶ γινώσκω αὐτόν, I remain in the house and know it.* 여기에서 *οἴκῳ*는 *αὐτόν*의 선행사인데, *οἴκῳ*가 남성 단수이므로 *αὐτόν*도 역시 남성 단수이다. 영어에서는 중성 대명사인 *it*이 사용된다. 왜냐하면 *house*란 명사는 영어에서 무생물들을 가리키는 모든 명사들이 그렇듯이 중성으로 취급되기 때문이다. 그러나 헬라어에서 *house*를 뜻하는 낱말(*οἶκος*)은 남성이므로, 그것을 가리키는 데는 남성 대명사가 사용된다. 따라서 헬라어의 삼인칭 남성과 여성 대명사는 그 선행사가 사람을 가리키는 명사일 경우에만 *he, she,* 등으로 번역될 수 있으며, 그렇지 않은 경우에는 그 선행사들이 헬라어에서 남성이나 여성일지라도 영어의 대명사는 중성이 될 것이다. 그리고 또 하나 유의할 점은 대명사는 선행사의 격과 아무 상관 없고 단지 성과 수에 있어서만 서로 일치한다는 사실이다. 즉, 위의 예문에서 보듯이 선행사 *οἴκῳ*는 전치사 *ἐν* 뒤에 오는 여격인 반면에, *αὐτόν*은 동사 *γινώσκω*의 목적어로서 그 나름의 격을 취한다.

(c) *ἡ ἐκκλησία διδάσκει ἐμέ, καὶ ἐγὼ διδάσκω αὐτήν, the Church teaches me and I teach it.*

(d) *βλέπω τοὺς μαθητὰς καὶ διδάσκω αὐτούς, I see the disciples and teach them.*

(e) *βλέπω τὰ τέκνα καὶ διδάσκω αὐτά, I see the children and teach them.* 영어는 복수에서 세 가지 성에 대해 동일한 인칭 대명사를 사용하지만, 헬라어에서는 형태가 달라진다.

(4) 인칭 대명사의 주격은 특별히 강조되는 경우가 아니라면 사용되지 않는다.

(a) 이러한 법칙이 나오게 된 이유는 주어가 몇 인칭인지를 동사의 어미로 충분히 나타낼 수 있기 때문이다. 예를 들면 λέγω는 *I say*를 의미한다. 그러므로 ἐγώ를 특별히 강조할 필요가 없다면, 그것을 구태여 넣지 않아도 되는 것이다.

(b) 보통은 대조법으로 강조의 효과를 거둘 수 있다. 예를 들면, ἐγὼ λέγω, σὺ δὲ γράφεις, *I say, but you write*라는 문장에서 ἐγώ와 σύ는 서로 대조되기 때문에 강조가 된다. 한편 ἐγὼ λέγω, *I say*라는 문장에서 자연스런 추론은 어떤 다른 사람이 말하고 있지 *않다*는 것이다. 즉, 강조적인 ἐγώ를 삽입함으로써 대조가 (여기서 분명히 표현되지는 않았더라도) 자연스럽게 암시되어 있는 것이다.

(c) αὐτός는 주격에서 인칭대명사로는 거의 사용되지 않으며, 그러한 경우에는 어떤 다른 말로 대체되는 것이 일반적이다. 그러나 만약 αὐτός가 주격에서 쓰였다면, 그것은 인칭 대명사로서의 용도와 전혀 다른 것이다. 이 문제는 추후 다시 다루도록 하겠다.

(5) 소유를 나타내기 위해서는 인칭 대명사의 일반(강조되지 않은) 형태들이 사용되어야 하다. 그리고 *my word* 같은 영어 구문은 헬라어로 옮겨지기 전에 *the word of me*의 문형으로 바꿔 보아야 한다.

예: *My word,* ὁ λόγος μου; *thy word,* ὁ λόγος σου; *his word,* ὁ λόγος αὐτοῦ; *her word,* ὁ λόγος αὐτῆς; *its word,* ὁ λόγος αὐτοῦ; *their word,* ὁ λόγος αὐτῶν.

소유의 개념을 강조하고 싶을 때는, 인칭대명사의 소유격보다는 앞으로 배울 소유형용사를 보편적으로 사용한다.

(6) 전치사 다음에는 인칭 대명사의 강조형이 보통 사용된다.

예: ἐξ ἐμοῦ(ἔκ μου가 아님); ἀπ' ἐμοῦ[1](ἀπό μου가 아님); δι' ἐμοῦ(διά μου가 아님); ἐν ἐμοί(ἔν μοι가 아님). 그러나 πρός με는 흔하다.

1. 전치사의 끝머리에 붙은 모음은 첫글자가 모음인 낱말 앞에서 자주 생략되는데, 이러한 경우에는 생략부호(')를 그 모음이 있던 자리에 표기한다.

εἰμί의 현재 직설법

98. 동사 εἰμί, *I am*의 현재 직설법은 아래와 같다:

단수	1. εἰμί, *I am.*	복수	1. ἐσμέν, *we are.*
	2. εἶ, *thou art.*		2. ἐστέ, *ye are.*
	3. ἐστί(ν), *he is.*		3. εἰσί(ν), *they are.*

이 형태들은 εἶ를 제외하고는 모두 전접어이다. 패러다임에 제시된 강세들은 §92의 법칙들에 따라 필요한 경우에만 나타난다.

ἐστί(ν)과 εἰσί(ν)은 유동음 ν를 지닌다(§44를 보라).

99. 동사 εἰμί는 서술적 주격 보어(補語)와 연결된다.

예: ὁ ἀπόστολος ἄνθρωπός ἐστιν, *the apostle is a man*; ὁ ἀπόστολός ἐστιν ἀγαθός, *the apostle is good.*

예를 들어 *the apostle says the word*라는 문장은 the apostle이 the word에 대해 어떤 일을 행하는 것을 말하고 있다. 즉, the word는 동사로 표현된 동작의 목적이며, 따라서 대격을 취하고 있다. 그러나 *the apostle is a man*이란 문장은 the apostle이 a man에게 어떤 일을 행하는 것을 말하고 있지 않다. 그러므로 여기에서 a man은 대격이 아닌 서술적 주격을 취한다.

100. 연습문제

I. 1. οἱ μαθηταί σου γινώσκουσι τὴν βασιλείαν καὶ ἄγουσι τοὺς ἀδελφοὺς αὐτῶν εἰς αὐτήν.

2. διδάσκω τοὺς ἀδελφούς μου καὶ λέγω αὐτοῖς παραβολήν.

3. ἄγει με ὁ κύριος πρὸς τοὺς μαθητὰς αὐτοῦ.

4. δι' ἐμὲ βλέπεις σὺ τὸν θάνατον, σοὶ δὲ ἐγὼ λέγω λόγους κακούς.

5. διὰ σοῦ ἄγει ὁ θεὸς τοὺς πιστοὺς εἰς τὴν βασιλεί-
αν αὐτοῦ καὶ δι' αὐτῶν τοὺς ἄλλους.
6. δι' ἡμᾶς μένει ὁ κύριος ἐν τῷ κόσμῳ.
7. ἐγώ εἰμι δοῦλος, σὺ δὲ ἀπόστολος.
8. ἀγαθός ἐστιν ὁ κύριος καὶ ἀγαθοί ἐστε ὑμεῖς.
9. μαθηταί ἐστε τοῦ κυρίου καὶ ἀδελφοὶ τῶν ἀποστό-
λων αὐτοῦ.
10. ὁ ἀπόστολος πιστός ἐστιν, οἱ δὲ δοῦλοι αὐτοῦ
κακοί.
11. ἡ ἐκκλησία πιστή ἐστιν, ἡμεῖς δὲ βλέπομεν αὐτήν.
12. βλέπομέν σε καὶ λέγομέν σοι παραβολήν.
13. δοῦλοι ἐσμέν, δούλους δὲ διδάσκομεν.
14. οἱ δοῦλοι ἡμῶν βλέπουσιν ἡμᾶς, ἡμεῖς δὲ διδάσκο-
μεν αὐτούς.
15. ἀφ' ὑμῶν[1] λαμβάνει ὁ ἀδελφός μου δῶρα καλά, καὶ
πέμπει αὐτὰ πρός με διὰ τῶν δούλων αὐτοῦ.
16. γινώσκομεν τὴν ὁδόν, καὶ δι' αὐτῆς ἄγομέν σε εἰς
τὸν οἶκον ἡμῶν.
17. μετὰ τῶν ἀδελφῶν ἡμῶν βλέπομεν τοὺς μαθητὰς
τοῦ κυρίου ἡμῶν.
18. μετὰ τὰς ἡμέρας τὰς κακὰς βλέπομεν τὴν βασιλεί-
αν τοῦ κυρίου ἡμῶν.
19. μεθ' ἡμῶν[2] βλέπεις αὐτόν.
20. μεθ' ὑμῶν ἐσμεν ἐν τοῖς οἴκοις ὑμῶν.

---

1. 거친 기음 앞에서, ἀπ'의 π는 φ로 변한다.
2. 거친 기음 앞에서, μετ'의 τ는 θ로 변한다.

II. 1. Your servants are in the house of the Lord.
2. My house is in the desert.
3. The prophet knows his disciples and brings them into his houses.
4. Through my word ye have glory.
5. On account of our children ye see evil days.
6. In our days the world is evil.
7. God knows our souls and brings them out of death.
8. Ye are our sons and we are your disciples.
9. We are in the kingdom of God with Thy faithful disciples.
10. We say a parable to thee, but thou sayest another word to us.
11. The way is bad, but we lead the children in it.
12. My brother takes gifts from you, but ye write an evil word to him.
13. My house is bad, but your disciples bring the children out of it.
14. My disciples are leading their brethren to me.
15. I see and know my sons and lead them to my Lord.
16. God knows his Church and leads it out of death into his kingdom.
17. Thy commandments are good and righteous, and lead us into life.
18. Our Lord is sending His apostles to me.
19. We are sending our servants into your house, but ye are taking our gifts from us.
20. Ye are good, but your disciples are evil.

제 9 과
지시대명사. αὐτός의 기타 용법들.

101. 어 휘

ἀγάπη, ἡ, *love.*	νῦν, (부) *now.*
ἁμαρτία, ἡ, *a sin, sin.*	οὗτος, αὕτη, τοῦτο, (대) *this.*
βαπτίζω, *I baptize.*	οὕτως, (부) *thus, so.*
διδάσκαλος, ὁ, *a teacher.*	πονηρός, ά, όν, (형) *evil.*
ἐκεῖνος, η, ο, (대) *that.*	πρόσωπον, τό, *a face.*
ἐπαγγελία, ἡ, *a promise.*	χαρά, ἡ, *joy.*
εὐαγγέλιον, τό, *a gospel.*	κρίνω, *I judge.*

102. οὗτος, *this*의 곡용은 아래와 같다:

	단 수			복 수		
	남성	여성	중성	남성	여성	중성
주.	οὗτος	αὕτη	τοῦτο	οὗτοι	αὗται	ταῦτα
속.	τούτου	ταύτης	τούτου	τούτων	τούτων	τούτων
여.	τούτῳ	ταύτῃ	τούτῳ	τούτοις	ταύταις	τούτοις
대.	τοῦτον	ταύτην	τοῦτο	τούτους	ταύτας	ταῦτα

이 단어의 첫음절에 ου와 αυ가 번갈아 나타나서 혼란스럽게 보이지만, 다음과 같은 규칙성을 발견하면 기억하기가 쉬울 것이다: ο(또는 그 장모음 ω)가 두번째 음절에 있으면 그 첫번째 음절에도 ο(즉, 이중모음 ου)가 있으며, 두번째 음절에 α(또는 그것과 친근한 모음인 η)가 있으면,[1] 그 첫번째 음절에도 α(즉, 이중모음 αυ)가 있다.

---

1. α가 길어지면 η로 변하는 경우가 자주 있다; 10쪽의 모음 도표를 보라.

103. *ἐκεῖνος*, *that*의 곡용은 -*ος*, -*η*, -*ον*으로 구성되는 형용사들의 곡용과 같다; 단, 중성 단수 주격과 대격에서는 *ἐκεῖνον* 대신에 *ἐκεῖνο*로 된다.

104. *οὗτος*와 *ἐκεῖνος*의 용법

a. *οὗτος*와 *ἐκεῖνος*는 흔히 명사와 함께 사용되는데, 이러한 경우에 그 명사는 관사를 취하며 구문상의 위치는 관형적이 아니라 서술적이다(§§68-74를 참조하라).

예: *this word*, *οὗτος ὁ λόγος* 또는 *ὁ λόγος οὗτος*; *that word*, *ἐκεῖνος ὁ λόγος* 또는 *ὁ λόγος ἐκεῖνος*; *I see this church*, *βλέπω ταύτην τὴν ἐκκλησίαν* (또는 *τὴν ἐκκλησίαν ταύτην*); *these words*, *οὗτοι οἱ λόγοι* 또는 *οἱ λόγοι οὗτοι*; *those words*, *ἐκεῖνοι οἱ λόγοι* 또는 *οἱ λόγοι ἐκεῖνοι*; *this good word*, *οὗτος ὁ καλὸς λόγος* 또는 *ὁ καλὸς λόγος οὗτος*.

b. *οὗτος*와 *ἐκεῖνος*는 명사 없이 단독으로 쓰이는 경우가 흔하다.

예: *οὗτος*, *this man* (또는 *this person*); *αὕτη*, *this woman*; *τοῦτο*, *this thing*; *οὗτοι*, *these men*; *αὗται*, *these women*; *ταῦτα*, *these things*.

105. *αὐτός*의 기타 용법들.

*αὐτός*는 삼인칭을 나타내는 인칭대명사로서의 용법 이외에 아래와 같은 방식으로도 사용된다:

a. 자신과 연결되는 명사를 강조한다. 이러한 경우에는 서술적 위치에 놓인다.

예: *αὐτὸς ὁ ἀπόστολος* 또는 *ὁ ἀπόστολος αὐτός*, *the apostle himself*; *αὐτὴ ἡ ἐκκλησία* 또는 *ἡ ἐκκλησία αὐτή*, *the church itself*; αὐτὸ τὸ δῶρον 또는 τὸ δῶρον αὐτό, *the gift itself.*

b. 명사와 함께 사용되어 *same*을 뜻하는 경우가 종종 있다. 이렇게 사용될 때에는 관형적 위치에 놓인다.

예: ὁ αὐτὸς ἀπόστολος 또는 ὁ ἀπόστολος ὁ αὐτός, *the same apostle*; ἡ αὐτὴ ἐκκλησία 또는 ἡ ἐκκλησία ἡ αὐτή, *the same church.*

c. 대명사 또는 동사 자체에 내포된 주어를 강조하는 경우도 자주 있다.

예: αὐτὸς ἐγὼ λέγω 또는 αὐτὸς λέγω, *I myself say*; αὐτὸς σὺ λέγεις 또는 αὐτὸς λέγεις, *thou thyself sayest*; αὐτὸς λέγει, *he himself says*; αὐτὴ λέγει, *she herself says*; αὐτὸ λέγει, *it itself says*; αὐτοὶ ἡμεῖς λέγομεν 또는 αὐτοὶ λέγομεν, *we ourselves say*; αὐτοὶ ὑμεῖς λέγετε 또는 αὐτοὶ λέγετε, *ye yourselves say*; αὐτοὶ λέγουσιν, *they themselves say.*

106. 지금까지 배운 형용사와 대명사의 주요 용법들을 다시 정리해 보면 아래와 같다:

The good word = ὁ καλὸς λόγος. 또는 ὁ λόγος ὁ καλός.

The word is good = καλὸς ὁ λόγος. 또는 ὁ λόγος καλός.

This word = οὗτος ὁ λόγος. 또는 ὁ λόγος οὗτος.

That word = ἐκεῖνος ὁ λόγος. 또는 ὁ λόγος ἐκεῖνος.

The word itself = αὐτὸς ὁ λόγος. 또는 ὁ λόγος αὐτός.

The same word = ὁ αὐτὸς λόγος. 또는 ὁ λόγος ὁ αὐτός.

My word	=	ὁ λόγος μου.
His word	=	ὁ λόγος αὐτοῦ.
I see him	=	βλέπω αὐτόν.
I see this man	=	βλέπω τοῦτον.
I see these things	=	βλέπω ταῦτα.

107. 연습문제

I. 1. οὗτοι οἱ διδάσκαλοι κρίνουσιν αὐτὸν τὸν ἀπόστολον.

2. ὁ δὲ αὐτὸς διδάσκαλος ἔχει τὴν αὐτὴν χαρὰν ἐν τῇ καρδίᾳ αὐτοῦ.

3. νῦν λαμβάνω αὐτὸς τὸ αὐτὸ εὐαγγέλιον ἀπὸ τοῦ κυρίου μου.

4. οὗτος βλέπει ἐκεῖνον καὶ κρίνει αὐτόν.

5. μετὰ ταῦτα ἔχετε αὐτοὶ τὴν ἀγάπην τοῦ κυρίου ἐν ταῖς καρδίαις ὑμῶν.

6. οὗτοι ἔχουσι χαράν, ἐκεῖνοι δὲ ἔχουσιν ἁμαρτίαν.

7. αὕτη δέ ἐστιν ἡ φωνὴ τοῦ κυρίου αὐτοῦ.

8. οὕτως γινώσκομεν τοῦτον καὶ βλέπομεν τὸ πρόσωπον αὐτοῦ.
9. λαμβάνομεν ταῦτα τὰ δῶρα ἀπὸ τοῦ αὐτοῦ καὶ βλέπομεν αὐτόν.
10. αὐτὸς βαπτίζεις ἐκεῖνον καὶ εἶ ἀδελφὸς αὐτοῦ.
11. εἰς τὴν αὐτὴν ἐκκλησίαν ἄγομεν τούτους τοὺς διδασκάλους ἡμῶν τοὺς ἀγαθούς.
12. αὐτὸς ἐγὼ ἔχω ταύτην τὴν ἐπαγγελίαν τοῦ κυρίου μου.
13. αὕτη βλέπει τὸ πρόσωπον τοῦ κυρίου αὐτῆς.
14. αὐτὴ γινώσκει αὐτὴν τὴν ἀλήθειαν.
15. ἀγαθή ἐστιν ἡ ἐπαγγελία σου καὶ ἀγαθὴ εἶ αὐτή.
16. ἐκεῖνοί εἰσιν μαθηταὶ τοῦ αὐτοῦ διδασκάλου.
17. οὗτός ἐστιν διδάσκαλος ἐκείνου, ἐκεῖνος δὲ τούτου.
18. οὗτος διδάσκει τοὺς ἀγαθοὺς καὶ αὐτός ἐστιν ἀγαθός.
19. μετὰ τὰς ἡμέρας ἐκείνας διδάσκαλοί ἐσμεν τούτων τῶν δούλων.
20. μετὰ τῶν πιστῶν ἔχομεν ἐπαγγελίας ἀγαθάς, οἱ δὲ πονηροὶ βλέπουσιν ἡμέρας κακάς.

II. 1. These churches know the Lord Himself.
2. The same disciples know Him and see His face.
3. Those teachers judge the same churches and lead them into the same joy.
4. We ourselves have this sin in our hearts.
5. This is the love of our God.
6. These are the faithful churches of our Lord.

7. The apostle himself baptizes his brothers and leads them to thee.
8. Through this gospel we have life.
9. On account of these teachers we see death.
10. He Himself knows us and from Him we receive this promise.
11. On account of the same gospel we ourselves send these apostles to you.
12. Into this world he sends the Lord himself.
13. I see this man and the brethren see him.
14. Now we are baptizing those disciples of our Lord and are sending the same disciples into the desert.
15. My disciples know my voice and bring these things to me.
16. Through these things we bring the same gospel into the same world.
17. We are disciples of the Lord, but ye are disciples of the evil one.
18. This sin leads our children into death.
19. The sins of these churches are leading other men into the same sins.
20. His disciples have this sin in their hearts and are teaching men so.
21. I know the sins of the disciples and the disciples themselves.

제 10 과

현재 직설법 중간태와 수동태. 속격과 결합된 ὑπό. 수단의 여격. 이태동사. 복합동사. οὐ의 위치. 동사의 격 지배.

108. 어 휘

ἀλλά, (접) *but* (δέ보다 더 강한 역접의 의미를 지님)

ἀκούω, *I hear* (속격 또는 대격을 지배함).

ἁμαρτωλός, ὁ, *a sinner.*

ἀποκρίνομαι, (이태) *I answer* (여격을 지배함)

ἄρχω, *I rule* (속격을 지배함); 중간태(ἄρχομαι), *I begin.*

γίνομαι, (이태) *I become*

διέρχομαι, (이태) *I go through.*

εἰσέρχομαι, (이태) *I go in, I enter.*

ἐξέρχομαι, (이태) *I go out.*

ἔρχομαι, (이태) *I come, I go.*

ὅτι, (접) *that, because.*

οὐ (후접어; 모음 앞에서는 οὐκ, 거친 기음 앞에서는 οὐχ) *not.*

πορεύομαι, (이태) *I go.*

σῴζω, *I save.*

ὑπό, (전)+속격, *by*(행위자를 나타냄); +대격, *under.*

109. 헬라어에는 세 가지 태(態, voice)가 있다: 능동태(active), 중간태(middle), 수동태(passive).

능동태와 수동태는 영어에서와 같이 사용된다.

중간태는 자신(에 속한 어떤 것)에게 영향이 "되돌아오는" 주어의 동작을 나타낸다.[1]

---

1. 히브리어에서 재귀태(reflexive)를 나타내는 "니팔"의 용법과 유사한 측면이 있다(*히브리어 문법 해설,* 195-97쪽을 참조하라).

(1) 드문 경우지만, 중간태는 영어에서 재귀대명사를 목적어로 취하는 동사 구문이 갖는 의미와 같아질 수가 있다.

일례로, λούω는 *I wash*를, λούομαι는 *I wash myself*를 뜻한다. 그러나 일반적으로 중간태가 갖는 의미는 아주 미묘하다. 따라서 영어 번역에서 헬라어의 능동태와 중간태를 구별하는 일이 불가능할 때가 가끔 있다. 특히 어떤 동사들의 경우에는, 태(態)에 따른 의미상의 차이가 너무 커서, 능동태와 중간태를 각각 전혀 다른 동사로 옮겨야 할 경우도 있다. 일례로, 능동태인 ἄρχω는 *I rule*을, 중간태인 ἄρχομαι는 *I begin*을 의미한다.

(2) λύω의 중간태는 신약성서에 나오지 않는다. 하지만 그 형태를 배워 놓아야 다른 동사들의 중간태를 식별할 수 있다. λύω의 중간태에 대한 패러다임의 번역은 중간태의 기본적인 의미를 대략적으로 이해하는 데 도움이 되도록 제시한 것이며, 이 특정 동사의 중간태가 지닌 실제적인 의미를 나타낸 것이 아니다.

(3) 현재 시제에서, 중간태와 수동태는 형태상으로 전혀 차이가 없다; 그러나 어떤 다른 시제들에서는 완전히 구별된다. 이 단원의 연습문제에서, 중간태인지 수동태인지 식별이 안되는 형태들은 수동태로 간주하도록 하라.

110. λύω의 현재 중간태 직설법은 아래와 같다:

단 수	복 수
1. λύομαι, *I loose (am loosing) for myself.*	1. λυόμεθα, *we loose (are loosing) for ourselves.*
2. λύῃ, *thou loosest (art loosing) for thyself.*	2. λύεσθε, *ye loose (are loosing) for yourselves.*
3. λύεται, *he looses (is loosing) for himself.*	3. λύονται, *they loose (are loosing) for themselves.*

111. 소위 "일차적 시제들"(primary tenses)의 중간태와 수동태에 붙는 인칭어미들은 *-μαι, -σαι, -ται, -μεθα, -σθε, -νται*이다. 현재 시제에서는 어간과 인칭어미들 사이에 가변 모음 *ο/ε* (*μ*와 *ν* 앞에서는 *ο*, 그 밖의 다른 문자들 앞에서는 *ε*)가 삽입된다. 이인칭 단수 *λύῃ*는 *λύεσαι*가 단축된 형태이다; 즉, 모음 사이에 낀 *σ*가 탈락되고 *-εαι*가 *-ῃ*로 합쳐진 것이다.[1]

112. *λύω*의 현재 수동태 직설법은 아래와 같다:

단 수		복 수	
1. *λύομαι*,	*I am being loosed.*	1. *λυόμεθα*,	*we are being loosed.*
2. *λύῃ*,	*thou art being loosed.*	2. *λύεσθε*,	*ye are being loosed.*
3. *λύεται*,	*he is being loosed.*	3. *λύονται*,	*they are being loosed.*

113. 현재 능동태 직설법 *λύω*는 §21에서 설명한 대로 *I loose* 또는 *I am loosing*으로 옮길 수 있다. 그런데 *I loose*의 수동태는 *I am loosed*이고, *I am loosing*의 수동태는 *I am being loosed*이다. 따라서 *λύω*의 수동태 *λύομαι*는 *I am loosed*와 *I am being loosed*로 번역될 수 있을 것이다. 그러나 *I am loosed*는 시제가 아주 애매하므로, 헬라어를 배운 지 얼마 안되는 학생들은 *I am being loosed*와 같은 방식을 택하는 것이 좋을 듯싶다. 사실 *I am loosed*의 의미를 풀어 쓰면 "*I am now in a loosed condition*"이 되는바, 이러한 말은 과거 행동의 결과로 이뤄진 현재 상태를 가리키므로 헬라어에서는 현재 시제가 아닌 완료 시제로 옮겨지게 된다.

---

1. *λύῃ* 대신에 *λύει*가 쓰이기도 한다. 그러나 신약성서에서는 전자를 선호하는 것 같다.

예: *σῴζομαι*는 *I am being saved*를 의미한다. 이 말은 그 동작이 현재 시간에 일어나고 있음을 나타낸다. 또한 이것은 "*every day I am saved from some new trouble*"과 같은 문맥에서는 *I am saved*로 번역될 수도 있다. 여기에서 *I am saved*는 상습적인 동작을 가리키므로 현재 시제이다. 그러나 대개의 경우, *I am saved*는 *I am in a saved condition resultant upon an action that took place in the past*(나는 과거에 일어난 동작의 결과로 구원 받은 상태에 있다)를 의미한다. 그리고 이와 같은 경우에, *I am saved*라는 영어 문장을 헬라어로 옮긴다면 현재 시제가 아니라 완료 시제가 사용될 것이다. 그러므로 *λύομαι*를 *I am loosed*로 옮기는 것은(실제로 *λύομαι*가 이런 식으로 번역되는 경우가 가끔 있으므로) 비록 틀리다고 할 수는 없어도 오해의 소지가 있다.

114. 속격과 결합된 *ὑπό*

속격과 결합된 전치사 *ὑπό*는 행위의 주체를 나타내는 데 사용된다. 이 용법은 주로 수동태에서 볼 수 있다.

예: *ὁ ἀπόστολος λύει τὸν δοῦλον*은 *the apostle looses the servant*를 뜻한다. 이러한 능동태 문장을 수동태로 바꾼다면, 능동태의 목적어는 수동태의 주어로 되고, 능동태의 주어는 *ὑπό*와 결합되는 속격으로 된다. 따라서 *ὁ δοῦλος λύεται ὑπὸ τοῦ ἀποστόλου*는 *the servant is being loosed by the apostle*을 의미한다.

115. 수단의 여격

때로는 전치사의 도움 없이 여격 단독으로 "수단"(means) 또는 "도구"(instrument)의 의미를 나타낸다. 예를 들면,

(1) *ἐγείρονται τῷ λόγῳ τοῦ κυρίου*, *they are being raised up by* (by means of) *the word of the Lord*. 다음의 예문과 비교하라: *ἐγείρονται ὑπὸ τοῦ κυρίου*, *they are being raised up by*

the Lord. 이 두 문장들을 비교해 보면 ὑπό와 결합된 속격(행위의 인격적 주체를 나타냄)과 수단을 표현하는 여격을 구별하는 데 도움이 될 것이다.

(2) ἄγομεν τοὺς δούλους μετὰ τῶν υἱῶν αὐτῶν λόγοις καλοῖς, *we are leading the servants with their sons with good words.* 이 예문은 수단을 표현하는 여격과 동반(accompaniment)을 표현하는 μετά와 결합된 속격을 구별하는 데 도움이 될 것이다. 이 두 가지 의미들, 즉 수단과 동반은 논리적으로 전혀 다름에도 불구하고 영어에서는 둘 다 *with*라는 전치사로 종종 표현된다. 부연하면, 속격과 결합된 μετά는 *in company with*의 의미로서 *with*를, 여격은 *by means of*의 의미로서 *with*를 나타낸다.

116. 이태동사

많은 동사들이 능동태를 갖지 않는 대신에 중간태 또는 수동태로써 능동의 의미를 표현한다. 이것들은 "이태동사"(deponent verb)라고 일컬어진다.[1]

예: πορεύομαι는 형태상으로는 λύομαι와 같은 수동이지만, 의미상으로는 λύω와 같은 능동이다. 그러므로 이것은 단순히 *I go* 또는 *I am going*을 뜻한다.

117. 복합동사

전치사가 동사 앞에 부착되어 하나의 낱말을 형성하는 경우가 흔히 있다. 이 때 그 동사의 의미는 전치사에 의해 수정된다. 그렇다고 그 의미가 완전히 달라지는 것은 아니고, 그 전치사가 지닌 일반적인 의미로부터 쉽게 이해될 만한 정도로 바뀌는 것이 보통이다. 그러나 때

1. "이태"(異態)라고 번역된 "deponent"는 라틴어 depono(제쳐놓다)에서 파생된 용어이다. 이 동사들은 형태상으로는 수동임에도 불구하고 그 수동의 의미를 "제쳐놓고" 능동의 의미를 취했다 해서 붙여진 이름이다.

로는 이 문제가 그처럼 간단치 않을 수도 있다; 어떤 때는 복합동사의 의미를 그 두 구성 요소들이 지닌 각각의 의미로부터 쉽게 규정할 수 없다.

예: *ἐκ*는 *out of*를, *πορεύομαι*는 *I go*를 뜻한다. 따라서 그 두 낱말이 복합된 동사 *ἐκπορεύομαι*는 *I go out*을 뜻한다. 그러나 다른 한편으로 *ἀποκρίνομαι*(*I answer*)의 의미는 그 구성 요소들의 의미(*ἀπό*, *from*; *κρίνομαι*, *I am being judged*)로부터 쉽게 끌어낼 수 없는 것이다.

118. *οὐ*의 위치

부정어 *οὐ*는 그로 인해 부정되는 말 앞에 놓인다. 대개의 경우, 한 문장에 포함된 부정어는 동사를 부정하는 것이므로, *οὐ*의 일반적인 자리는 동사 바로 앞이 된다.

예: *οὐ λύω*, *I do not loose*, 또는 *I am not loosing*; *οὐ λύομαι*, *I am not being loosed.*

119. 동사의 격 지배

헬라어의 많은 동사들이 속격이나 여격을 지배하여 그 의미를 보완하게 되는데, 이들에 상응하는 영어의 동사들은 직접 목적어를 취하는 수가 있다.

예: *ἀκούω τῆς φωνῆς*, *I hear the voice* (그러나 *ἀκούω*는 대격도 취할 수 있다); *ἀποκρίνομαι τῷ ἀποστόλῳ*, *I answer the apostle.*

120. 연습문제

I. 1. *λύονται οὗτοι οἱ δοῦλοι ὑπὸ τοῦ κυρίου.*

2. *τῷ λόγῳ τοῦ κυρίου ἀγόμεθα εἰς τὴν ἐκκλησίαν τοῦ θεοῦ.*

3. οὐκ ἀκούετε τῆς φωνῆς τοῦ προφήτου, ἀλλ'[1] ἐξέρχεσθε ἐκ τοῦ οἴκου αὐτοῦ.
4. τῷ λόγῳ αὐτοῦ τοῦ κυρίου γίνεσθε μαθηταὶ αὐτοῦ.
5. ἐκεῖνοι οἱ ἀγαθοὶ διδάσκαλοι οὐκ εἰσέρχονται εἰς τοὺς οἴκους τῶν ἁμαρτωλῶν.
6. οὐ βαπτίζονται οἱ ἁμαρτωλοὶ ὑπὸ τῶν ἀποστόλων, ἀλλ' ἐξέρχονται ἐκ τούτων τῶν οἴκων πρὸς ἄλλους διδασκάλους.
7. λέγετε ἐκείνοις τοῖς ἁμαρτωλοῖς ὅτι σώζεσθε ὑπὸ τοῦ θεοῦ ἀπὸ τῶν ἁμαρτιῶν ὑμῶν.
8. ἄρχει αὐτὸς ὁ θεὸς τῆς βασιλείας αὐτοῦ.
9. εἰρήνην ἔχει ἡ ἐκκλησία, ὅτι σώζεται ὑπὸ τοῦ κυρίου αὐτῆς.
10. οὐκ ἀποκρινόμεθα τῷ ἀποστόλῳ ὅτι οὐ γινώσκομεν αὐτόν.
11. οὐχ ὑπὸ τῶν μαθητῶν σώζῃ ἀπὸ τῶν ἁμαρτιῶν σου, ἀλλ' ὑπ' αὐτοῦ τοῦ θεοῦ.
12. οὐ πορεύῃ ἐν τῇ ὁδῷ τῇ κακῇ, ἀλλὰ σώζῃ ἀπὸ τῶν ἁμαρτιῶν σου καὶ οἱ ἀδελφοί σου ἀκούουσι τῆς φωνῆς τοῦ κυρίου.
13. μετὰ τῶν ἀδελφῶν αὐτοῦ ἄγεται εἰς τὴν βασιλείαν τοῦ θεοῦ τῇ φωνῇ τῶν ἀποστόλων.
14. οὐ γίνῃ μαθητὴς τοῦ κυρίου, ὅτι οὐκ εἰσέρχῃ εἰς τὴν ἐκκλησίαν αὐτοῦ.

---

1. ἀλλά의 마지막 모음은 바로 뒷 단어가 모음으로 시작되면 종종 탈락되고, 그 자리에 생략부호(')가 대신 표기된다.

II. 1. These churches are being saved by God from death.
2. I am being saved by Him and am being taught by His word.
3. We are becoming disciples of the good apostle, but ye are not hearing his voice.
4. I am a sinner, but am being taught by the apostles of the Lord.
5. I am an evil servant, but thou art becoming a teacher of this church.
6. The evil men say to those churches that our brethren do not see the face of the Lord.
7. The world is being destroyed by the word of our God.
8. We know the Lord because we receive good gifts from Him and are being taught by Him in parables.
9. Thou art writing these things to thy brethren and art being saved from thy sin.
10. He is teaching others and is himself being taught by this apostle.
11. That disciple is not answering this prophet, because he does not know his words.
12. Thou art saying to this church that thou art a bad servant.
13. You are abiding in that temple, because you are not servants of the Lord.
14. We do not see the faces of our Lord's disciples,[1] because we are not in their houses.
15. In our Lord's house are joy and peace.
16. God rules this world by His word.

---

1. 이 구문은 *the disciples of our Lord*의 형태로 바꿔 놓은 다음에 헬라어로 번역해야 한다. 다른 유사한 구문들을 번역할 때도 이와 같은 변환은 반드시 지켜져야 한다.

17. These sinners are not entering into the Lord's house, but are going out into the desert.
18. These words are being written by God to his faithful churches.

제 11 과

미완료 능동태 직설법. εἰμί의 미완료 직설법. ἔστι(ν)의 강세.

121. 어 휘

αἴρω, I take up, I take away.

ἀναβαίνω, I go up(*ἀνα*-는 *up*을 의미한다).

ἀποθνήσκω, I die.

ἀποκτείνω, I kill.

ἀποστέλλω, I send (*πέμπω*는 *send*에 대한 일반적인 말이고, *ἀποστέλλω*는 *I send with a commission*을 뜻한다).

ἄρτος, ὁ, a piece of bread, a loaf, bread.

βαίνω, I go (이처럼 단순한 형태는 신약에 나오지 않지만, 여러 전치사와 결합된 형태들은 매우 흔하다).

ἐσθίω, I eat.

κατά, (전)+속격, *against*; +대격, *according to* (*κατά*의 본뜻은 *down*이지만, 신약에서는 여러 가지 의미로 사용된다).

καταβαίνω, I go down.

μέν...δέ, on the one hand... on the other (두 가지 사항을 대조시킬 때 사용된다; *μέν*은 내버려 두고 *δέ*만 *but*으로 옮길 때도 자주 있다).

οὐκέτι, (부) *no longer.*

παρά, (전)+속격, *from*; +여격, *beside, in the presence of*; +대격, *alongside of.*

παραλαμβάνω, I receive, I take along.

σύν, (전)+여격, *with* (속격과 결합된 *μετά*와 뜻이 거의 같다).

συνάγω, I gather together.

τότε, (부) *then.*

122. 현재 시간에서, 지속되는 동작을 나타내는 데 쓰이는 동사의 특별한 형태(즉, 영어의 현재진행형과 같은 것)는 헬라어에 없다. 따라서 *I loose*와 *I am loosing*은 헬라어에서 다 같은 동사 형태(λύω)로 표현된다. 그러나 과거 시간에서는 그 차이가 영어에서보다 더욱 뚜렷이 나타난다.

직설법에서 완료 상태인지 또는 진행 상태인지에 대해 아무런 규정(ὅριστος) 없이(ἀ-) 단순히 과거에 일어났음을 가리키는 데 사용되는 시제를 "단순과거"(ἀόριστος, aorist)라고 일컫는다. 이 시제는 제 14과에서 배우게 될 것이다.

과거 시간에서 지속된 동작을 가리키는 시제(과거 진행)는 "미완료"(imperfect)라고 일컬어진다.

λύω의 단순과거 능동태 직설법은 *I loosed*를, 미완료 능동태 직설법은 *I was loosing*을 의미한다. 이 양자의 차이는 주의 깊게 관찰되어야 한다.

123. λύω의 미완료 능동태 직설법은 아래와 같다:

단 수		복 수	
1. ἔλυον,	*I was loosing.*	1. ἐλύομεν,	*we were loosing.*
2. ἔλυες,	*thou wast loosing.*	2. ἐλύετε,	*ye were loosing.*
3. ἔλυε(ν),	*he was loosing.*	3. ἔλυον,	*they were loosing.*

124. 미완료 직설법은 다른 이차적 시제들(§20의 각주 2를 보라)의 직설법과 마찬가지로 "접두음"(augment)을 동사 어간의 첫머리에 붙인다.

125. 자음으로 시작되는 동사들에서 그 접두음은 ἐ-이다.
예: ἔλυον, *I was loosing*; ἐγίνωσκον, *I was knowing.*

126. 모음으로 시작되는 동사들에서는 접두음을 따로 붙이지 않고,

그 첫 모음을 길게 해 주는 것으로 대신한다. 그러나 α는 장모음 α로 길어지지 않고 η로 된다.

예: ἐγείρω의 미완료는 ἤγειρον; ἀκούω는 ἤκουον; αἴρω는 ἦρον.

127. 이차적 시제들의 능동태에 붙는 인칭 어미들은 아래와 같다:

단수	복수
1. -ν	1. -μεν
2. -ς	2. -τε
3. 없음	3. -ν (또는 -σαν)

128. 미완료에서 어간과 인칭어미들 사이에 놓이는 가변모음은 현재 시제에서와 마찬가지로 μ와 ν 앞에서는 ο이고, 그 밖의 다른 문자들 앞에서는 ε이다.

129. 단수 삼인칭 ἔλυε(ν)는 §44에 언급된 조건 하에서 유동음 ν를 취한다.

130. 단수 일인칭과 복수 삼인칭은 형태상으로 전혀 차이가 없다. 따라서 ἔλυον이 *I was loosing*인지, 아니면 *they were loosing*을 의미하는지는 문맥에 의해서만 결정될 수 있다.

복합동사의 접두음

131. 복합동사(§117을 보라)의 경우에, 접두음은 전치사와 어간 사이에 위치한다. 이 때 전치사의 끝머리에 붙은 모음은 대개 탈락된다. 또한 이와 같은 모음 탈락은 전치사와 결합되는 동사가 모음으로 시작되는 경우에도 발생한다.

예: ἐκβάλλω의 미완료는 ἐξέβαλλον(전치사 ἐκ는 모음[접두음 ἐ-] 앞에서 ἐξ로 변했다); ἀποκτείνω는 ἀπέκτεινον(ἀπό의 끝 모

음 *ο*는 접두음 앞에서 탈락되었다); *ἀπάγω*는 *ἀπῆγον*(동사 *ἄγω*가 모음으로 시작되기 때문에 *ἀπό*의 끝 모음이 탈락되었고, 미완료에서는 접두음 *ἐ*-가 붙는 대신에 동사 첫머리의 모음이 길어졌다).

132. 강세는 접두음보다 더 뒤에 놓이지 않는다. 따라서 *ἀπῆγον*은 바른 표기지만, *ἄπηγον*은 틀리다.

133. *εἰμί*의 미완료 직설법

*εἰμί*의 미완료 직설법은 아래와 같다:

단 수	복 수
1. *ἤμην*, *I was.*	1. *ἦμεν*, *we were.*
2. *ἦς*, *thou wast.*	2. *ἦτε*, *ye were.*
3. *ἦν*, *he was.*	3. *ἦσαν*, *they were.*

134. *ἔστι(ν)*의 강세.

*εἰμί*의 삼인칭 단수 현재 직설법이 *οὐκ* 또는 그 밖의 어떤 단어들 뒤에 오면, 그 첫 번째 음절에 강세가 놓이게 되는 경우가 자주 있다. 그러나 이 법칙은 *εἰμί*의 다른 형태들에는 적용되지 않는다. 예를 들면 *οὐκ ἔστιν*, 그러나 *οὔκ ἐσμεν*, 등등 (참조: *καὶ ἔστιν*; 한편 *καί ἐστιν* 또는 *οὐκ ἐσμέν*과 같은 형태도 나타난다).

135. 연습문제

I. 1. *ἠκούομεν τῆς φωνῆς αὐτοῦ ἐν ἐκείναις ταῖς ἡμέραις, νῦν δὲ οὐκέτι ἀκούομεν αὐτῆς.*
2. *ὁ δὲ μαθητὴς τοῦ κυρίου ἔλεγε παραβολὴν τοῖς ἀδελφοῖς αὐτοῦ.*
3. *ἀπέκτεινον οἱ δοῦλοι τὰ τέκνα σὺν τοῖς μαθηταῖς.*

4. τότε μὲν κατέβαινον εἰς τὸν οἶκον, νῦν δὲ οὐκέτι καταβαίνω.
5. παρελαμβάνετε τὸν ἄρτον παρὰ τῶν δούλων καὶ ἠσθίετε αὐτόν.
6. διὰ τὴν ἀλήθειαν ἀπέθνησκον οἱ μαθηταὶ ἐν ταῖς ἡμέραις ἐκείναις.
7. συνῆγεν οὗτος ὁ ἀπόστολος εἰς τὴν ἐκκλησίαν τοὺς μαθητὰς τοῦ κυρίου ἡμῶν.
8. νῦν μὲν διδασκόμεθα ὑπὸ τῶν ἀποστόλων, τότε δὲ ἐδιδάσκομεν ἡμεῖς τὴν ἐκκλησίαν.
9. ὁ κύριος ἡμῶν ἦρε τὰς ἁμαρτίας ἡμῶν.
10. τότε μὲν ἀνέβαινον εἰς τὸ ἱερόν, νῦν δὲ οὐκέτι ἀναβαίνουσιν.
11. πονηροὶ ἦτε, ἀγαθοὶ δὲ ἐστέ.
12. ὑμεῖς μέν ἐστε ἀγαθοί, ἡμεῖς δέ ἐσμεν πονηροί.
13. τότε ἤμην ἐν τῷ ἱερῷ καὶ ἐδίδασκέ με ὁ κύριος.
14. λέγομεν ὑμῖν ὅτι ἐν τῷ οἴκῳ ὑμῶν ἦμεν.
15. ἐξέβαλλες αὐτοὺς ἐκ τοῦ ἱεροῦ.
16. ἀπέστελλον οἱ ἄνθρωποι τοὺς δούλους αὐτῶν πρός με.
17. ὁ κύριος ἀπέστελλεν ἀγγέλους πρὸς ἡμᾶς.
18. ἐν τῷ κόσμῳ ἦν καὶ ὁ κόσμος οὐκ ἔβλεπεν αὐτόν.
19. δοῦλος ἦς τοῦ πονηροῦ, ἀλλὰ νῦν οὐκέτι εἶ δοῦλος.
20. τοῦτό ἐστι τὸ δῶρον τοῦ ἀνθρώπου, καλὸν δὲ οὐκ ἔστιν.

II. 1. The servant was saying these words against them.

2. According to the word of the apostle, they were going up into the temple.
3. The Lord was in His temple.
4. They were killing our children.
5. Ye were dying in those days on account of the kingdom of God.
6. Thou wast taking away the sins of Thy disciples.
7. The prophet was sending the same servants into the small house.
8. We are no longer sinners, because we are being saved by the Lord from the sin of our hearts.
9. I was receiving this bread from the apostle's servants.
10. Then he was writing these things to his brethren.
11. In that hour we were in the desert with the Lord.
12. They are good, but they were evil.
13. Thou wast good, but we were sinners.
14. Then I was a servant, but now I am a son.
15. The sons of the prophets were gathering these things together into the temple.
16. Now I am being sent by the Lord to the children of the disciples, but then I was sending the righteous men into the desert.

제 12 과

미완료 직설법 중간태와 수동태. 중성 복수 주어와 연결된 단수 동사. καί와 οὐδέ의 용법들.

136. 어 휘

ἀπέρχομαι, (이태) *I go away.*
βιβλίον, τό, *a book.*
δαιμόνιον, τό, *a demon.*
δέχομαι, (이태) *I receive.*
ἐκπορεύομαι, (이태) *I go out.*
ἔργον, τό, *a work.*
ἔτι, (부) *still, yet.*
θάλασσα, ἡ, *a lake, a sea.*
καί, (접) *and, also, even*; καί ...καί, *both ... and.*
κατέρχομαι, (이태) *I go down.*
οὐδέ, (접) *and not, not even, nor*; οὐδέ...οὐδέ, *neither... nor.*
οὔπω, (부) *not yet.*
περί, (전)+속, *about, concerning*; +대, *around.*
πλοῖον, τό, *a boat.*
συνέρχομαι, (이태) *I come together.*
ὑπέρ, (전)+속, *in behalf of*; +대, *above.*

137. 현재 시제에서와 마찬가지로, 미완료에서도 중간태와 수동태는 형태상으로 전혀 차이가 없다.

138. λύω의 미완료 중간태 직설법은 아래와 같다:

단 수	복 수
1. ἐλυόμην, *I was loosing for myself.*	1. ἐλυόμεθα, *we were loosing for ourselves.*

2. ἐλύου,	*thou wast loosing for thyself.*	2. ἐλύεσθε,	*ye were loosing for yourselves.*
3. ἐλύετο,	*he was loosing for himself.*	3. ἐλύοντο,	*they were loosing for themselves.*

139. 이차적 시제들의 중간태에 붙는 인칭 어미들은 아래와 같다:

단 수	복 수
1. -μην	1. -μεθα
2. -σο	2. -σθε
3. -το	3. -ντο

140. 미완료 능동태 및 현재 시제의 세 가지 태(voice)에서와 마찬가지로, 그 가변 모음은 μ와 ν 앞에서는 ο이고 그 밖의 다른 문자들 앞에서는 ε이다.

141. 이인칭 단수 ἐλύου는 원래 ἐλύεσο에서 모음 사이에 위치한 -σ-가 탈락되고 -εο-가 -ου-로 축약된 형태이다(§316을 참조하라).

142. ἐλυόμην에서, 말음절의 장모음과 제2말음절의 강세를 분명히 발음해야 한다.

143. λύω의 미완료 수동태 직설법은 아래와 같다:

단 수		복 수	
1. ἐλυόμην,	*I was being loosed.*	1. ἐλυόμεθα,	*we were being loosed.*
2. ἐλύου,	*thou wast being loosed.*	2. ἐλύεσθε,	*ye were being loosed.*
3. ἐλύετο,	*he was being loosed.*	3. ἐλύοντο,	*they were being loosed.*

144. 이태 동사의 특성은 현재 시제에서와 마찬가지로 미완료에서도 유지된다(즉, 미완료의 중간태 역시 능동의 의미를 지닌다). 따라서 *ἔρχομαι*, *I come*의 미완료 직설법은 *ἠρχόμην*, *I was coming*이다.

145. 중성 복수 주어

중성 복수 주어는 단수 동사와 연결될 수도 있다.

예: *τὰ δαιμόνια ἐξέρχεται*, *the demons go out*; *ταῦτά ἐστι τὰ καλὰ δῶρα*, *these are the good gifts*.

그러나 이와 같은 낯선 표현 방식이 신약성서 헬라어에서 일관되게 나타나는 것은 아니다. 따라서 중성 복수 주어가 다른 일반적인 경우처럼 복수 동사를 취하는 때도 종종 있다.

예: *τὰ τέκνα σῴζονται*, *the children are being saved.*

*καί*와 *οὐδέ*의 용법들

146. 영어에서 *and*처럼 둘 이상의 말들을 단순히 연결하는 데 쓰이는 *καί*의 용법은 앞에서 이미 배운 바 있다. 그러나 *καί*는 이 밖에 다른 용도로 쓰이기도 한다. 즉, 그것은 *also* 또는 *even*을 의미할 때도 자주 있는데, 이 경우에는 논리적으로 연결되는 단어 앞에 위치한다. 그러므로 *also*의 의미로 사용될 때는 영어의 어순은 헬라어의 어순과 반대가 되며, *even*의 경우에는 양자의 어순이 동일하다.

예: *τοῦτο δὲ καὶ ἐγὼ λέγω*, *but this I also say*; *γινώσκουσι καὶ τὰ τέκνα τὸν νόμον*, *even the children know the law*.

147. *οὐδέ*는 *καί*처럼 종종 단순한 접속사로 쓰이며 *and not* 또는 *nor*를 의미한다. 그러나 *καί*와 마찬가지로 이 또한 달리 쓰일 때도 있다. 즉, *οὐδέ*는 종종 *not even*을 의미한다.

예: *τοῦτο δὲ οὐ λέγω ἐγὼ οὐδὲ λέγουσιν αὐτὸ οἱ ἄλλοι*,

but this I do not say, nor do the others say it (οὐδέ가 단순한 접속사로 사용됨); τὴν δόξαν τοῦ θεοῦ βλέπουσιν οὐδὲ οἱ μαθηταί, *not even the disciples see the glory of God.*

148. 마지막으로, καί . . . καί와 οὐδέ . . . οὐδέ는 상관적으로 사용되며, 각각 *both . . . and*와 *neither . . . nor*를 의미한다.

예: (1) τοῦτο λέγουσιν καὶ οἱ ἀπόστολοι καὶ οἱ δοῦλοι, *both the apostles and the servants say this*; (2) τοῦτο λέγουσιν οὐδὲ οἱ ἀπόστολοι οὐδὲ οἱ δοῦλοι, *neither the apostles nor the servants say this.*

149. 연습문제

I. 1. ἐγράφοντο οὗτοι οἱ λόγοι ἐν βιβλίῳ.
2. ἐδιδασκόμην ὑπ' αὐτοῦ ἐκ τῶν βιβλίων τῶν προφητῶν.
3. ἐν ἐκείναις ταῖς ἡμέραις καὶ ἐδιδασκόμεθα ὑπ' αὐτοῦ καὶ ἐδιδάσκομεν τοὺς ἄλλους, ἀλλὰ νῦν οὐδὲ διδασκόμεθα οὐδὲ διδάσκομεν.
4. ἀπήρχοντο οἱ ἁμαρτωλοὶ πρὸς τὴν θάλασσαν.
5. ἐξεπορεύετο πρὸς αὐτὸν ἡ ἐκκλησία, ἀλλὰ νῦν οὐκέτι ἐκπορεύεται.
6. οὔπω βλέπομεν τὸν κύριον ἐν τῇ δόξῃ αὐτοῦ, ἀλλὰ ἐδιδασκόμεθα ὑπ' αὐτοῦ καὶ ἐν ταῖς ἡμέραις ταῖς κακαῖς.
7. ἐλέγετο ἐν τῷ ἱερῷ καλὸς λόγος περὶ τούτου τοῦ ἀποστόλου.
8. περὶ αὐτὸν ἐβλέπετο ἡ δόξα αὐτοῦ.
9. ἐφέρετο τὰ δῶρα καὶ πρὸς τοὺς πονηρούς.
10. ἐδέχου τὰ βιβλία ἀπὸ τῶν προφητῶν.

11. *συνήρχοντο οἱ μαθηταὶ πρὸς τοῦτον.*
12. *τὰ ἔργα τοῦ πονηροῦ πονηρά ἐστιν.*
13. *οὐδὲ αὐτὸς πονηρὸς οὐδὲ τὰ ἔργα πονηρά.*
14. *ὑπὲρ τῆς ἐκκλησίας αὐτοῦ ἀπέθνησκεν ὁ κύριος.*
15. *οὐκ ἔστιν μαθητὴς ὑπὲρ τὸν διδάσκαλον αὐτοῦ οὐδὲ δοῦλος ὑπὲρ τὸν κύριον αὐτοῦ.*
16. *ἐν τῷ πλοίῳ ἦγου πρὸς τὸν κύριον διὰ τῆς θαλάσσης.*
17. *ἐξήρχεσθε ἐκ τῶν οἴκων ὑμῶν.*
18. *ταῦτα τὰ δαιμόνια ἐξήρχετο διὰ τοῦ λόγου αὐτοῦ.*
19. *ἠκούοντο καὶ ἤκουον· ἀκούονται καὶ ἀκούουσιν.*
20. *ἠρχόμην πρὸς τὸν κύριον, ἦγον δὲ καὶ τοὺς ἄλλους.*

II. 1. Those words were being heard by the same apostle, but now they are no longer being heard.
2. These books were being written by him in behalf of his servants.
3. I was not yet being taught by this man, but I was leading the others to him.
4. Ye are not above me nor am I above you.
5. Thou wast sending others to him and wast being sent by him to others.
6. The demons were going out of the children.
7. Ye were coming in and going out in the church.
8. We were not yet going away to the sinners, but were still hearing the voice of the apostle and were being taught concerning the Lord out of the books of the prophets.
9. They were going down to the sea and were going through it in boats.
10. Neither the evil nor the good were answering the Lord.

11. We were both seeing and hearing these disciples.
12. Thou wast being saved by the word of the Lord.
13. Not by your works but by the Lord were ye being saved from your sins.
14. Not even the good are saved by works.
15. Through the word of the Lord we were becoming good disciples.
16. Thou wast not dying in behalf of him, but he was dying in behalf of thee.

제 13 과
미래 직설법 능동태와 중간태.

150. 어 휘

ἀναβλέπω, (미래) *ἀναβλέψω*, *I look up, I receive my sight.*

βήσομαι, *I shall go*, *βαίνω*의 미래(이태).

γενήσομαι, *I shall become*, *γίνομαι*의 미래(이태).

γνώσομαι, *I shall know*, *γινώσκω*의 미래(이태).

διδάξω, *I shall teach*, *διδάσκω*의 미래.

διώκω, (미래) *διώξω*, *I pursue, I persecute.*

δοξάζω, (미래) *δοξάσω*, *I glorify.*

ἐλεύσομαι, *I shall come/go*, *ἔρχομαι*의 미래(이태).

ἕξω, *I shall have*, *ἔχω*의 미래 (기음 표시에 유의하라).

κηρύσσω, (미래) *κηρύξω*, *I proclaim, I preach.*

λήμψομαι, *I shall take*, *λαμβάνω*의 미래(이태).

προσεύχομαι, (이태) *I pray*, (미래) *προσεύξομαι*.

τυφλός, *ὁ*, *a blind man.*

151. 세 가지 태(능동, 수동, 중간)에서, 현재와 미완료 시제들은 현재 어간에 가변모음(*ο/ε*)과 인칭어미들이 붙어서 형성된다.

그러나 미래 능동태와 중간태는 동사 어간에 시제 접미소 *σ*가 부착된 "미래 어간"(future stem)을 토대로 형성된다. 일례로, *λυ*-가 동사 어간이라면(*λύω*의 경우에는 현재 어간도 된다), 미래 어간은 *λυσ*-가 되고, 여기에 가변모음과 인칭어미들이 붙어 그 형태들이 이루어진다.

152. 미래는 일차적 시제이므로 현재 시제와 마찬가지로 일차적 인칭어미들을 가지며, 그 가변모음도 동일하다. 그러므로 미래 직설법

능동태와 중간태는 λυ- 대신에 λυσ-로 시작된다는 점을 제외하면 현재 능동태와 중간태의 굴절 패턴을 정확히 따른다.

153. 현재와 미완료 시제들에서 중간태와 수동태는 형태상으로 전혀 차이가 없다. 그러나 미래에서 수동태는 중간태와 상당히 다른 모습을 보이는데, 이에 대해서는 다음 단원에서 다루도록 하겠다. 일례로 λύσομαι는 *I shall loose for myself*를 뜻하지만, 그러나 *I shall be loosed*도 의미하는 것은 아니다.

154. λύω의 미래 능동태 직설법은 아래와 같다:

단 수		복 수	
1. λύσω,	*I shall loose.*	1. λύσομεν,	*we shall loose.*
2. λύσεις,	*thou wilt loose.*	2. λύσετε,	*ye will loose.*
3. λύσει,	*he will loose.*	3. λύσουσι(ν),	*they will loose.*

155. λύω의 미래 중간태 직설법은 아래와 같다.

단 수		복 수	
1. λύσομαι,	*I shall loose for myself.*	1. λυσόμεθα,	*we shall loose for ourselves.*
2. λύσῃ,	*thou wilt loose for thyself.*	2. λύσεσθε,	*ye will loose for yourselves.*
3. λύσεται,	*he will loose for himself.*	3. λύσονται,	*they will loose for themselves.*

156. 자음으로 끝나는 어간을 지닌 미래 능동태와 중간태.

동사의 어간이 자음으로 끝나면, 시제 접미소 σ가 붙을 때 두 개의 자음이 겹쳐지므로 아래와 같은 결과를 초래하게 된다:

(1) π, β, ϕ (입술에 의해 발음되므로 “순음”이라고 불린다)는 바로 뒤의 σ와 합쳐져 이중자음인 ψ(ps)가 된다.

예: *πέμπω*의 미래는 *πέμψω*이고, *γράφω*는 *γράψω*이다.

(2) κ, γ, χ (입천장에서 발음되므로 “구개음”이라고 불린다)는 바로 뒤의 σ와 합쳐져 이중자음인 ξ(ks)가 된다.

예: *ἄγω*의 미래는 *ἄξω*이며, *ἄρχω*는 *ἄρξω*이다.

(3) τ, δ, θ (혀에 의해서 발음되므로 “설음”이라고 불린다)는 σ 앞에서 탈락된다.

예: *πείθω*의 미래는 *πείσω*이다.

다양한 동사들의 미래 어간 및 그 밖의 여러 시제 어간들의 형성

157. 헬라어에는 동사 어간이 현재 어간과 다른 경우가 많이 있다.

예: (1) *κηρύσσω*의 동사 어간은 *κηρυσσ-*가 아니라 *κηρυκ-*이다. 따라서 §156의 법칙에 의해 *κηρυκ-*로부터 미래 형태 *κηρύξω*가 나온다. (2) *βαπτίζω*의 동사 어간은 *βαπτιζ-*가 아니라 *βαπτιδ-*이다. 따라서 *βαπτιδ-*로부터 미래 형태 *βαπτίσω*가 나온다.

158. 일반적으로, 헬라어 동사의 미래 형태는 어떤 법칙들에 따라 일관성 있게 형성되지는 않으며, 외관상 불규칙한 것들이 매우 많다. 그러므로 각 동사마다 미래 형태를 사전에서 일일이 확인해야 한다.[1]

159. 헬라어 동사에서는 시제 어간을 토대로 태, 법, 인칭, 수에 따른 각각의 형태들이 대부분 규칙적으로 파생된다. 반면에 그러한 시제 어간들은 동사 어간(특히 현재 어간)으로부터 종종 불규칙하게 형성된다.[1] 동사의 모든 굴절 형태들의 토대가 되는 시제 어간들의 수효는

---

1. 하지만 그 불규칙성의 대부분은 음성학적으로, 또는 형태론이나 어원론적으로 설명될 수 있는데, 이 문제는 본서의 수준에서 벗어나는 것이므로 여기서는 자세히 다루지 않겠다.

모두 여섯 개이다. 그리고 이 여섯 어간들에 직설법 단수 일인칭 어미가 붙은 형태를 "기본어"(principal part)라고 일컫는다. 우리는 *λύω*의 여섯 기본어들 중에서 지금까지 두 개만을 배웠다. 그 첫 번째 기본어인 *λύω*에서 세 가지 태의 현재와 미완료 형태들이 모두 형성되었다; 그 두 번째 기본어인 *λύσω*에서는 미래 능동태와 중간태의 모든 형태들이 나왔다. 부연하면 현재와 미완료는 "현재 체계"(present system)를, 미래 능동태와 중간태는 "미래 체계"(future system)를 구성한다.

160. 각각의 시제 체계 안에서는 해당 기본어로부터 법과 인칭 등에 따른 개별 형태들이 규칙적으로 만들어지는 반면에, 그 기본어들 자체는 매우 불규칙하게 형성되는 헬라어 동사의 예를 *ἔρχομαι*에서 잘 살펴볼 수 있다. 학생들은 *ἔρχομαι*의 미래가 *ἐλεύσομαι*라는 사실을 결코 예상할 수 없을 것이다. 그러나 *ἐλεύσομαι*가 미래 시제의 단수 일인칭이라는 것을 사전에서 일단 확인하고 나면, *λύσομαι*에서 *λύσονται*가 파생되는 것과 똑같은 방식을 따라, 그것으로부터 예를 들면 복수 삼인칭 *ἐλεύσονται*를 어렵지 않게 만들어낼 수 있을 것이다.

161. 이제부터는 이 책의 부록에 실린 어휘들을 활용하기 바란다. 그것들을 사용하는 방법은 아래와 같다:

(1) 예를 들어 *they will begin*이란 말을 헬라어로 옮긴다고 가정해 보자. 첫 번째 단계로 영어-헬라어 어휘에서 *begin*이란 단어를 찾아보면, *begin*은 *ἄρχω*의 중간태로 표현된다는 것을 알 수 있다. 다음 단계는 헬라어-영어 어휘에서 *ἄρχω*라는 단어를 찾는 것이다. 거기에는 *ἄρχω*와 함께 기본어들이 제시되어 있다. 그런데 *they will begin*이 미래이기 때문에, 우리에게 필요한 것은 그 두번째 기본어인 미래 형태 *ἄρξω*이다. 그러나 *begin*을 뜻하는 말은 *ἄρχω*의 중간태이다. 그러므로 우리는 미래 중간태 직설법(복수 삼인칭)을 찾아야 하는데,

그것은 λύω의 유비를 따라 ἄρξω로부터 파생시킬 수 있다. λύω의 패러다임을 살펴 본다면, 미래 중간태 직설법 복수 삼인칭은 그 두 번째 기본어인 λύσω의 λυσ-를 그대로 유지시키고 -ω 대신에 -ονται를 붙여서 만들어낼 수 있음을 발견할 것이다. 따라서 이와 동일한 방법으로 ἄρξω의 ἀρξ-를 그대로 유지시키고 여기에 -ονται를 붙이면, 우리가 필요로 하는 ἄρξονται를 얻을 수 있다.

(2) 헬라어를 번역하는 연습문제에서 σώσει라는 말이 나왔다면, 학생들은 두 번째 σ가 λύσει의 σ와 같은 미래 표지일 것이라는 추측을 당연히 하게 되고, 따라서 σω-로 시작되는 동사들을 찾을 것이다. 그러면 어렵지 않게 σώζω가 발견되고, 그 두 번째 기본어인 미래 형태 σώσω가 확인되면, σώσει는 물론 그것의 단수 삼인칭이라는 것이 밝혀진다.

(3) 마찬가지로 ἄξω라는 형태를 본다면, 이중자음 ξ 안에 감춰진 σ는 미래를 나타내는 σ일 것이라고 짐작하게 된다. 따라서 그 현재 형태는 당연히 ἄκω 또는 ἄγω 또는 ἄχω 중에 하나일 것이다. 이제 필요한 작업은 ἄγω가 맞다는 것을 발견하게 될 때까지 어휘에서 이 세 형태들을 일일이 찾아보는 것이다.

물론 이와 같은 과정들은 얼마 지나지 않아 익숙하게 되어 각 단계를 특별히 의식하지 않고서도 필요한 형태를 찾아갈 수 있을 것이다.

162. 난해한 형태들은 어휘의 표제어로 따로 올려 놓고, 그것이 나오게 된 기본형을 참조하도록 하였다.

163. 그러나 복합동사들에서 파생된 난해한 형태들은 그처럼 따로 취급하지 않았다. 예를 들면, 연습문제에서 ἀπελεύσεσθε라는 말이 나오면, ἀπ-는 마지막 모음이 탈락된 전치사 ἀπό라는 것이 분명하기 때문에, 그 전치사를 제거한 단순 동사 형태는 ἐλεύσεσθε가 되고, 이것의 단수 일인칭은 ἐλεύσομαι라는 것을 쉽게 알 수 있다. 이 형태는 헬라어-영어 어휘에서 찾아볼 수 있는데, 거기에 ἔρχομαι의 미

래라고 풀이되어 있다. 따라서 ἐλεύσεσθε는 ἔρχομαι에서 나왔으므로 ἀπελεύσεσθε는 ἀπέρχομαι에서 나온 것이며, 바로 이것이 최종적으로 찾고자 하는 동사 형태이다.

164. 미래에서 이태(deponent)를 나타내는 동사들.

어떤 동사들은 시제가 바뀜에 따라 이태 동사로 된다. 즉, 어느 한 시제에서는 능동태로, 그와 다른 시제에서는 중간(수동)태로 표현되는 경우가 있다.

예: βαίνω의 미래는 중간태인 βήσομαι이다. 따라서 현재 시제에서와는 달리 미래에서는 이태 동사이다.

165. 연습문제

I. 1. *ἄξει ὁ κύριος τοὺς μαθητὰς αὐτοῦ εἰς τὴν βασιλείαν.*
2. *γνωσόμεθα καὶ τοὺς ἀγαθοὺς καὶ τοὺς πονηρούς.*
3. *λήμψεσθε τὰ πλοῖα ἐκ τῆς θαλάσσης.*
4. *λύσεις τοὺς δούλους.*
5. *ἕξουσιν οἱ πονηροὶ οὐδὲ χαρὰν οὐδὲ εἰρήνην.*
6. *ἐν ἐκείνῃ τῇ ὥρᾳ ἐλεύσεται ὁ υἱὸς τοῦ ἀνθρώπου*[1] *σὺν τοῖς ἀγγέλοις αὐτοῦ.*
7. *ἁμαρτωλοὶ ἐστέ, γενήσεσθε δὲ μαθηταὶ τοῦ κυρίου.*
8. *διώκουσιν οἱ πονηροὶ τοὺς προφήτας, ἀλλ' ἐν ταῖς*

---

1. *ὁ υἱὸς τοῦ ἀνθρώπου*, *the Son of Man*. 이것은 예수께서 스스로를 지칭하는 말로서 복음서에 나타난다. 이 칭호는 히브리어 בֶּן־הָאָדָם(벤-하아담) 또는 아람어 בַּר אֱנָשָׁא(바르 아나샤)를 헬라어로 옮긴 것이므로 이를 정확히 이해하기 위해서는 "아들"로 옮겨진 히브리어 בֵּן(벤)의 용법과 그러한 정형구가 나오는 구약성서나 유대 문헌의 문맥을 알아야 한다. 따라서 신약성서 헬라어를 잘 이해하기 위해서는 히브리어에 대한 지식도 필요한 것이다.

ἡμέραις τοῦ υἱοῦ τοῦ ἀνθρώπου οὐκέτι διώξουσιν αὐτούς.

9. προσεύξῃ τῷ θεῷ σου καὶ δοξάσεις αὐτόν.

10. τότε γνώσεσθε ὅτι αὐτός ἐστιν ὁ κύριος.

11. ταῦτα γνώσομαι οὐδὲ ἐγώ.

12. ἄλλους διδάξει ὁ δοῦλος, ἀλλ' ἐμὲ διδάξει ὁ διδάσκαλος ὁ πιστός.

13. ἐκεῖνα λήμψονται οἱ ἀπόστολοι, ταῦτα δὲ καὶ οἱ ἀδελφοί.

14. διὰ τοῦ λόγου τοῦ κυρίου ἀναβλέψουσιν οἱ τυφλοὶ οὗτοι.

15. ὁ προφήτης αὐτὸς γράψει ταῦτα ἐν ταῖς γραφαῖς.

16. ἐλεύσονται κακαὶ ἡμέραι.

17. ἀπελεύσῃ καὶ σὺ εἰς τὰς ὁδοὺς τῶν πονηρῶν καὶ διδάξεις οὕτως τοὺς ἀνθρώπους.

18. κηρύξουσιν καὶ αὐτοὶ τὸ εὐαγγέλιον ἐν τούτῳ τῷ κόσμῳ τῷ κακῷ.

19. ἐλεύσεται καὶ αὕτη πρὸς αὐτόν, καὶ αὐτὸς διδάξει αὐτήν.

20. ἐκηρύσσετο τὸ εὐαγγέλιον ἐν ταῖς ἡμέραις ταῖς κακαῖς, κηρύσσεται δὲ καὶ νῦν, ἀλλ' ἐν ἐκείνῃ τῇ ἡμέρᾳ ἐλεύσεται ὁ κύριος αὐτός.

II. 1. The Church will send servants to me.

2. These women will become good.

3. These words I shall write in a book.

4. These things will come into the world in those days.

5. Now he is not yet teaching me, but in that hour he shall

both teach me and know me.

6. They were pursuing these women in the evil days, and they will pursue them even into the other places.

7. Then will blind men pray to the Lord, but evil men will not pray.

8. The gifts were being taken by us from the children, but we shall take them no longer.

9. We shall pray for (in behalf of) the same children in the Church.

10. In this world we have death, but in the kingdom of God we shall have both love and glory.

11. Then we were being taught by the apostles, but in that day we also shall teach.

12. In those days I was persecuting you, but now ye shall persecute me.

13. Thou wilt not go down to the sea, but wilt pursue these women with their children into the desert.

14. They were preaching this gospel, but now they will no longer preach it.

15. These things are evil, but you will have good things in that day.

16. The Lord will come to His Church in glory.

제 14 과

제1단순과거 직설법 능동태와 중간태 πιστεύω의 구문.

166. 어 휘

ἀπολύω, ἀπολύσω, ἀπέλυσα, *I release.*

ἐκήρυξα, *I preached/proclaimed,* κηρύσσω의 단순과거.

ἐπιστρέφω, ἐπιστρέψω, ἐπέστρεψα, *I turn, I return.*

ἑτοιμάζω, ἑτοιμάσω, ἡτοίμασα, *I prepare.*

θαυμάζω, θαυμάσω, ἐθαύμασα, *I wonder (at), I marvel.*

ἤδη, (부) *already.*

θεραπεύω, θεραπεύσω, ἐθεράπευσα, *I heal.*

πείθω, πείσω, ἔπεισα, *I persuade.*

πιστεύω, πιστεύσω, ἐπίστευσα, *I believe.*

ὑποστρέφω, ὑποστρέψω, ὑπέστρεψα, *I return.*

167. "제1단순과거"(first aorist)는 다음 단원에서 배우게 될 "제2단순과거"(second aorist)와 시제가 다르지 않다. 하지만 그 형태들은 각기 다른 방식으로 만들어진다. 부연하면, 제1단순과거와 제2단순과거는 시제를 구별하기 위해 붙여진 명칭이 아니라, 단지 그들의 형성 방식이 상이한 데서 나온 말이다. 이와 유사한 영어의 한 예를 들면, *I loved*와 *I threw*는 동일한 시제이지만, 이 동사들의 원형인 *love*와 *throw*에서 그와 같은 "단순과거"(preterit)가 형성되는 방식은 전혀 다르다.

168. 단순과거는 과거를 가리킨다는 점에서 미완료와 비슷하다. 그러나 미완료는 과거 시간에서 지속된 동작을 가리키는 반면에, 단순과

거는 과거 시제를 단순히 나타낼 뿐이다. 따라서 미완료 ἔλυον은 *I was loosing*을 뜻하지만, 단순과거 ἔλυσα는 *I loosed*를 의미한다. 차제에 우리가 유념해야 할 사항은 현재 시간에서는 동작의 단순 표현(현재형)과 지속되거나 반복되는 동작의 표현(현재진행형)이 헬라어에서는 전혀 차이가 없다는 사실이다(따라서 λύω는 *I loose* 또는 *I am loosing*을 뜻한다). 그러나 과거 시간에서는 그 차이를 매우 신중히 다루기 때문에, 헬라어는 단순과거와 미완료를 혼동하는 경향을 결코 보이지 않는다.

169. 그러나 단순과거는 영어의 완료 시제로 옮겨지는 경우가 종종 있다. 따라서 ἔλυσα는 *I loosed*뿐만 아니라 *I have loosed*도 의미한다. 한편 29과에서 배우게 될 이 헬라어 동사의 완료 시제도 사실상 *I have loosed*로 종종 번역되지만, 이것은 영어의 완료 시제와는 매우 다른 범주를 지닌다. 영어의 *I have loosed*라는 말이 그 행위의 현재적 결과를 전혀 함축하지 않고, 단지 그것이 과거 시간에 일어났음을 단정하는 경우에, 그 말은 헬라어에서 단순과거로 번역된다.

예: ἠκούσατε τὴν φωνήν μου, *ye have heard my voice*. 이 문장은 단지 그 동작이 과거의 어떤 한 시점에 일어났음을 말한다. 그러나 여기에 *then* 같은 말이 첨가되어, 그 동작이 행해진 과거와 이 말이 나온 현재 사이의 간격이 분명히 드러나면, 영어는 단순 과거 시제를 취하게 된다. 그러므로 τότε ἠκούσατε τὴν φωνήν μου는 *then ye heard my voice*로 옮겨진다.

170. 헬라어의 단순과거, 예를 들면 ἔλυσα를 영어로 번역할 때 시제를 과거(*I loosed*)로 해야 하는지, 아니면 완료(*I have loosed*)로 해야 하는지는 통상 문맥에 따라 결정하게 된다. 연습문제에서는 완료를 의도하고 있음이 명확하지 않는 한, 과거 시제로 옮기도록 하라. 우선은 헬라어의 단순과거(aorist)와 영어의 과거(preterit)를 동일 시제로 이해하는 것이 필요하다.

171. λύω의 제1단순과거 능동태 직설법은 아래와 같다:

단 수		복 수	
1. ἔλυσα,	*I loosed.*	1. ἐλύσαμεν,	*we loosed.*
2. ἔλυσας,	*thou loosedst.*	2. ἐλύσατε,	*ye loosed.*
3. ἔλυσε(ν),	*he loosed.*	3. ἔλυσαν,	*they loosed.*

172. 단순과거는 (미완료와 마찬가지로) 이차적 시제이므로 접두음을 갖는다. 또한 그 접두음은 단순과거에서나 미완료에서나 다 동일하다(§§124-126을 보라).

173. 단순과거는 미완료와 마찬가지로 이차적 어미들을 갖는다. 앞에서 이미 언급한 대로(§127을 보라), 능동태에서 그 어미들은 아래와 같다:

단 수	복 수
1. -ν	1. -μεν
2. -ς	2. -τε
3. —	3. -ν (또는 -σαν).

174. 제1단순과거의 일인칭 단수에서는 어미 ν가 붙지 않는다는 점에 유의하라.

175. 단순과거에서는 인칭 어미들 앞에 가변모음이 끼어들지 않고, 동사 어간에 덧붙는 시제 접미소 σα가 위치한다. 그러므로 미래형태에서 σο/ε가 놓이는 자리에, 제1단순과거에서는 σα가 위치하게 된다.

176. 삼인칭 단수에서, 시제접미소 σα는 σε로 바뀐다. ἔλυσε(ν)는 미완료의 ἔλυε(ν)처럼 유동음 ν를 취할 수 있다.

177. ἐλύσαμεν의 형태를 예로 들어 분석하면, 이것은 다음과 같이 나뉘어질 수 있다: ἐ/λύ/σα/μεν. 여기서 ἐ는 접두음, λυ는 동사어간, σα는 제1단순과거의 표지이며, μεν은 일인칭 복수 능동태의 이차적 인칭 어미이다.

178. λύω의 제1단순과거 중간태 직설법은 아래와 같다:

단 수		복 수	
1. ἐλυσάμην,	*I loosed for myself.*	1. ἐλυσάμεθα,	*we loosed for ourselves.*
2. ἐλύσω,	*thou loosedst for thyself.*	2. ἐλύσασθε,	*ye loosed for yourselves.*
3. ἐλύσατο,	*he loosed for himself.*	3. ἐλύσαντο,	*they loosed for themselves.*

179. 미래 시제에서와 마찬가지로 단순과거 시제에서 수동태는 중간태와 형태상으로 전혀 다르다. 예를 들면, ἐλυσάμην은 *I loosed for myself*를 뜻하지만, 그러나 *I was loosed*를 의미하지는 않는다.

180. 단순과거 능동태와 마찬가지로, 그 중간태 역시 이차적 인칭 어미들을 취한다. 앞에서 이미 언급한 대로(§139를 보라), 중간태에서 나타나는 이차적 인칭어미들은 아래와 같다:

단 수	복 수
1. -μην	1. -μεθα
2. -σο	2. -σθε
3. -το	3. -ντο

181. 능동태에서처럼 이 어미들 앞에는 시제 접미소 σα가 위치한다. 이 접미소와 인칭어미들이 결합되는 과정에서, 이인칭 단수 형태는

원래 ἐλύσασο였던 것이 ἐλύσω로 단축되어 나타나지만, 이 밖의 다른 형태들에서는 아무런 변화도 일어나지 않는다.

182. ἐλυσάμεθα의 형태를 예로 들어 분석하면, 이것은 다음과 같은 의미소들로 나눌 수 있다: ἐ/λυ/σά/μεθα. 여기서 ἐ는 접두음, λυ는 동사 어간, σα는 시제 접미소이며, μεθα는 일인칭 복수 중간태의 이차적 인칭 어미이다.

183. 다양한 동사들의 어간들에 제1단순과거의 시제 접미소 σα가 결합될 때 일어나는 변화는 미래 시제에서 σο/ε가 초래하는 현상과 유사하다. 그러나 헬라어 동사의 단순과거 형태는 미래 시제에서처럼 정확히 예측할 수 없다. 그러므로 모든 동사는 사전에서 일일이 찾아보아야 한다. 이를 위해서 학생들은 §§161-163에 설명된 방법대로 이 책 마지막 부분에 있는 일반 어휘 목록을 사용하기 바란다. 단순과거 능동태와 중간태는 오로지 세 번째 기본어를 토대로 형성된다.

184. πιστεύω의 구문론

동사 πιστεύω는 여격을 취한다. 따라서 πιστεύω τῷ ἀνθρώπῳ는 *I believe the man*을 의미한다.

대격을 취한 εἰς와 결합된 동사 πιστεύω는 *I believe in(on)*으로 번역된다. 따라서 πιστεύω εἰς τὸν κύριον은 *I believe in the Lord* 또는 *I believe on the Lord*를 뜻한다. 그렇지만 이 경우에 대격을 취한 전치사 εἰς가 여격과 결합된 ἐν과 마찬가지로 사실상 in을 뜻한다고 생각해서는 안된다. 오히려 헬라어는 믿는 행위를 영어와 다른 방식으로 본다고 말해야 한다. 즉, 헬라어에서 믿는 행위는 믿음을 그 대상 안으로(into) 투입하는 것이다.

185. 연습문제

I. 1. ἀπέλυσεν ὁ κύριος τὸν δοῦλον αὐτοῦ, ὁ δὲ δοῦλος οὐκ ἀπέλυσε τὸν ἄλλον.

2. ἤδη ἐπέστρεψαν οὗτοι πρὸς τὸν κύριον, ἐκεῖνοι δὲ ἐπιστρέψουσιν ἐν ταῖς ἡμέραις ταῖς κακαῖς.

3. ἐπιστεύσαμεν εἰς τὸν κύριον καὶ σώσει ἡμᾶς.

4. καὶ ἐπίστευσας εἰς αὐτὸν καὶ πιστεύσεις.

5. ὑπέστρεψας πρὸς τὸν κύριον καὶ ἐδέξατό σε εἰς τὴν ἐκκλησίαν αὐτοῦ.

6. ἐν ἐκείναις ταῖς ἡμέραις ἐπορεύεσθε ἐν ταῖς ὁδοῖς ταῖς κακαῖς.

7. ἐπεστρέψατε πρὸς τὸν κύριον καὶ ἐθεράπευσεν ὑμᾶς.

8. ἐκεῖνοι πονηροί, ἀλλ' ἡμεῖς ἐπείσαμεν αὐτούς.

9. ἡτοίμασα ὑμῖν τόπον ἐν τῷ οὐρανῷ.

10. ἐδεξάμην σε εἰς τὸν οἶκόν μου, ἀλλ' οὗτοι οἱ πονηροὶ οὐκ ἐδέξαντο.

11. ἀνέβλεψαν οἱ τυφλοί.

12. ἔσωσα ὑμᾶς ἐγώ, ὑμεῖς δὲ ἐμὲ οὐκ ἐδέξασθε εἰς τοὺς οἴκους ὑμῶν.

13. πονηροὶ ἦσαν αὐτοί, πονηροὺς δὲ ἔπεμψαν εἰς τὴν ἐκκλησίαν.

14. ἐδίδαξάς με ἐν τῷ ἱερῷ.

15. τότε ἠκούσαμεν ταύτας τὰς ἐντολάς, ἄλλας δὲ ἀκούσομεν ἐν τῇ ἐκκλησίᾳ.

16. ἐν ἐκείνῃ τῇ ὥρᾳ ἐξελεύσονται ἐκ τοῦ κόσμου, τότε δὲ ἐδέξαντο ἡμᾶς.

17. ἤκουσαν αὐτοῦ καὶ ἐθαύμασαν.

18. ἐδέξω σὺ τὸ εὐαγγέλιον, οὗτοι δὲ οὐ δέξονται αὐτό.

19. *οὐδὲ ἠκούσαμεν τὸν κύριον οὐδὲ ἐπιστεύσαμεν εἰς αὐτόν.*

II. 1. We did not receive the gospel, because we did not hear the voice of the apostle.
2. In those days we were not believing in the Lord, but this disciple persuaded us.
3. The sinner turned unto the Lord, and already is being taught by Him.
4. The servants have prepared houses for you.
5. This blind man believed in the Lord.
6. The children wondered, and the disciples believed.
7. Thou didst not pray to the Lord, and on account of this He did not heal thee.
8. Those evil men pursued these women into the desert.
9. I have preached the gospel to them.
10. Ye persecuted me, but I did not persecute you.
11. These blind men glorified the Lord, because he had healed[1] them.
12. Through His disciples He proclaimed His gospel to the world.
13. The promises are good, and we received them.
14. Ye have received the same promises and believed on the same Lord.
15. He has not preached the gospel nor does he preach it now.
16. That woman has neither glorified the Lord nor received the children.

---

1. 영어의 과거완료는 헬라어의 단순과거로 옮겨지는 경우가 종종 있다.

제 15 과
제2단순과거 직설법 능동태와 중간태

186. 어 휘

γάρ, (접) 접속되는 문장의 첫 번째 단어 뒤에 놓인다(§91), *for*.

ἔβαλον, *I threw/cast*, *βάλλω*의 제2단순과거.

ἐγενόμην, (이태) *I became*, *γίνομαι*의 제2단순과거.

εἶδον,[1] *I saw*, *βλέπω*의 제2단순과거(또한 *ὁράω*의 제2단순과거도 된다).

εἶπον, *I said*, *λέγω*의 제2단순과거.

ἔλαβον, *I took*, *λαμβάνω*의 제2단순과거.

ἤγαγον, *I led*, *ἄγω*의 제2단순과거.

ἦλθον, *I came/went*, *ἔρχομαι*의 제2단순과거.

ἤνεγκα, *I bore/brought*, *φέρω*의 제1단순과거 (*λύω*의 제1단순과거처럼 활용되지만, -*σα* 대신에 -*κα*가 붙는다).

λείπω, *I leave/lack*, 제2단순과거 *ἔλιπον*.

ὄψομαι, (이태) *I shall see*, *βλέπω*의 미래 (*ὁράω*의 미래로 볼 수도 있다).

πίπτω, *I fall down*, 제2단순과거 *ἔπεσον*.

προσφέρω, *I bring to*, ~을(대격) …에게(여격) 가져오다. 예문: *προσφέρω τὰ τέκνα τῷ κυρίῳ*, *I bring the children to the Lord*.

[1] 신약에서 *εἶδον*은 직설법에서 제2단순과거 어미들 대신에 거의 전적으로 제1단순과거 어미들을 갖는다. 또한 다른 동사들에서도 제2단순과거 어간들에 제1단순과거 어미들이 붙는 경우가 종종 있다(cf. J. H. Moulton, A Grammar of New Testament Greek, Vol. II, 1920, "Accidence and Word Formation", ed. by W. F. Howard, pp. 208f., note 1). 그러므로 *εἶδον* 등이 여기에서 제2단순과거로 항상 취급된 것은 논리적인 결함이 있다. 그러나 제2단순과거의 성격을 완전히 이해하기 전까지는 이처럼 다루는 것이 더 나을 듯싶다. 후에는 제1단순과거 어미들이 나타날 때 그것들을 쉽게 알아볼 수 있을 것이다. §521을 참조하라.

187. 제2단순과거는 제1단순과거와 시제상으로는 다르지 않지만, 그 같은 시제를 형성하는 방식에 있어서는 상이하다는 점을 이미 숙지하였다. 따라서 어떤 동사들은, 비록 소수이긴 하지만, 제1단순과거와 제2단순과거를 둘 다 갖고 있다. 이와 유사한 예들은 영어의 동사에서도 찾아볼 수 있다: *abide*의 과거 *abided, abode*; *weave*의 과거 *weaved, wove*. 그러나 대부분의 동사들은 과거 시제에서 둘 중 어느 한 가지 형태만을 갖는다. 즉, *live*의 과거는 *lived*뿐이고, *rise*의 과거는 *rose*뿐이다. 그리고 이 동사들이 어떤 형태를 갖든지 간에 용법상 차이가 없듯이, 헬라어에서도 제2단순과거의 용법은 제1단순과거의 용법과 정확히 일치한다.

188. 어떤 동사가 제1단순과거를 갖는지 아니면 제2단순과거를 갖는지는 미리 판단할 수 없는 일이다. 또한 제2단순과거를 갖는다고 해도 그 형태가 어떻게 될지를 정확히 예측하는 것은 매우 어려운 일이다.[1] 그러므로 지금으로서는 동사들이 나올 때마다 사전에서 일일이 확인하므로 이 문제를 해결하는 수밖에 없다.

189. 제2단순과거 능동태와 중간태의 모든 법들로[2] 구성된 "제2단순과거 체계"(second aorist system)는 현재와 미완료의 능동태와 중간태 및 수동태의 모든 법들로 이뤄진 "현재 체계"(present system)와 전혀 다른 모습을 보이는데, 그 이유는 동사 어간에 **-$\sigma\alpha$**와 같은 어떤 시제 접미소를 덧붙여서가 아니라, 어간이 현재 체계의 그것과

---

1. 이 문제를 해결하기 위해서는 음성학 또는 음운론을 적용하여 동사의 어근을 추출할 수 있을 정도의 고급 문법 지식이 요구된다.

2. 동사의 "법"(mood)은 주어에 대해 말하는 방식(manner)을 일컫는 용어이며, 이는 "직설법"(indicative), "가정법"(subjunctive), "명령법"(imperative), "부정사"(infinitive)로 세분된다. 그러나 부정사를 법의 일종으로 구분하는 데는 이견이 분분하다. 이는 엄밀히 말하자면 동사적 명사(verbal noun)이다. 한편 고전 헬라어 문법에서는 "기원법"(optative)도 따로 다룬다. 이 밖에 "분사"(participle)도 각 체계마다 파생된다.

전혀 다르기 때문이다. 일반적으로 이러한 차이들은 제2단순과거가 현재 시제보다 본래의 어간에 더 근접한 데서 비롯되었다.

예를 들면, (1) *λαμβάνω*는 제2단순과거 *ἔλαβον*을 갖는데, 여기서 *λαβ-*는 제2단순과거의 어간이며 *λαμβαν-*은 현재 어간이다; (2) *βάλλω*는 제2단순과거 *ἔβαλον*을 갖는데, *βαλ-*은 제2단순과거의 어간이며 *βαλλ-*은 현재 어간이다.

190. 제2단순과거의 능동태와 중간태는 제2단순과거 어간을 토대로 형성된다. 단순과거 중간태가 제1단순과거이든 제2단순과거이든 이것은 모든 동사들의 단순과거 수동태와 다르다. 따라서 *λείπω*의 단순과거 중간태인 *ἐλιπόμην*은 *I was left*를 의미하지 않는다. *I was left*를 번역하기 위해서는 전혀 다른 형태로 된 단순과거 수동태가 사용된다.

191. 제2단순과거는 이차적 시제이므로 접두음을 갖는데, 이것은 미완료에 붙는 접두음과 똑같다. 예를 들면 (*λείπω*의) *λιπ-*와 같은 제2단순과거 어간은 자음으로 시작되므로 접두음 *ἐ*가 붙는다(따라서 어간 *λιπ-*에서 *ἔλιπον*이 나온다). 반면에 *ἐλθ-*와 같은 제2단순과거 어간은 모음으로 시작되므로 그 모음을 길게 해준다(따라서 어간 *ἐλθ-*에서 *ἦλθον*이 나온다).

192. 제2단순과거는 이차적 시제이므로 이차적 인칭어미들을 갖는다. 이 어미들과 어간 사이에는 가변모음 *ο/ε*가 현재와 미완료에서처럼 끼어든다. 그러므로 제2단순과거 직설법은 미완료와 똑같이 활용된다. 단, 미완료는 현재 어간을 토대로 하는 반면에 제2단순과거 직설법은 제2단순과거 어간을 토대로 형성된다. 따라서 *ἐλείπομεν*은 *we were leaving*(미완료)를 뜻하지만, *ἐλίπομεν*은 *we left*(제2단순과거)를 뜻한다. 어떤 때는 단 하나의 문자에 의해서 미완료와 제2단순과거가 구분되기도 한다. 일례로, *ἐβάλλομεν*은 *we were throwing*(미완료)을, *ἐβάλομεν*은 *we threw*(제2단순과거)를 의미한다.

193. *λείπω*, *I leave*의 제2단순과거 능동태 직설법은 아래와 같다:

단 수	복 수
1. ἔλιπον, *I left.*	1. ἐλίπομεν, *we left.*
2. ἔλιπες, *thou leftst.*	2. ἐλίπετε, *ye left.*
3. ἔλιπε(ν), *he left.*	3. ἔλιπον, *they left.*

194. *λείπω*의 제2단순과거 중간태 직설법은 아래와 같다:

단 수	복 수
1. ἐλιπόμην	1. ἐλιπόμεθα
2. ἐλίπου	2. ἐλίπεσθε
3. ἐλίπετο	3. ἐλίποντο

195. 연습문제

I. 1. καὶ εἴδομεν τὸν κύριον καὶ ἠκούσαμεν τοὺς λόγους αὐτοῦ.

2. οὐδὲ γὰρ εἰσῆλθες εἰς τοὺς οἴκους αὐτῶν οὐδὲ εἶπες αὐτοῖς παραβολήν.

3. ἐν ἐκείνῃ τῇ ὥρᾳ ἐγένοντο μαθηταὶ τοῦ κυρίου.

4. οὗτοι μὲν ἐγένοντο μαθηταὶ ἀγαθοί, ἐκεῖνοι δὲ ἔτι ἦσαν πονηροί.

5. προσέφερον αὐτῷ τοὺς τυφλούς.

6. ἔπεσον ἐκ τοῦ οὐρανοῦ οἱ ἄγγελοι οἱ πονηροί.

7. τὰ μὲν δαιμόνια ἐξεβάλετε, τὰ δὲ τέκνα ἐθεραπεύσατε.

8. τοὺς μὲν πονηροὺς συνηγάγετε ὑμεῖς εἰς τοὺς οἴκους ὑμῶν, τοὺς δὲ ἀγαθοὺς ἡμεῖς.

9. οὐκ ἐκήρυξας τὸ εὐαγγέλιον ἐν τῇ ἐκκλησίᾳ, οὐδὲ γὰρ ἐγένου μαθητής.

10. νῦν μὲν λέγετε λόγους ἀγαθούς, εἶπον δὲ οὗτοι τοὺς αὐτοὺς λόγους καὶ ἐν ταῖς ἡμέραις ἐκείναις.
11. ἐπιστεύσαμεν εἰς τὸν κύριον, οἱ γὰρ μαθηταὶ ἤγαγον ἡμᾶς πρὸς αὐτόν.
12. ταῦτα μὲν εἶπον ὑμῖν ἐν τῷ ἱερῷ, ἐκεῖνα δὲ οὔπω λέγω.
13. τότε μὲν εἰσήλθετε εἰς τὴν ἐκκλησίαν, ἐν ἐκείνῃ δὲ τῇ ἡμέρᾳ εἰσελεύσεσθε εἰς τὸν οὐρανόν.
14. τότε ὀψόμεθα τὸν κύριον ἐν τῇ δόξῃ αὐτοῦ· ἐπιστεύσαμεν γὰρ εἰς αὐτόν.
15. ὁ μὲν κύριος ἐξῆλθε τότε ἐκ τοῦ κόσμου, οἱ δὲ μαθηταὶ αὐτοῦ ἔτι μένουσιν ἐν αὐτῷ.
16. ταύτας τὰς ἐντολὰς ἔλαβον ἀπὸ τοῦ κυρίου, ἤμην γὰρ μαθητὴς αὐτοῦ.
17. τότε μὲν παρελάβετε τὴν ἐπαγγελίαν παρὰ τοῦ κυρίου, νῦν δὲ καὶ κηρύσσετε αὐτὴν ἐν τῷ κόσμῳ.
18. ἤλθετε πρὸς τὸν κύριον καὶ παρελάβετε παρ' αὐτοῦ ταῦτα.
19. συνήγαγεν ἡμᾶς αὐτὸς εἰς τὴν ἐκκλησίαν αὐτοῦ.
20. εἶδον οἱ ἄνθρωποι τὸν υἱὸν τοῦ θεοῦ· ἐγένετο γὰρ αὐτὸς ἄνθρωπος καὶ ἔμενεν ἐν τούτῳ τῷ κόσμῳ.

II. 1. We did not see Him, for we were not yet disciples of Him.
2. The apostle brought the sinners to Him.
3. Ye did not hear me, but ye came to my disciples.
4. Ye entered into this house, but the others went out of it.

5. The sinners were going into their houses, but the apostles saw the Lord.
6. In those days we shall see the Lord, but in the evil days we did not see Him.
7. Thy brothers were taking gifts from the children, but the apostles took the children from them.
8. You became a servant of the apostle, but the apostle became to you even a brother.
9. Ye have become a church of God, for ye have believed on His Son.
10. He has gathered together His disciples into His kingdom.
11. The faithful teacher said that the Lord is good.
12. They believed in the Lord and brought others also to Him.
13. They heard the children and came to them.
14. We received joy and peace from God, because we were already entering into His kingdom.
15. The disciples say that the apostles saw the Lord and received this from Him.
16. You went out into the desert, but the apostle said these things to his brethren.

제 16 과
단순과거 수동태 직설법. 미래 수동태 직설법

196. 어 휘

ἀναλαμβάνω, I take up.

ἐβλήθην, I was thrown/cast, *βάλλω*의 단순과거 수동태.

ἐγενήθην, I became, 형태상으로 *γίνομαι*의 단순과거 수동태.

*ἐγνώσθην, I was known, γινώσκω*의 단순과거 수동태.

*ἐδιδάχθην, I was taught, διδάσκω*의 단순과거 수동태.

*ἐκηρύχθην, I was preached/proclaimed, κηρύσσω*의 단순과거 수동태.

*ἐλήμφθην, I was taken, λαμβάνω*의 단순과거 수동태.

ἐπορεύθην, I went, 형태상으로 *πορεύομαι*의 단순과거 수동.

*ἠγέρθην, I was raised, ἐγείρω*의 단순과거 수동태.

*ἠκούσθην, I was heard, ἀκούω*의 단순과거 수동태.

*ἠνέχθην, I was borne/brought, φέρω*의 단순과거 수동태.

*ἤχθην, I was led, ἄγω*의 단순과거 수동태.

*ὤφθην, I was seen, βλέπω*의 단순과거 수동태 (또한 *ὁράω*의 단순과거 수동태로 볼 수도 있다).

197. 단순과거 수동태 직설법과 미래 수동태 직설법은 단순과거 수동태 어간을 토대로 형성된다. 이 어간은 여섯 번째 기본어에 나타난다. 네 번째와 다섯 번째 기본어들은 다음 단원에서 공부하게 될 것이다.

198. 단순과거 수동태 어간은 동사 어간에 *θε*가 덧붙음으로써 형성된다. 이 *θε*는 직설법에서 항상 *θη*로 길어진다. 따라서 *λύω*의 단순과거 수동태 어간은 *λυθη*-로 나타난다.

199. 단순과거는 이차적 시제이므로 미완료의 경우에서와 똑같이 형성된(§§124-126을 참조하라) 접두음이 시제어간에 부착되고, 이차적 인칭어미들이 덧붙는다. 그러나 이 어미들은 능동태 꼴이며(§127을 참조하라), 미완료 능동태 직설법에서 사용되는 것들과 같다. 단, 삼인칭 복수에서는 -ν 대신에 -σαν을 취한다. 단순과거 수동태 직설법에서는 인칭어미들이 시제 어간에 직접 붙으며 어떠한 가변모음도 끼어들지 않는다.

200. 미래 수동태 직설법은 단순과거 수동태 어간(-θε는 -θη로 길어진다)에 미래 시제접미소 σ와 가변모음 ο/ε가 결합된 -σο/ε가 덧붙고(예를 들면 λυθησο/ε), 여기에 중간태의 일차적 어미들이 첨가됨으로써 형성된다; 그러나 미래는 이차적 시제가 아니라 일차적 시제이므로 접두음이 붙지 않는다. 따라서 미래 수동태는, 그 어간이 λυσο/ε 대신에 λυθησο/ε인 점을 제외하면, 미래 중간태와 똑같이 굴절된다.

201. λύω의 단순과거 수동태 직설법은 아래와 같다:

단 수	복 수
1. ἐλύθην, *I was loosed.*	1. ἐλύθημεν, *we were loosed.*
2. ἐλύθης, *thou wast loosed.*	2. ἐλύθητε, *ye were loosed.*
3. ἐλύθη, *he was loosed.*	3. ἐλύθησαν, *they were loosed.*

202. λύω의 미래 수동태 직설법은 아래와 같다:

단 수	복 수
1. λυθήσομαι, *I shall be loosed.*	1. λυθησόμεθα, *we shall be loosed.*
2. λυθήσῃ, *thou wilt be loosed.*	2. λυθήσεσθε, *ye will be loosed.*
3. λυθήσεται, *he will be loosed.*	3. λυθήσονται, *they will be loosed.*

203. 여태까지 배운 동사 활용형들의 용법을 정리해 보면 아래와 같다:

시제	태	형태		뜻
현 재 직설법	능동태	*λύω*	=	*I loose.* 또는 *I am loosing.*
	중간태	*λύομαι*	=	*I loose for myself.* 또는 *I am loosing for myself.*
	수동태	*λύομαι*	=	*I am being loosed.*
미완료 직설법	능동태	*ἔλυον*	=	*I was loosing.*
	중간태	*ἐλυόμην*	=	*I was loosing for myself.*
	수동태	*ἐλυόμην*	=	*I was being loosed.*
미 래 직설법	능동태	*λύσω*	=	*I shall loose.*
	중간태	*λύσομαι*	=	*I shall loose for myself.*
	수동태	*λυθήσομαι*	=	*I shall be loosed.*
단순과거 직설법	능동태	*ἔλυσα*	=	*I loosed.*
	중간태	*ἐλυσάμην*	=	*I loosed for myself.*
	수동태	*ἐλύθην*	=	*I was loosed.*

어간이 자음으로 끝나는 동사들의 단순과거 수동태 어간의 형성

204. 단순과거 수동태 시제 접미소의 *θ* 앞에서, 동사 어간의 끝머리에 놓인 *π*/*β*는 *φ*로, *κ*/*γ*는 *χ*로, *τ*/*δ*/*θ*는 *σ*로 변한다. 특히 *π*, *β*, *κ*, *γ*의 변화는 *θ*에 내포된 기음(氣音)이 바로 앞의 소리에 영향을 끼친 결과이다. 즉, *th* 앞에서 *p* 또는 *b*는 *ph*로, *k* 또는 *g*는 *ch*로 바뀌는 것이다.

예를 들면, 단순과거 수동태에서 *πέμπω*는 *ἐπέμφθην*으로, *ἄγω*는 *ἤχθην*으로, *πείθω*는 *ἐπείσθην*으로 굴절된다.

205. 그러나 헬라어 동사의 단순과거 수동태는 다른 기본어들과 마찬가지로 어떤 일반적인 법칙에 딱 들어맞게 형성되지는 않는다. 따라서 그 형태는 동사마다 일일이 확인해야 한다.

206. 제2단순과거 수동태

어떤 동사들은 제1단순과거 수동태 대신에 "제2단순과거 수동태"를 갖는다. 이러한 제2단순과거 수동태는 직설법에서 제1단순과거 수동태와 똑같이 활용된다. 하지만 그 시제 어간에는 θ가 들어 있지 않다.

예를 들면, *γράφω*의 제2단순과거 수동태 직설법은 다음과 같이 활용된다: *ἐγράφην*, *ἐγράφης*, *ἐγράφη*, *ἐγράφημεν*, *ἐγράφητε*, *ἐγράφησαν*.

이태동사들의 단순과거와 미래

207. 어떤 이태 동사들은 단순과거와 미래 시제에서 중간태가 아닌 수동태 꼴을 취한다.

예를 들면, *ἀποκρίνομαι*, *I answer*의 단순과거는 *ἀπεκρίθην*, *I answered*,[1] 미래는 *ἀποκριθήσομαι*, *I shall answer*.

208. 어떤 이태 동사들은 중간태와 수동태 꼴들을 둘 다 취한다.

일례로, *γίνομαι*, *I become*의 단순과거는 *ἐγενόμην*, *I became*, 또는 *ἐγενήθην*, *I became*. 여기서 *ἐγενόμην*과 *ἐγενήθην*은 각각 중간태와 수동태 꼴로 되어 있지만, 둘 다 동일한 능동의 뜻을 지니고 있다.

209. 연습문제

I. 1. *ἐπιστεύσαμεν εἰς τὸν κύριον καὶ ἐγνώσθημεν ὑπ' αὐτοῦ*.

---

1. 그러나 *ἀποκρίνομαι*가 단순과거에서 중간태 꼴(*ἀπεκρινάμην*)을 취하는 경우도 종종 있다.

2. ταῦτα ἐγράφη ἐν τοῖς βιβλίοις.
3. ἐδιδάξατε τὰ τέκνα, ἐδιδάχθητε δὲ καὶ αὐτοὶ ὑπὸ τοῦ κυρίου.
4. ἐλήμφθησαν οἱ πιστοὶ εἰς τὸν οὐρανόν, ἐξεβλήθησαν δὲ ἐξ αὐτοῦ οἱ ἄγγελοι οἱ πονηροί.
5. ἐγερθήσονται οἱ νεκροὶ τῷ λόγῳ τοῦ κυρίου.
6. οὗτοι οἱ τυφλοὶ συνήχθησαν εἰς τὴν ἐκκλησίαν.
7. ἐξεβλήθη τὰ δαιμόνια· ὁ γὰρ κύριος ἐξέβαλεν αὐτά.
8. πέμπονται μὲν καὶ νῦν οἱ μαθηταί, ἐπέμφθησαν δὲ τότε οἱ ἀπόστολοι καὶ πεμφθήσονται ἐν ἐκείνῃ τῇ ἡμέρᾳ καὶ οἱ ἄγγελοι.
9. εἰσῆλθες εἰς τὴν ἐκκλησίαν καὶ ἐβαπτίσθης.
10. ἐπιστεύθη ἐν κόσμῳ,[1] ἀνελήμφθη ἐν δόξῃ.
11. οἱ ἁμαρτωλοὶ ἐσώθησαν ἐν ἐκείνῃ τῇ ὥρᾳ καὶ ἐγενήθησαν μαθηταὶ τοῦ κυρίου.
12. ἐπορεύθημεν εἰς ἕτερον τόπον· οὐ γὰρ δέξονται ἡμᾶς οὗτοι.
13. ἐδοξάσθη ὁ θεὸς ὑπὸ τοῦ υἱοῦ, ἐδόξασε δὲ αὐτόν.
14. τὸ εὐαγγέλιον ἐκηρύχθη ἐν ταῖς ἡμέραις ἐκείναις, κηρυχθήσεται δὲ καὶ νῦν.
15. ἑτοιμασθήσεται ἡμῖν τόπος ἐν οὐρανῷ κατὰ τὴν ἐπαγγελίαν τοῦ κυρίου.
16. τὰ τέκνα προσηνέχθησαν τῷ κυρίῳ.
17. εἶδον οὗτοι τὸ πρόσωπον τοῦ κυρίου καὶ ἤκουσαν τῆς φωνῆς αὐτοῦ.

---

1. *κόσμος*에 관사가 생략되는 경우가 종종 있다. §311을 보라.

18. ἐν τῷ μικρῷ οἴκῳ ἀκουσθήσεται ἡ φωνὴ τοῦ ἀποστόλου.

19. πρῶτός εἰμι τῶν ἁμαρτωλῶν, ἐσώθην δὲ καὶ ἐγώ.

20. ὀψόμεθα μὲν τοὺς ἀγγέλους, ὀφθησόμεθα δὲ καὶ ὑπ' αὐτῶν.

II. 1. This is the Church of God, but the sinners were brought into it.

2. This man was cast out on account of the gospel.

3. I was sent to the sinners, but you were being sent to your brothers.

4. Thou didst not receive the gospel, but the others received it and were saved.

5. These words have been written by the apostles.

6. The servants will come into the house, but the sons were baptized in that hour.

7. Ye will see the Lord in heaven, but the apostles were taught by Him.

8. The disciples brought the blind men to the Lord, but the children were led by others.

9. The gifts were being received from the servants, but the law was proclaimed to the world.

10. A place was prepared for the brethren.

11. We went to the sea, but our sons will go into the temple.

12. After these things, they were taken up into glory.

13. The Son of Man was raised up from the dead[1] and was glorified.

14. The promises of God were heard in the world.

---

1. *From the dead*, ἐκ νεκρῶν.

제 17 과
제3곡용

210. 어 휘

ἅγιος, α, ον, (형) *holy, sacred; οἱ ἅγιοι, the saints.*
αἷμα, αἵματος, τό, *blood.*
αἰών, αἰῶνος, ὁ, *an age;* εἰς τὸν αἰῶνα, *for ever;* εἰς τοὺς αἰῶνας τῶν αἰώνων, *for ever and ever.*
ἄρχων, ἄρχοντος, ὁ, *a ruler.*
γράμμα, γράμματος, τό, *a letter.*
ἐλπίς, ἐλπίδος, ἡ, *a hope.*
θέλημα, θελήματος, τό, *a will.*
νύξ, νυκτός, ἡ, *a night.*
ὄνομα, ὀνόματος, τό, *a name.*
πνεῦμα, πνεύματος, τό, *wind, breath, a spirit, the Spirit.*
ῥῆμα, ῥήματος, τό, *a word.*
σάρξ, σαρκός, ἡ, *flesh.*
σῶμα, σώματος, τό, *a body.*

211. 제3곡용의 대표적인 세 명사들, (1) ἐλπίς, ἐλπίδος, ἡ, *a hope,* (2) νύξ, νυκτός, ἡ, *a night,* (3) ἄρχων, ἄρχοντος, ὁ, *a ruler*는 아래와 같이 굴절된다:

		ἐλπίς, ἡ, 어간 ἐλπιδ-	νύξ, ἡ, 어간 νυκτ-	ἄρχων, ὁ, 어간 ἀρχοντ-
단수	主.	ἐλπίς	νύξ	ἄρχων
	속.	ἐλπίδος	νυκτός	ἄρχοντος
	여.	ἐλπίδι	νυκτί	ἄρχοντι
	대.	ἐλπίδα	νύκτα	ἄρχοντα
	호.	ἐλπί	νύξ	ἄρχων
복수	주.호.	ἐλπίδες	νύκτες	ἄρχοντες
	속.	ἐλπίδων	νυκτῶν	ἀρχόντων
	여.	ἐλπίσι(ν)	νυξί(ν)	ἄρχουσι(ν)
	대.	ἐλπίδας	νύκτας	ἄρχοντας

212. 제3곡용의 격어미들은 아래와 같다:

	단 수		복 수
주.	-ς 또는 없음.	주(호).	-ες
속.	-ος	속.	-ων
여.	-ι	여.	-σι
대.	-α	대.	-ας
호.	주격과 같거나 없음.		

213. 이러한 격어미들이 어간에 덧붙게 되는데, 그 어간은 제1·2곡용에서 하던 대로 주격에서 찾을 수 있는 것이 아니라, 단수 속격의 -ος를 제거함으로써 추출될 수 있다. 그러므로 제3곡용 명사를 격변화시키려면, 먼저 단수 속격을 확인해야만 한다.

214. 단수와 복수의 대격 어미들(-α와 -ας)에 들어 있는 α는 단모음이라는 사실에 유의하기 바란다. 복수 여격 -σι(ν)는 유동음 ν를 취할 수 있다(§44를 보라).

215. 주격이 형성되는 방식은 아주 다양하므로, 이에 대한 체계적인 분류는 시도하지 않는 편이 오히려 더 나을 것이다.

216. 호격 또한 명사들마다 형성되는 방식이 다른데, 주격과 같은 꼴인 경우가 매우 흔하다.

217. 복수 여격에서, 어간의 끝 자음과 이에 바로 이어지는 격어미 -σι가 합쳐져서 여러 가지 변화를 초래하는데, 이는 §156에서 제시한 현상들과 대체로 일치한다. 그러나 어간의 끝에 놓인 두 개의 자음 ντ가 격어미의 σ 앞에서 탈락되는 경우에는 그 선행모음이 길어지는데, 이 때 ο는 ω가 아니라 ου로 길어진다. 이러한 예를 ἄρχων의 복수 여격인 ἄρχουσι(ν)에서 볼 수 있다.

218. 제3곡용에 속한 명사들의 성을 결정할 수 있는 법칙을 이끌어내기는 쉽지 않으므로, 각 명사들마다 성을 일일이 확인해야 한다. 단, -*μα*, -*ματος*로 된 명사들과 같은 어떤 특별한 부류들의 경우는 예외이다.[1]

219. 그러므로 학생들이 "육체"(flesh)를 헬라어로 무엇이라고 하느냐라는 질문을 받았다면, *σάρξ*라고만 말해서는 충분하지 않고, 주격(*σάρξ*) 이외에 속격(*σαρκός*)과 성(여성)도 다 말해야 정확한 답이 된다. 왜냐하면 단수 속격을 모른다면 어간을 확인할 수 없고, 어간을 모른다면 명사를 격변화시킬 수 없기 때문이다. 또한 성을 알지 못하고서는 단어를 정확히 사용할 수 없다. 예를 들어 *σάρξ*의 성을 모른다면, *ὁ σάρξ* 또는 *ἡ σάρξ* 또는 *τὸ σάρξ* 중에서 어느 것이 옳은지 구별할 수 없을 것이다.

220. 이러한 두 가지 난점들에 더하여 복수 여격 또한 쉬운 형태가 아니어서 제3곡용은 제1·2곡용들보다 훨씬 어렵게 되어 있다. 그러나 이러한 문제점들만 없었다면, 제3곡용은 전혀 어렵지 않았을 것이고, 단지 그 격어미들을 다른 두 곡용의 그것들과 구별해서 철저히 익히기만 하면 족했을 것이다.

221. 제3곡용의 단음절 명사들

제3곡용에 속한 단음절 명사들은 단수와 복수의 속격과 여격에서 말음절에 강세를 갖는다. 그리고 복수 속격에서는 曲강세를 취한다.

예: *σάρξ*, *σαρκός*, *σαρκῶν*.

---

1. 즉, *σῶμα*, *σώματος*와 같은 명사들은 중성이다. 이 외에도 어간의 끝을 보고 성을 확인할 수 있지만 — 예들 들면 -*ντ*(*ὀδούς*, *ὀδόντος*, *tooth*)는 남성, -*οι*(*πειθώ*, *πειθοῦς*[= -*οιος*], *persuasion*)는 여성 — 이런 식의 분류는 초학자들에게 오히려 혼란스러울 수 있다.

이 법칙은 명사의 강세 법칙에 예외적인 것이다. 참고로 명사의 강세 법칙에 따르면, 강세는 그 일반 법칙들이 허용하는 한, 단수 주격에서와 같은 음절에 머물러 있어야 한다.

222. -*μα*로 된 명사들

제3곡용의 명사들 가운데 한 중요한 부류는 -*μα*로 되어 있는데, 이들은 모두 중성이며 -*ματ*로 끝나는 어간을 지닌다. 범례로서 *ὄνομα*, *ὀνόματος*, *τό*, *a name*의 곡용은 아래와 같다:

	단 수		복 수
주.대.호.	*ὄνομα*	주.대.호.	*ὀνόματα*
속.	*ὀνόματος*	속.	*ὀνομάτων*
여.	*ὀνόματι*	여.	*ὀνόμασι(ν)*

*ὄνομα*는 중성 명사이므로, 단수와 복수에서 대격과 호격은 주격과 같은 형태를 취하며, 복수에서 주격과 대격과 호격은 *α*로 끝난다(§42를 보라).

223. 다른 제3곡용 명사들의 굴절 패턴은 §§559-566에 열거되어 있으니 필요할 때마다 참조하기 바란다.

224. 연습문제

I. 1. *ἐλπίδα οὐκ ἔχουσιν οὐδὲ τὸ πνεῦμα τὸ ἅγιον.*
2. *διὰ τὴν ἐλπίδα τὴν καλὴν ἤνεγκαν ταῦτα οἱ μαθηταὶ τοῦ κυρίου.*
3. *ταῦτά ἐστιν τὰ ῥήματα τοῦ ἁγίου πνεύματος.*
4. *ἐγράφη τὰ ὀνόματα ὑμῶν ὑπὸ τοῦ θεοῦ ἐν τῷ βιβλίῳ τῆς ζωῆς.*

5. τῷ λόγῳ τοῦ κυρίου ἔσωσεν ἡμᾶς ὁ θεός.
6. οἱ ἄρχοντες οἱ πονηροὶ οὐκ ἐπίστευσαν εἰς τὸ ὄνομα τοῦ κυρίου.
7. ταῦτα εἶπον ἐκεῖνοι τοῖς ἄρχουσιν τούτου τοῦ αἰῶνος.
8. ὄψεσθε ὑμεῖς τὸ πρόσωπον τοῦ κυρίου εἰς τὸν αἰῶνα, ἀλλ' οὐκ ὄψονται αὐτὸ οἱ πονηροί, ὅτι οὐκ ἐπίστευσαν εἰς τὸ ὄνομα αὐτοῦ.
9. οὐκέτι κατὰ σάρκα γινώσκομεν τὸν κύριον.
10. ἐν τῇ σαρκὶ ὑμῶν εἴδετε τὸν θάνατον, ἀλλὰ διὰ τοῦ ἁγίου πνεύματος ἔχετε ἐλπίδα καλήν.
11. τὸ μὲν γράμμα ἀποκτείνει, ἐν τῷ δὲ πνεύματι ἔχετε ζωήν.
12. βλέπομεν τὸ πρόσωπον τοῦ κυρίου καὶ ἐν νυκτὶ[1] καὶ ἐν ἡμέρᾳ.
13. ἐδίδαξαν οἱ μαθηταὶ καὶ τοὺς ἄρχοντας καὶ τοὺς δούλους.
14. ἐν ἐκείνῃ τῇ νυκτὶ εἴδετε τὸν ἄρχοντα τὸν πονηρόν.
15. μετὰ τῶν ἀρχόντων ἤμην ἐν ἐκείνῳ τῷ οἴκῳ.
16. μετὰ δὲ ἐκείνην τὴν νύκτα ἦλθεν οὗτος ἐν τῷ πνεύματι εἰς τὴν ἔρημον.
17. ταῦτά ἐστιν ῥήματα ἐλπίδος καὶ ζωῆς.
18. ἤγαγεν αὐτὸν τὸ ἅγιον πνεῦμα εἰς τὸ ἱερόν.
19. ταῦτα τὰ ῥήματα ἐκηρύχθη ἐν ἐκείνῃ τῇ νυκτὶ τοῖς δούλοις τοῦ ἄρχοντος.
20. ἠγέρθησαν τὰ σώματα τῶν ἁγίων.

---

1. ἐν νυκτί와 ἐν ἡμέρᾳ 같은 구문에서 관사는 종종 생략된다.

II. 1. By the will of God we believed on the name of the Lord.
2. The rulers did not receive this hope from the apostle, because they did not believe in the Lord.
3. We shall know the will of God for ever.
4. In this age we have death, but in that age hope and life.
5. In our flesh we remain in this age, but through the Spirit of God we have a good hope.
6. By the will of God we were saved from our sins through the blood of the Lord.
7. In those days ye saw the rulers.
8. This age is evil, but in it we have hope.
9. These words we wrote to the rulers.
10. We came to the good ruler and to the apostle of the Lord.
11. In our bodies we shall see death, but we shall be raised up according to the word of God.
12. Ye were persecuted by the ruler, but the blood of the Lord saves you from sin.
13. We wrote those good words to the evil ruler.
14. This night became to them an hour of death, but they believed on the name of the Lord.
15. The evil spirits were cast out by the word of the Lord.

제 18 과
현재분사. 분사의 용법(I)

225. 어 휘

προσέρχομαι, (이태) *I come/ go to* (여격과 결합됨).

ὤν, *οὖσα*, *ὄν*, *being*, *εἰμί*의 현재분사(§580을 브라).

226. *λύω*의 현재분사 능동태, *λύων*, *λύουσα*, *λῦον*, *loosing*의 곡용은 아래와 같다:

단 수

	남성	여성	중성
주(호)격	*λύων*	*λύουσα*	*λῦον*
속격	*λύοντος*	*λυούσης*	*λύοντος*
여격	*λύοντι*	*λυούσῃ*	*λύοντι*
대격	*λύοντα*	*λύουσαν*	*λῦον*

복 수

	남성	여성	중성
주(호)격	*λύοντες*	*λύουσαι*	*λύοντα*
속격	*λυόντων*	*λυουσῶν*	*λυόντων*
여격	*λύουσι(ν)*	*λυούσαις*	*λύουσι(ν)*
대격	*λύοντας*	*λυούσας*	*λύοντα*

227. 이 곡용 역시 다른 형용사들의 곡용과 마찬가지로 종단보다는 횡단으로 읽어나가기 바란다. 이와 관련하여 §61을 보라.

228. 남성과 중성은 제3곡용을 따라 굴절되며(남성은 *ἄρχων*과 똑같다), 여성은 제1곡용을 따른다(*δόξα*와 같다). 여성 복수 속격에서 그 강세는 형용사 법칙이 아니라 제1곡용에 적용되는 명사 법칙을 따른다(§§51, 62를 참조하라).

229. 이미 지적한 대로 복수 대격 어미의 *α*는 제3곡용에서는 짧지만 제1곡용에서는 길다.

230. *λύω*의 현재 중간태 분사, *λυόμενος*, *η*, *ον*, *loosing for himself*와 현재 수동태 분사, *λυόμενος*, *η*, *ον*, *being loosed*의 곡용은 아래와 같다:

단 수

	남성	여성	중성
주(호)격	*λυόμενος*	*λυομένη*	*λυόμενον*
속격	*λυομένου*	*λυομένης*	*λυομένου*
여격	*λυομένῳ*	*λυομένῃ*	*λυομένῳ*
대격	*λυόμενον*	*λυομένην*	*λυόμενον*

복 수

	남성	여성	중성
주(호)격	*λυόμενοι*	*λυόμεναι*	*λυόμενα*
속격	*λυομένων*	*λυομένων*	*λυομένων*
여격	*λυομένοις*	*λυομέναις*	*λυομένοις*
대격	*λυομένους*	*λυομένας*	*λυόμενα*

이것은 제1·2곡용 형용사들의 굴절 패턴과 같다.

231. 현재분사들은 동사의 현재 어간(§151)을 토대로 형성된다. 규칙 동사의 현재분사들은 그 동사의 현재 어간에 *-ων*, *-ουσα*, *-ον*, 그리고 *-όμενος*, *-ομένη*, *-όμενον*을 첨가하여 만들 수 있다.

232. 분사의 용법

분사는 동사적 형용사이다. 따라서 다른 형용사들처럼 분사도 성과 수와 격을 가지며, 그것의 꾸밈을 받는 명사들의 성·수·격에 일치하게 된다. 한편 분사는 동사의 성격을 지니므로, (a) 시제와 태를 갖고, (b) 동사의 다른 활용형들처럼 부사적 꾸밈말을 받으며, (c) 타동사의 분사일 경우에는 직접 목적어를 취할 수 있다.

예: (1) *ὁ ἀπόστολος λέγων ταῦτα ἐν τῷ ἱερῷ βλέπει τὸν κύριον*, *the apostle, saying these things in the temple, sees the Lord.* 여기서 *saying*을 뜻하는 분사 *λέγων*은 단수 주격의 남성 명사인 *ἀπόστολος*와 상응하므로, 그 분사 역시 남성 단수 주격의 형태를 갖춰야 한다. 한편 분사는 시제와 태를 지니기에 충분할 만큼 동사적이다. 따라서 그것이 의미하는 동작이 主문장의 동사인 *βλέπει*의 동작과 같은 시간대에 진행되므로 현재 시제를 취하며, 그것은 *the apostle*에게 가해지는 동작이 아니라 그가 어떤 일을 행하는 것을 나타내므로 능동태로 되었고, 또한 부사적 수식어인 *ἐν τῷ ἱερῷ*와 직접 목적어 *ταῦτα*를 갖고 있다; 그러나 정동사(예를 들면 직설법)처럼 주어를 내포하는 것은 아니다. 즉, 명사 *ἀπόστολος*는 그 분사가 뜻하는 동작을 수행하는 사람이지만 그렇다고 그 분사의 주어는 아니고, 단지 다른 형용사처럼 그 분사가 일치하는 명사일 뿐이다.

(2) *βλέπομεν τὸν ἀπόστολον λέγοντα ταῦτα ἐν τῷ ἱερῷ*, *we see the apostle saying these things in the temple.* 여기서 분사와 상응하는 명사는 남성 단수 대격이다(*ἀπόστολον*). 그러므로 그 분사 역시 남성 단수 대격이어야 한다(*λέγοντα*). 한편 그것의 직접 목적어와 부사적 꾸밈말은 (1)의 경우와 같다.

(3) *προσερχόμεθα τῷ ἀποστόλῳ λέγοντι ταῦτα ἐν τῷ ἱερῷ*, *we come to the apostle while he is saying these things in the temple.* 여기서 분사 *λέγοντι*는 단수 여격의 남성 명사(*ἀπο-*

στόλῳ)와 상응하므로, 그 자체도 남성 단수 여격이다. 그러나 이 예문에서 분사를 문자적으로 번역하는 것은 곤란하다. 왜냐하면 다음과 같이 직역된 문장 — *we come to the apostle saying these things in the temple* — 은 분사 *saying*이 *the apostle*보다는 이 문장의 주어인 *we*와 상응하는 것으로 이해될 수 있기 때문이다. 그러므로 분사를 "문자적으로" 옮기려는 모든 시도는 포기되어야 한다. 그 대신에 헬라어 분사가 나타내는 생각을 완전히 다른 방식으로, 즉 시간을 나타내는 부사절을 사용해서 표현해야 한다. 그러한 부사절이 헬라어의 "현재" 분사를 옮기는 데 사용될 때는 통상 *while*이란 접속사가 붙게 된다. 이처럼 분사에서는 자유로운 번역이 문자에 얽매인 번역보다 나으며, 이는 문자적 번역이 전혀 불가능하지 않았던 (1)의 예문에서도 마찬가지였을 것이다. 따라서 *ὁ ἀπόστολος λέγων ταῦτα ἐν τῷ ἱερῷ βλέπει τὸν κύριον*은 다음과 같이 번역하는 것이 더 좋다: *while the apostle is saying these things in the temple, he sees the Lord.*

(4) *διδασκομένῳ ὑπὸ τοῦ ἀποστόλου προσέρχονται αὐτῷ οἱ δοῦλοι*, *while he is being taught by the apostle, the servants are coming to him.* 여기서 *διδασκομένῳ*는 *αὐτῷ*와 상응하며, 후자는 앞서 나온 예문의 *τῷ ἀποστόλῳ*처럼 동사 *προσέρχομαι*와 연결되는 여격이다. *διδασκομένῳ*는 *διδάσκω*의 현재 수동태 분사이다.

233. 분사의 시제

분사의 시제는 主動詞(leading verb)의 시간에 관련되어 있다.

그러므로 분사가 나타내는 동작이 주동사가 나타내는 동작과 같은 시간대에 일어나고 있다면, 주동사의 시제가 과거든 현재든 미래든 상관 없이 현재분사가 사용된다.

예: (1) *διδασκομένῳ ὑπὸ τοῦ ἀποστόλου προσῆλθον αὐτῷ οἱ δοῦλοι*, *while he was being taught by the apostle, the servants came to him.* 여기서 분사 *διδασκομένῳ*가 나타내는 동작은 이 글이 말해지거나 쓰여졌을 때와 관련해서는 과거임에도 불구하고, 주동사의 시간과 관련해서는 현재이다. 부연하면, 그 종들이 왔을 당시에 가르치고 있었으므로 "현재"분사가 사용된 것이다.

(2) *πορευομένῳ ἐν τῇ ὁδῷ προσῆλθον αὐτῷ οἱ μαθηταὶ αὐτοῦ*, *while he was going in the way, his disciples came to him.* 여기서 주목할 점은 이태동사 *πορεύομαι*의 분사들은 그 동사의 다른 활용형들과 마찬가지로 형태상으로는 수동이지만 의미상으로는 능동이라는 사실이다. 그 밖의 다른 사항들은 예문 (1)의 경우와 같다.

(3) *πορευόμενος ἐν τῇ ὁδῷ εἶδεν τυφλόν*, *while he was going in the way, he saw a blind man.* 여기서 주목할 점은 분사가 동사에 내포되어 있는 주어와 종종 상응한다는 사실이다. 이와 같이, *λέγων ταῦτα εἶδεν τυφλόν*은 *while he was saying these things, he saw a blind man*을, 그리고 *λέγοντες ταῦτα εἴδετε τυφλόν*은 *while ye were saying these things, ye saw a blind man*을 뜻한다.

234. 관형적 분사

분사는 다른 형용사들처럼 관형적 위치에 놓일 수 있다.

예: (1) *ὁ ἀγαθὸς ἀπόστολος*는 *the good apostle*을 의미한다는 것을 앞에서 이미 지적하였다(§70을 보라). 이와 똑같은 방식으로, *ὁ λέγων ταῦτα ἐν τῷ ἱερῷ ἀπόστολος*는 *the saying-these-things-in-the-temple apostle*을 뜻한다. 여기서 (꾸밈말을 지닌) 분사는 관형적 위치에 있는 형용사처럼 사용되었으며, *ὁ ἀγαθὸς ἀπόστολος*라는 말에서 관형적 형용사 *ἀγαθός*가 놓인 바로 그 자리를

차지하고 있다. 그런데 구문상에서 관형적 형용사가 자리잡을 수 있는 두 가지 방식, 예를 들어 *the good apostle*을 나타내는 ὁ ἀγαθὸς ἀπόστολος 또는 ὁ ἀπόστολος ὁ ἀγαθός 중에서 (꾸밈말을 지닌) 관형적 분사는 두 번째 방식을 취하는 경우가 더 흔하다. 따라서 일반적인 어순은 ὁ ἀπόστολος ὁ λέγων ταῦτα ἐν τῷ ἱερῷ 이다. 이 경우에 λέγων ταῦτα ἐν τῷ ἱερῷ는 ὁ ἀπόστολος ὁ ἀγαθός라는 말에서 ἀγαθός가 놓인 바로 그 자리를 차지하고 있다.

당연히 "문자적" 번역인 *the saying-these-things-in-the-temple apostle*은 좋은 영어가 아니다. 따라서 동일한 의미를 보다 매끄럽게 옮긴다면, 다음과 같이 될 것이다: *the apostle who is saying these things in the temple.*

분사의 관형적 용법과 §232의 예문 (1)에 나타난 용법 사이의 차이점은 유의해서 보아야 한다. 일례로, ὁ ἀπόστολος λέγων ταῦτα ἐν τῷ ἱερῷ βλέπει τὸν κύριον에서, 분사 λέγων은 관형적이 아니라 "서술적"인 위치에 있으므로 ὁ ἀπόστολος와는 (비록 상응하고 있더라도) 다소 느슨하게 연결되어 있을 뿐이고, 실제로는 동사 βλέπει를 꾸미고 있다. 즉, 그 분사는 βλέπει가 나타내는 동작이 일어난 때를 말하고 있는 것이다. 그러나 λέγων 바로 앞에 ὁ라는 짧은 한 단어를 첨가하면, 그 문장은 굉장히 다른 의미를 지니게 된다: ὁ ἀπόστολος ὁ λέγων ταῦτα ἐν τῷ ἱερῷ βλέπει τὸν κύριον, *the apostle who says these things in the temple sees the Lord.* 여기서 λέγων은 관형적 위치에 놓였으며, 따라서 동사 βλέπει를 꾸미는 말이 전혀 아니다. 그것은 사도에 관해서 말해진 것을 나타낸다. 즉, 어떤 사람이 사도에 관해 우리가 말하는 것을 묻는다고 하자. 그러면 우리는 "훌륭하다든지 나쁘다든지 혹은 크다든지 작다든지 하기보다는 '성전에서 이 일들을 말하는'(*the saying-these-things-in-the-temple*) 사도"라고 답할 수도 있다. 여기서 그 관형적 분사는 우리가 언급하는 특정 사도가 어떤 사람인지를 확인해 주는 것이다.

(2) 다음 두 문장을 비교해 보라: (a) *εἶδον τοὺς ἀποστόλους λέγοντας ταῦτα*, *I saw the apostles while they were saying these things* 또는 *I saw the apostles saying these things*; (b) *εἶδον τοὺς ἀποστόλους τοὺς λέγοντας ταῦτα*, *I saw the apostles who(that) were saying these things*. 부연하면, (a)는 "사도들이 이 일들을 말하고 있는 동안, 나는 그들을 보았다"는 것이고, (b)는 "이 일들을 말하고 있는 사도들을 나는 보았다"는 것이다. 즉, 후자의 경우에서 (관형적) 분사는 사도들이 어떤 자들인지를 나타낸다.

235. 분사의 명사적 용법

분사는 다른 형용사들처럼 관사와 함께 명사적으로 사용될 수 있다.

앞에서 지적한 대로, *ὁ ἀγαθός*는 *the good man*을, *ἡ ἀγαθή*는 *the good woman*을, *τὸ ἀγαθόν*은 *the good thing*을, *οἱ ἀγαθοί*는 *the good men*을 나타낸다. 똑같은 방식으로, *ὁ λέγων ταῦτα ἐν τῷ ἱερῷ*는 *the saying-these-things-in-the-temple man*을 의미한다. 이 분사는 (그 꾸밈말과 함께) 형용사와 마찬가지로 우리가 "어떤" 사람에 관해 말하는지를 나타낸다. 하지만 그 같은 생각을 영어로 표현하는 방법에는 여러 가지가 있다. 예를 들면, *the man who says* (또는 *is saying*) *these things in the temple*, 또는 *the one who says* (또는 *is saying*) *these things in the temple*, 또는 *he who says* (또는 *is saying*) *these things in the temple* 등이다. 여기서 주목할 점은 이러한 영어 문장들 중에 어느 것도 그 헬라어를 문자적으로 번역하지는 않았다는 사실이다. 헬라어 *ὁ*는 *the man*이나 *the one* 또는 *he*를 뜻하는 말이 아니다. 그것은 영어의 정관사 *the*와 같은 단순한 관사일 뿐이다. 그러나 영어에서는 명사적으로 사용된 분사에 관사를 붙이지 않는다. 따라서 헬라어 *ὁ λέγων*을 영어로 옮기다 보면, 양쪽 말의 각 부분은 서로 아무런 관련도 없게 되며, 단지 전체적인 의미만 서로 통하게 된다.

또한 아래의 예문들을 비교 검토하라:

(1) *εἶδον τὸν λέγοντα ταῦτα ἐν τῷ ἱερῷ, I saw the one who was saying these things in the temple.* 여기서 헬라어는 현재 분사를 사용했는데, 이는 분사가 나타내는 동작이 주동사가 나타내는 동작과 "같은 시간대"에 행해졌기 때문이다. 여하튼 분사의 시제는 주동사의 시제(여기서는 과거)를 그대로 따르지 않는다는 점을 유념하기 바란다.

(2) *εἶδον τοὺς λέγοντας ταῦτα, I saw those who were saying these things.*

(3) *ὁ ἀδελφὸς τῆς λεγούσης ταῦτα δοῦλός ἐστιν, the brother of the woman who is saying these things is a servant.*

(4) *ὁ πιστεύων εἰς τὸν ἐγείροντα τοὺς νεκροὺς σώζεται, he who believes on the One who raises the dead is being saved.*

(5) *τὸ σῶζον τοὺς ἀνθρώπους τὸ θέλημα τοῦ θεοῦ ἐστιν, the thing that saves* (또는 *that which saves*) *men is the will of God.*

(6) *τὰ βλεπόμενα οὐ μένει εἰς τὸν αἰῶνα, the things that are seen do not remain for ever.*

236. 지금까지 설명한 분사의 용법들을 요약하면 아래와 같다:

현재분사

능동태	*λύων*	= *loosing.*
중간태	*λυόμενος*	= *loosing for himself.*
수동태	*λυόμενος*	= *being loosed.*

관사가 붙은 현재분사

능동태 *ὁ λύων*, *the loosing man* = { *the man who looses.* / *the one who looses.* / *he who looses.* }

중간태 ὁ λυόμενος, *the loosing-for-himself man*	=	*the man who looses for himself.* *the one who looses for himself.* *he who looses for himself.*
수동태 ὁ λυόμενος, *the being-loosed man*	=	*the man who is being loosed.* *the one who is being loosed.* *he who is being loosed.*
능동태 τὸ λῦον, *the loosing thing*	=	*the thing that looses.* *that which looses.*
능동태 οἱ λύοντες, *the loosing men*	=	*the men who loose.* *the ones who loose.* *those who loose.*

237. 영어 문장 *he who looses*에서, *he*라는 단어는 사실상 일반적으로 사용되는 인칭대명사가 아니라, 관계대명사 *who*의 선행사 역할을 하는 "의존명사"이다. 따라서 *he*는 그 자체로 어느 누구를 지시하는 말이 아니고, *who*와 매우 밀접하게 결합되어 *he who*는 하나의 의미 단위를 형성한다("~하는 자"). 그러나 헬라어는 우리에게 이상하게 보일지 모르지만 그와 같은 의존명사가 없으므로, *he who looses*라는 말의 뜻을 전달하려면 분사와 함께 관사를 사용하게 된다. 즉, *the loosing man*, ὁ λύων. 마찬가지로 *that which looses*라는 말의 *that*와 *those who loose*라는 말의 *those*는 사실상 지시형용사나 지시대명사가 아니다. 즉, 그 단어들은 어떤 것을 실제로 "가리키고" 있지 않다. 그것들은 예를 들면 *that house across the street* 또는 *those trees over there on the campus* 같은 말에 들어 있는 지시사들과 전혀 다르다. 이 문장들에서 *that*와 *those*는 손가락으로 가리키면서 말할 수 있으며, 바로 이러한 것들이 진정한 지시사라고 할 수 있다. 그러나 *that which looses* 또는 *those that loose*에서 *that*와 *those*는 관계대명사의 선행사 역할을 하는 의존명사에 지나지 않으며, 헬라어

는 이러한 단어들을 곧바로 옮기기에 적합한 말을 갖고 있지 않다. 따라서 그러한 말은 전혀 다른 틀로 재구성하여 헬라어로 옮겨야 한다.

238. 영어 단어 *that*는 현격히 다른 여러 가지 용도로 쓰인다: (1) 접속사, (2) 지시대명사 또는 지시형용사, (3) 관계대명사의 의존 선행사,[1] (4) *which*와 같은 관계대명사.

예: *I know that that which saves the men that receive that gospel is the will of God.* 여기서 첫 번째 *that*는 접속사이고, 두 번째는 관계대명사의 의존 선행사이며, 세 번째는 관계대명사, 그리고 네 번째는 확실한 지시사이다. 그러나 헬라어는 이러한 *that*의 용법들을 각각 다른 방식으로 표현한다. 따라서 예문을 헬라어로 바꾸면 다음과 같이 된다: *γινώσκω ὅτι τὸ σῷζον τοὺς δεχομένους ἐκεῖνο τὸ εὐαγγέλιον τὸ θέλημα τοῦ θεοῦ ἐστιν.*

영어 단어 *those*의 두 가지 용법들은 다음 예문에 잘 나타나 있다: *those who believe will receive those good men, οἱ πιστεύοντες δέξονται ἐκείνους τοὺς ἀγαθούς.*

239. 이 단원과 다음에 이어질 두 단원들은 헬라어 문법을 공부하는 데 매우 중요한 부분으로서, 그 가치를 아무리 강조해도 지나침이 없을 것이다. 만일 학생들이 분사의 용법을 철저히 이해하지 못한다면 나머지 단원들에 대한 학습도 불가능하고, 헬라어 성경은 더더욱 읽을 수도 없을 것이다.

240. 연습문제

I. 1. *διωκόμενοι ὑπὸ τοῦ ἄρχοντος προσευχόμεθα τῷ θεῷ.*

---

1. 관계대명사의 선행사 역할을 하는 의존명사를 "의존 선행사"라는 명칭으로 부를 것을 제안한다.

2. ὁ σὲ δεχόμενος δέχεται καὶ τὸν κύριον.
3. ταῦτα λέγομεν τοῖς πορευομένοις εἰς τὸν οἶκον περὶ τοῦ ἐγείροντος τοὺς νεκρούς.
4. ἐξερχομένοις ἐκ τῆς ἐκκλησίας λέγει ἡμῖν ταῦτα.
5. αἱ ἐκκλησίαι αἱ διωκόμεναι ὑπὸ τῶν ἀρχόντων πιστεύουσιν εἰς τὸν κύριον.
6. οἱ πιστεύοντες εἰς τὸν κύριον σώζονται.
7. γινώσκει ὁ θεὸς τὰ γραφόμενα ἐν τῷ βιβλίῳ τῆς ζωῆς.
8. ἐξήλθομεν πρὸς αὐτοὺς ἄγοντες τὰ τέκνα.
9. εἴδομεν τοὺς λαμβάνοντας τὰ δῶρα ἀπὸ τῶν τέκνων.
10. οὗτός ἐστιν ὁ ἄρχων ὁ δεχόμενός με εἰς τὸν οἶκον αὐτοῦ.
11. ἅγιοί εἰσιν οἱ πιστεύοντες εἰς τὸν κύριον καὶ σωζόμενοι ὑπ᾽ αὐτοῦ.
12. τοῦτό ἐστι τὸ πνεῦμα τὸ σῷζον ἡμᾶς.
13. ἦσαν ἐν τῷ οἴκῳ τῷ λυομένῳ ὑπὸ τοῦ ἄρχοντος.
14. ἦσαν ἐν τῷ οἴκῳ λυομένῳ ὑπὸ τοῦ ἄρχοντος.
15. αὕτη ἐστὶν ἡ ἐκκλησία ἡ πιστεύουσα εἰς τὸν κύριον.
16. διδασκόμενοι ὑπὸ τοῦ κυρίου ἐπορεύεσθε ἐν τῇ ὁδῷ τῇ ἀναβαινούσῃ εἰς τὴν ἔρημον.
17. ἐκηρύχθη ὑπ᾽ αὐτῶν τὸ εὐαγγέλιον τὸ σῷζον τοὺς ἁμαρτωλούς.
18. τοῦτό ἐστιν τὸ εὐαγγέλιον τὸ κηρυσσόμενον ἐν τῷ κόσμῳ καὶ σῷζον τοὺς ἀνθρώπους.
19. ἦλθον πρὸς αὐτὸν βαπτίζοντα τοὺς μαθητάς.
20. ἔτι ὄντα ἐν τῷ ἱερῷ εἴδομεν αὐτόν.

II. 1. While he was still in the[1] flesh
the Lord was saving those who were believing on Him.
2. While we were being taught in the temple we were being persecuted by the ruler.
3. Those who are being saved by the Lord know Him who saves them.
4. Those who were proclaiming these things received, themselves also, the things which were being proclaimed by them.
5. She who is receiving the Lord into her house sees the face of the One who saves her.
6. While He was still teaching in the temple we saw Him.
7. While we were teaching in the temple we saw the One who saves us.
8. The hope that is seen is not hope.
9. The Lord said to those who were believing on Him that God saves sinners.
10. The brothers of those who persecute the disciples have not hope.
11. Those who say these things do not know the One who saves the Church.
12. We were cast out by the ruler who persecutes the Church.
13. This is the voice which is being heard by those who believe in the Lord.
14. While I was remaining in the house, I saw the women who were taking gifts from the disciples.
15. Being preached by those who believe in the Lord, the gospel will lead men into the Church.
16. The faithful ones will see the Lord going up into heaven.

---

1. 이러한 관용구를 헬라어로 옮길 때는 관사가 종종 생략된다.

제 19 과
단순과거분사 능동태와 중간태
분사의 용법(II)
부정어 *οὐ*와 *μή*.

241. 어 휘

ἀγαγών, *having led*, *ἄγω*의 제2단순과거 능동 분사.

ἀπέθανον, *I died*, *ἀποθνήσκω*의 제2단순과거.

ἀπεκρίθην, *I answered*, 형태상으로 *ἀποκρίνομαι*의 단순과거 직설법 수동태.

εἰπών, *having said*, *λέγω*의 제2단순과거 능동 분사.

ἐλθών, *having come*, *ἔρχομαι*의 제2단순과거 분사.

ἐνεγκών, *having borne, having brought*, *φέρω*의 제2단순과거 능동 분사(직설법에서는 제1단순과거 *ἤνεγκα*가 더 흔하다).

ἰδών, *having seen*, *βλέπω*(또는 *ὁράω*)의 제2단순과거 능동 분사.

242. *λύω*의 단순과거 능동 분사 *λύσας*, *λύσασα*, *λῦσαν*, *having loosed*의 곡용은 아래와 같다:

단 수

	남성	여성	중성
주(호)격	*λύσας*	*λύσασα*	*λῦσαν*
속격	*λύσαντος*	*λυσάσης*	*λύσαντος*
여격	*λύσαντι*	*λυσάσῃ*	*λύσαντι*
대격	*λύσαντα*	*λύσασαν*	*λῦσαν*

복 수

	남성	여성	중성
주(호)격	*λύσαντες*	*λύσασαι*	*λύσαντα*
속격	*λυσάντων*	*λυσασῶν*	*λυσάντων*
여격	*λύσασι(ν)*	*λυσάσαις*	*λύσασι(ν)*
대격	*λύσαντας*	*λυσάσας*	*λύσαντα*

243. 현재 능동 분사와 마찬가지로, 단순과거 능동 분사도 남성과 중성에서는 제3곡용을, 여성에서는 제1곡용을 따라 굴절된다.

244. 단순과거 체계(세번째 기본어의 활용)의 특징적 형태소인 *σα*가 항상 나타난다. 이 *σα*는 단순과거 체계의 다른 부분들에서도 그렇듯이 동사 어간에 첨가된다.

245. 그러나 접두음은 직설법에서만 나타난다. 따라서 *λύω*의 단순과거 능동태 직설법은 *ἔλυσα*이더라도, 그것의 단순과거 능동 분사는 *ἐλύσας*가 아니라 *λύσας*이며, *ἀκούω*의 단순과거 능동태 직설법이 *ἤκουσα*이더라도, 그것의 단순과거 능동 분사는 *ἠκούσας*가 아니라 *ἀκούσας*이다.

246. *λύω*의 단순과거 중간태 분사, *λυσάμενος*, *η*, *ον*, *having loosed for himself*의 곡용은 아래와 같다:

단 수

	남성	여성	중성
주(호)격	*λυσάμενος*	*λυσαμένη*	*λυσάμενον*
속격	*λυσαμένου*	*λυσαμένης*	*λυσαμένου*
여격	*λυσαμένῳ*	*λυσαμένῃ*	*λυσαμένῳ*
대격	*λυσάμενον*	*λυσαμένην*	*λυσάμενον*

복 수

	남성	여성	중성
주(호)격	λυσάμενοι	λυσάμεναι	λυσάμενα
속격	λυσαμένων	λυσαμένων	λυσαμένων
여격	λυσαμένοις	λυσαμέναις	λυσαμένοις
대격	λυσαμένους	λυσαμένας	λυσάμενα

247. 현재 중간태와 수동태의 분사들과 마찬가지로, 단순과거 중간태 분사도 일반적인 제1·2곡용 형용사처럼 굴절된다(그러나 단순과거 수동 분사는 그렇지 않다; §260을 보라).

248. 단순과거 능동 분사 및 단순과거 체계의 다른 부분들처럼, 단순과거 중간태 분사도 단순과거 어간을 토대로 형성된다. 따라서 그 특징적 형태소인 *σα*가 항상 나타난다.

249. *βλέπω*(또는 *ὁράω*를 기본형으로 볼 수도 있다)의 제2단순과거 능동 분사 *ἰδών*, *ἰδοῦσα*, *ἰδόν*, *having seen*의 곡용은 아래와 같다:

단 수

	남성	여성	중성
주(호)격	ἰδών	ἰδοῦσα	ἰδόν
속격	ἰδόντος	ἰδούσης	ἰδόντος
여격	ἰδόντι	ἰδούσῃ	ἰδόντι
대격	ἰδόντα	ἰδοῦσαν	ἰδόν

복 수

	남성	여성	중성
주(호)격	ἰδόντες	ἰδοῦσαι	ἰδόντα
속격	ἰδόντων	ἰδουσῶν	ἰδόντων
여격	ἰδοῦσι(ν)	ἰδούσαις	ἰδοῦσι(ν)
대격	ἰδόντας	ἰδούσας	ἰδόντα

250. 제2단순과거 능동 분사는 현재 능동 분사처럼 곡용되지만, 그 강세는 불규칙하다. 이 분사의 기본형 ἰδών의 강세는 동사의 역진적 강세 법칙(§13)을 따르지 않고, 오히려 말음절에 놓여 있으며, 이로부터 파생된 나머지 형태들은 모두 명사 법칙을 따라 항상 같은 음절에 강세가 머물러 있다. 단, 여성 복수 속격은 예외적으로 §51의 법칙이 적용된다.

251. 접두음은 직설법에만 나타난다는 사실을 기억할 것이다. 그러므로 단순과거 분사 형태를 만들려면은 우선 세 번째 기본어에서 접두음을 제거해야 한다. 그러나 βλέπω(ὁράω)와 같은 불규칙 동사들에서는 제2단순과거의 접두음을 제거하기가 곤란할 때가 종종 있다. βλέπω(ὁράω)의 세 번째 기본어는 εἶδον이다. 여기서 ει는 ι에 접두음이 붙어 불규칙하게 길어진 것이므로, 접두음을 제거한 제2단순과거 어간은 ἰδ-이다. 그리고 이것을 토대로 제2단순과거 분사 ἰδών이 형성된다. 한편 λέγω의 제2단순과거 직설법은 εἶπον이다. 그렇다고 해서 앞의 경우처럼 그 어간이 ἰπ-는 아니고 εἰπ-이다. 왜냐하면 이것은 접두음이 붙기 전에 이미 길어질 대로 길어져 있어서 접두음의 영향을 전혀 받지 않았기 때문이다. 이 어간을 토대로 λέγω의 제2단순과거 분사 εἰπών이 형성된다.

252. 이와 같은 몇몇 불규칙 동사들의 경우는 어렵겠지만, 이들을 제외한다면, 세 번째 기본어에서 어간을 추출하고 거기에 -ων을 붙여 분사를 만든다든가 또는 분사에서 같은 체계의 다른 활용형들을 만드는 일은 학생들 스스로도 충분히 해 나갈 수 있을 것이다. 예를 들어, ἀποθανών과 같은 형태가 연습문제에 나왔다고 하자. 그러면 학생들은 이 형태가 제2단순과거 분사이며, 그 직설법은 (접두음을 넣어서) ἀπέθανον이라는 것을 알 수 있을 것이다. 그러나 이러한 형태는 불규칙 동사에서 파생된 것이므로 편의상 일반 어휘에 올려 놓았다.

253. 제2단순과거 중간태 분사는 현재 중간태 분사와 똑같이 굴절된다. 단지 현재 중간태 분사와 다른 점이 있다면 그것은 현재 어간 대신에 제2단순과거 어간을 토대로 형성된다는 것 뿐이다. 예를 들면, *λαμβάνω*의 제2단순과거 중간태 분사는 제2단순과거 능동태 직설법 *ἔλαβον*(세 번째 기본어)에서 접두음이 제거된 어간 *λαβ-*(제2단순과거 어간)를[1] 토대로 형성된 *λαβόμενος*이다.

254. 단순과거 분사의 용법

§233에서 공식화된 원칙 — 분사의 시제는 주동사의 시간에 관련되어 있다 — 에 따라, 단순과거 분사는 주동사가 나타내는 동작이 과거든 현재든 미래든 상관없이 그것보다 이전에 일어난 동작을 나타낸다.

예를 들면:

(1) *ὁ ἀπόστολος εἰπὼν ταῦτα ἐν τῷ ἱερῷ βλέπει τὸν κύριον*, *the apostle having said these things in the temple is seeing the Lord.* 여기서 단순과거 분사인 *εἰπών*은 주동사 *βλέπει*가 나타내는 동작보다 이전에 일어난 동작을 나타낸다. §232의 예문 (1)과 비교하라.

(2) *εἰπὼν ταῦτα ἀπῆλθεν*, *having said these things he went away.* 여기서는 분사를 문자적으로 옮기는 것이 전적으로 가능하다. 그러나 다음과 같은 번역이 더 매끄러울 것이다: *when he had said these things he went away*, 또는 *after he had said these things he went away.* 다음의 문장과 비교하라: *λέγων ταῦτα ἀπῆλθεν*, *he went away saying these things* 또는 *while he was saying these*

---

1. 제2단순과거 어간은 다른 기본어들의 뿌리도 되는 "어근"(root)의 형태와 일치하거나 유사하다. 일례로, *λαμβάνω*는 어근 *λαβ-*에 현재 시제 접미소 *-αν*이 붙고, 또한 鼻音 *μ*가 끼어든 형태이다(*λα-μ-β-άν-ω*). 한편 *λέγω*와 *βλέπω*의 제2단순과거, *εἶπον*과 *εἶδον*은 각기 어근이 전혀 다른 동사에서 빌려온 것이다.

things he went away. 헬라어의 현재분사가 영어에서 시간의 부사절로 번역되는 경우에는 당연히 접속사 *while*이 그 절을 인도하게 되고, 영어로 옮겨져야 할 말이 단순과거 분사라면 그 절을 인도하는 접속사는 당연히 *when* 또는 *after*가 된다는 점에 유의하라. 또한 단순과거 분사를 영어로 옮긴 시간의 부사절에서 사용되는 동사의 시제는 흔히 완료("has seen" 등; 주동사가 현재나 미래일 때) 또는 과거완료("had seen" 등; 주동사가 과거일 때)가 된다.

(3) *εἰπὼν ταῦτα ἀπέρχεται*, *having said these things he goes away*, 또는 *after he has said these things he goes away.*

(4) *προσῆλθον αὐτῷ εἰπόντι ταῦτα*, *they came to him after he had said these things.* 여기서 분사를 문자적으로 번역하는 것은 영어에서는 전혀 불가능하다. 왜냐하면 그렇게 옮긴 영어 문장, *they came to him having said these things*에서 "having said"와 상응하는 말은 "him"이 아니라, 그 문장의 주어인 "they"이고, 따라서 그것에 해당되는 헬라어는 *προσῆλθον αὐτῷ εἰπόντι ταῦτα*가 아니라 *προσῆλθον αὐτῷ εἰπόντες ταῦτα*이기 때문이다. 다음의 두 문장을 비교해 보라: (a) *προσῆλθον αὐτῷ εἰπόντι ταῦτα*; (b) *προσῆλθον αὐτῷ λέγοντι ταῦτα*, *they came to him while he was saying these things.*

(5) *ἐλθόντες πρὸς τὸν κύριον ὀψόμεθα αὐτόν*, *having come to the Lord we shall see Him*, 또는 *when(after) we have come to the Lord we shall see Him.*

255. 물론 단순과거 분사도 관형적으로 또는 관사와 함께 명사적으로 사용될 수 있다(§§234, 235를 보라).

예를 들면:

(1) *ὁ μαθητὴς ὁ ἀκούσας ταῦτα ἐν τῷ ἱερῷ ἦλθεν εἰς τὸν οἶκον*, *the having-heard-these-things-in-the-temple disciple*

went into the house, 또는 *the disciple who heard* (또는 *had heard*) *these things in the temple went into the house.* 한편, ὁ μαθητὴς ἀκούσας ταῦτα ἐν τῷ ἱερῷ ἦλθεν εἰς τὸν οἶκον은 *the disciple, when he had heard these things in the temple, went into the house*를 뜻한다.

(2) ὁ ἀκούσας ταῦτα ἀπῆλθεν, *the having-heard-these-things man went away*, 또는 *he*(*the one* 또는 *the man*) *who heard* (또는 *had heard*) *these things went away.* 한편, ἀκούσας ταῦτα ἀπῆλθεν은 *having heard these things he went away* 또는 *when he had heard these things he went away*를 의미한다. 즉, 앞의 문장에서 ὁ ἀκούσας는 화제의 인물을 직접 수식하고 있는 반면에, 관사가 붙지 않은 ἀκούσας는 어떤 사람에 관해 말하면서 단순히 설명을 덧붙이고 있을 뿐이다.

(3) εἶδον τοὺς εἰπόντας ταῦτα, *I saw the having-said-these-things men*, 또는 *I saw those*(*the ones* 또는 *the men*) *who had said these things.*

이 예문들과 현재분사의 예문들을 반드시 비교해 보기 바란다.

256. 부 정 어

οὐ는 직설법에서 사용되는 부정어이고, μή는 부정사와 분사를 포함한 다른 서법들에서 사용되는 부정어이다.

예: ὁ μὴ πιστεύων οὐ σῴζεται, *the not-believing one is not saved*, 또는 *he who does not believe is not saved.* 여기서 μή는 분사 πιστεύων을 부정하고, οὐ는 직설법 σῴζεται를 부정하고 있다.

257. 연습문제

I. 1. λαβόντες ταῦτα παρὰ τῶν πιστευόντων εἰς τὸν

κύριον ἐξήλθομεν εἰς τὴν ἔρημον.

2. πισταί εἰσιν αἱ δεξάμεναι τοὺς διωκομένους ὑπὸ τοῦ ἄρχοντος.

3. εἴδομεν αὐτοὺς καὶ μένοντας ἐν τῷ οἴκῳ καὶ ἐξελθόντας ἐξ αὐτοῦ.

4. οἱ ἰδόντες τὸν κύριον ἦλθον πρὸς τοὺς ἀγαγόντας τὸν μαθητὴν ἐκ τοῦ ἱεροῦ.

5. ταῦτα εἴπομεν περὶ τοῦ σώσαντος ἡμᾶς.

6. οὗτοί εἰσιν οἱ κηρύξαντες τὸ εὐαγγέλιον, ἀλλ' ἐκεῖνοί εἰσιν οἱ διώξαντες τοὺς πιστεύοντας.

7. προσενεγκόντες τῷ κυρίῳ τὸν διωκόμενον ὑπὸ τοῦ ἄρχοντος τοῦ πονηροῦ ἀπήλθετε εἰς ἄλλον τόπον.

8. προσῆλθον τῷ κυρίῳ ἐλθόντι εἰς τὸ ἱερόν.

9. ἐπίστευσας εἰς αὐτὸν εἰπόντα ταῦτα.

10. ταῦτα εἶπον ἐξελθὼν ἐκ τῆς ἐκκλησίας.

11. ὁ μὴ ἰδὼν τὸν κύριον οὐκ ἐπίστευσεν εἰς αὐτόν.

12. ταῦτα εἶπεν ὁ κύριος ἔτι ὢν ἐν τῇ ὁδῷ τοῖς ἐξελθοῦσιν ἐκ τοῦ οἴκου καὶ πορευομένοις μετ' αὐτοῦ.

13. ἀκούσαντες τὰ λεγόμενα ὑπὸ τοῦ κυρίου ἐπίστευσαν εἰς αὐτόν.

14. εἴδομεν τοὺς γενομένους μαθητὰς τοῦ κυρίου καὶ ἔτι μένοντας ἐν τῇ ἐλπίδι αὐτῶν τῇ πρώτῃ.

15. τὰ τέκνα τὰ λαβόντα ταῦτα ἀπὸ τῶν ἀκουσάντων τοῦ κυρίου εἶδον αὐτὸν ἔτι ὄντα ἐν τῷ οἴκῳ.

16. ἰδοῦσαι αὗται τὸν κηρύξαντα τὸ εὐαγγέλιον ἐκεῖνο ἦλθον πρὸς αὐτὸν ἐρχόμενον εἰς τὸν οἶκον.

17. οἱ ἄγγελοι οἱ πεσόντες ἐκ τοῦ οὐρανοῦ πονηροὶ ἦσαν.

18. ἰδόντες τοὺς ἔτι ὄντας ἐν τῷ ἱερῷ ἐκήρυξαν αὐτοῖς τὴν βασιλείαν τοῦ θεοῦ.
19. ταῦτα ἀπεκρίθη τοῖς προσενεγκοῦσιν αὐτῷ τὰ τέκνα.
20. ἀπήλθομεν μὴ ἰδόντες τὸν διδάξαντα ἡμᾶς.

II. 1. Those who have not seen the apostle do not know him.
2. I did not see him who had believed on the Lord.
3. I saw him after he had believed on the Lord, but ye saw him while he was still in the kingdom of the Evil One.
4. Having heard these things we believed on Him who had died in behalf of us.
5. We came to those who were going in the way.
6. We shall see the apostle after we have gone into this house.
7. Those men said to those who had gone into the house that the Lord is good.
8. While we were saying these things we were going into our house.
9. When they had received these gifts from the ones who had brought them, they came together into the church.
10. These are the women who received the one who had taught them.
11. When these men had seen the Lord, they were brought to the rulers.
12. The disciples who had come into the church were baptized by the apostles who had seen the Lord.
13. The blind man who had received this man was with those who were persecuting him.
14. The demons that were being cast out said this to him who was casting them out.

15. As we were going through the desert, we taught those who were with us.
16. We saw the servant when he had believed on the Lord and was still in the house.

제 20 과
단순과거 수동 분사. 독립적 속격

258. 어 휘

γραφείς, *having been written*, *γράφω*의 제2단순과거 수동분사 (제1단순과거 수동분사처럼 곡용 된다).

ἐκεῖ, (부) *there*.

εὐθέως 또는 *εὐθύς*, (부) *immediately, directly*.

ἱμάτιον, τό, *a garment*.

οἰκία, ἡ, *a house* (*οἶκος*의 동의어).

παιδίον, τό, *a little child*.

συναγωγή, ἡ, *a synagogue*.

στρατιώτης, ου, ὁ, *a soldier*.

φυλακή, ἡ, *a guard, a prison*.

259. *λύω*의 단순과거 수동 분사, *λυθείς, λυθεῖσα, λυθέν*, *having been loosed*의 곡용은 아래와 같다:

단 수

	남성	여성	중성
주(호)격	λυθείς	λυθεῖσα	λυθέν
속격	λυθέντος	λυθείσης	λυθέντος
여격	λυθέντι	λυθείσῃ	λυθέντι
대격	λυθέντα	λυθεῖσαν	λυθέν

복 수

	남성	여성	중성
주(호)격	λυθέντες	λυθεῖσαι	λυθέντα
속격	λυθέντων	λυθεισῶν	λυθέντων
여격	λυθεῖσι(ν)	λυθείσαις	λυθεῖσι(ν)
대격	λυθέντας	λυθείσας	λυθέντα

260. 현재 능동 분사 및 단순과거 능동 분사와 마찬가지로, 단순과거 수동 분사도 남성과 중성에서는 제3곡용을, 그리고 여성에서는 제1곡용을 따라 굴절된다.

261. 단순과거 수동태 체계(여섯 번째 기본어)의 특징적 형태소인 -*θε*가 항상 나타난다. 이 -*θε*는 단순과거 수동태 체계의 다른 형태들과 마찬가지로 동사 어간에 덧붙는다.

262. 단순과거 수동 분사가 형성되기 위해서는(여섯 번째 기본어에 붙은) 접두음이 탈락되어야 함은 물론이다. §§251, 252를 참조하라.

263. 단순과거 수동 분사는 강세가 불규칙하게 붙는다. 즉, 동사에서 파생되었음에도 남성 단수 주격의 강세는 역진적이 아니다. 그 밖의 다른 곡용 형태들은 명사의 강세 법칙을 따른다; 물론 여성 복수 속격은 예외로서 §§51, 228의 법칙이 적용된다.

264. 다른 단순과거 분사들과 마찬가지로, 단순과거 수동 분사는 주동사의 시간보다 이전에 일어난 동작을 나타낸다. 그리고 분사의 관형적·명사적 용법들에 관해 설명되었던 모든 사항들이 여기에서도 똑같이 적용된다.

예를 들면:

(1) *ἐκβληθέντα τὰ δαιμόνια ὑπὸ τοῦ κυρίου ἀπῆλθεν εἰς τὴν θάλασσαν*, *the demons, having been cast out by the Lord, went away into the sea,* 또는 *when(after) the demons had been cast out by the Lord, they went away into the sea.*

(2) *ἐγερθέντι ἐκ νεκρῶν προσῆλθον αὐτῷ*, *they came to Him after He had been raised from the dead.*

(3) *οἱ διδαχθέντες ὑπὸ τοῦ ἀποστόλου ἦλθον εἰς τὸν*

οἶκον, *the having-been-taught-by-the-apostle men came into the house,* 또는 *the men(the ones* 또는 *those) who had been taught by the apostle came into the house.*

265. 분사에 관해서 지금까지 배운 것들을 요약하면 아래와 같다(학생들은 이 일람표를 통하여 분사를 철저히 복습함으로써 앞으로 헬라어를 학습하는 데 많은 도움이 있기를 바란다):

I. 분 사

현재	능동태	λύων	= *loosing.*
	중간태	λυόμενος	= *loosing for himself.*
	수동태	λυόμενος	= *being loosed.*
단순과거	능동태	λύσας	= *having loosed.*
	중간태	λυσάμενος	= *having loosed for himself.*
	수동태	λυθείς	= *having been loosed.*

II. 관사가 붙은 분사

현재	능동태 ὁ λύων, *the loosing man.*	=	*the man who looses.* *the one who looses.* *he who looses.*
	중간태 ὁ λυόμενος, *the loosing-for-himself man.*	=	*the man who looses for himself.* *the one who looses for himself.* *he who looses for himself.*
	수동태 ὁ λυόμενος, *the being-loosed man.*	=	*the man who is being loosed.* *the one who is being loosed.* *he who is being loosed.*

단순 과거	능동태 ὁ λύσας, *the having-loosed man.*	= *the man who (has) loosed.* *the one who (has) loosed.* *he who (has) loosed.*
	중간태 ὁ λυσάμενος, *the having-loosed-for-himself man.*	= *the man who (has) loosed for himself.* *the one who (has) loosed for himself.* *he who (has) loosed for himself.*
	수동태 ὁ λυθείς, *the having-been-loosed man.*	= *the man who was (has been) loosed.* *the one who was (has been) loosed.* *he who was (has been) loosed.*

266. 독립적 속격

명사 또는 대명사가 분사와 결합되어 주문장으로부터 이완된 경우가 종종 있는데, 이것을 "독립적 속격"(genitive absolute)이라고 부른다. 예를 들면:

(1) εἰπόντων ταῦτα τῶν ἀποστόλων οἱ μαθηταὶ ἀπῆλθον, *the apostles having said these things, the disciples went away*. 여기에서 εἰπόντων과 τῶν ἀποστόλων은 독립적 속격으로 놓여 있다. 주문장에서는 ἀποστόλων과 결합될 수 있는 낱말이 하나도 없다; 그것의 정동사는 ἀπῆλθον이 유일한데, 그나마도 주어는 μαθηταί이다. 따라서 ἀποστόλων은 주문장의 구조에서 "풀려"(또는 "분리되어") 있다는 의미로 "독립적"이라고 일컬어진다. 영어로 번역된 문장에서는 *the apostles having said*가 독립적인 상태에 있으므로, 영문법에서는 이것을 "독립적 주격"(nominative absolute)이라

고 부른다. 그러나 영어의 독립적 주격은 헬라어의 독립적 속격처럼 흔하지 않고 매우 드물다. 그러므로 헬라어의 독립적 속격은 문자적으로 번역하려고 애쓰기보다는 절(clause)로 옮기는 것이 더 나은 경우가 일반이다. 예를 들면, 위의 예문에서도 "문자적으로" 번역하기보다는 다음과 같이 옮겼으면 더 좋았을 것이다: *when* (또는 *after*) *the apostles had said these things, the disciples went away*. 물론 분사의 시제에 관해 앞에서 설명한 모든 사항들이 다른 구문들과 마찬가지로 독립적 속격 분사에도 똑같이 적용된다.

일반적으로 독립적 속격은 분사와 어울어지는 명사 또는 대명사가 정동사의 주어와 다를 때에만 사용된다. 따라서 다음 문장, *εἰπόντες ταῦτα οἱ ἀπόστολοι ἀπῆλθον*, *the apostles, having said these things, went away*, 또는 *when the apostles had said these things they went away*에서, *ἀπόστολοι*는 주동사 *ἀπῆλθον*의 주어로서 주문장에 결합되어 있다. 따라서 그것은 "독립적"이 아니다. 그러나 앞의 예문에서는 주동사가 나타내는 동작을 행하는 자들은 사도들이 아닌 다른 사람들이다. 이러한 이유로 앞의 예문에서는 *ἀποστόλων*이 문장의 주어로 되지 않고 독립적 속격으로 놓이게 된다.

(2) *λέγοντος αὐτοῦ ταῦτα οἱ μαθηταὶ ἀπῆλθον*, *while he was saying these things, the disciples went away*. 다음 문장과 비교해 보라: *λέγων ταῦτα ἀπῆλθεν*, *while he was saying these things he went away* 또는 *he went away saying these things*.

(3) *τῶν μαθητῶν διδαχθέντων ὑπὸ τοῦ κυρίου ἐξῆλθον εἰς τὴν ἔρημον οἱ δοῦλοι*, *when the disciples had been taught by the Lord, the servants went out into the desert*. 다음 문장과 비교해 보라: *οἱ μαθηταὶ διδαχθέντες ὑπὸ τοῦ κυρίου ἐξῆλθον εἰς τὴν ἔρημον*, *when the disciples had been taught by the Lord, they went out into the desert*.

267. 연습문제

I. 1. *πορευθέντος τοῦ ἄρχοντος πρὸς τὸν κύριον οἱ δοῦλοι εἶπον ταῦτα τοῖς μαθηταῖς.*

2. *πορευθεὶς πρὸς αὐτοὺς ὁ ἄρχων ἐπίστευσεν εἰς τὸν κύριον.*

3. *πιστευσάντων ὑμῶν εἰς τὸν κύριον εὐθὺς ἐπίστευσε καὶ ὁ ἄρχων.*

4. *εἰσελθόντος εἰς τὴν οἰκίαν τοῦ ἐγερθέντος ὑπὸ τοῦ κυρίου οἱ μαθηταὶ ἐθαύμασαν.*

5. *ἐκβληθέντος αὐτοῦ ἐκ τῆς συναγωγῆς συνήχθησαν οἱ ἄρχοντες.*

6. *ἐκβληθέντα ἐκ τῆς συναγωγῆς ἐδίδαξεν αὐτὸν ὁ κύριος.*

7. *εἰπόντος ταῦτα τοῦ πνεύματος τοῦ ἁγίου οἱ μαθηταὶ ἐκήρυξαν τὸν λόγον τοῦ θεοῦ.*

8. *τοῖς θεραπευθεῖσιν ὑπ' αὐτοῦ εἴπετε ῥήματα ἐλπίδος καὶ ζωῆς.*

9. *ἐλθόντος τούτου εἰς τὴν οἰκίαν αὐτοῦ εὐθέως εἴπομεν τοῖς ἄλλοις τὰ ῥήματα τὰ παραλημφθέντα ἀπὸ τοῦ κυρίου.*

10. *βληθέντες εἰς φυλακὴν διὰ τὸ εὐαγγέλιον τὸ κηρυχθὲν αὐτοῖς ὑπὸ τοῦ ἀποστόλου ἐδόξασαν ἐκεῖ τὸν σώσαντα αὐτούς.*

11. *ἀναλημφθέντος αὐτοῦ εἰς οὐρανὸν εἰσῆλθον οἱ μαθηταὶ εἰς τὴν οἰκίαν αὐτῶν.*

12. *ἐδέξασθε τοὺς ἐκβληθέντας ἐκ τῆς συναγωγῆς καὶ*

τὰς δεξαμένας αὐτοὺς εἰς τὰς οἰκίας αὐτῶν.

13. αὗταί εἰσιν αἱ διωχθεῖσαι καὶ ἔτι διωκόμεναι ὑπὸ τῶν ἀρχόντων.

14. αὕτη ἐστὶν ἡ ἐλπὶς ἡ κηρυχθεῖσα ἐν τῷ κόσμῳ ὑπὸ τῶν ἰδόντων τὸν κύριον.

15. τῶν στρατιωτῶν διωξάντων ἡμᾶς εἰς τὴν οἰκίαν ἐδέξαντο ἡμᾶς οἱ ὄντες ἐκεῖ.

16. διωχθέντας ἡμᾶς ὑπὸ τῶν στρατιωτῶν ἐδέξαντο οἱ ὄντες ἐν τῇ οἰκίᾳ.

17. εἰσερχομένῳ σοι εἰς τὴν οἰκίαν προσῆλθον οἱ ἄρχοντες, εἰσελθόντα[1] δὲ ἐξέβαλον.

18. ταῦτα μὲν εἶπον αὐτοῖς προσφέρουσι τὰ παιδία τῷ κυρίῳ, ἐκεῖνα δὲ προσενεγκοῦσιν.

19. πορευομένου μὲν τοῦ κυρίου μετὰ τῶν μαθητῶν αὐτοῦ ἔλεγον οἱ ἀπόστολοι ταῦτα, ἐλθόντος δὲ εἰς τὴν οἰκίαν ἐκεῖνα.

20. ταῦτα εἶπον ὑμῖν ἔτι οὖσιν μετ' ἐμοῦ.

II. 1. When the soldiers had taken the garments from the children, the disciples were cast out of the house.

2. When the disciples had been cast out of the synagogue, they came to us.

3. While we were coming into our house, the Lord said these things to the rulers.

4. The Lord said those things to you, both while ye were with

---

1. εἰσελθόντα는 이에 상응하는 적절한 명사나 대명사로 보완하여 번역하도록 하라.

Him in the way and after ye had come to the ruler.

5. Those who had heard the apostle saying these things saw the house which had been destroyed by the soldiers.

6. When the rulers had heard the things which were being said by the Lord, they persecuted the disciples.

7. While the disciples were being persecuted by the rulers, the apostles were going into another house.

8. Those who went into the house of the ruler were my brothers.

9. When our names have been written into the book of life, we shall see the Lord.

10. Having been brought to the Lord by these disciples we see Him for ever.

11. These are the rulers who have become disciples of Thee.

12. When the apostle had been cast into prison, the disciples who had heard these things went away into another place.

13. After those women had been cast into prison, we went away into the desert.

14. When those who had been cast into prison had seen the man who had been raised up, they marvelled and believed on the Lord.

15. When the disciples had led to the Lord those who had been persecuted on account of Him, those servants came to us bringing good gifts.

16. Those who have not received this hope from God will not enter into the kingdom of heaven.

제 21 과
가 정 법

268. 어 휘

ἁμαρτάνω, *I sin.*
δικαιοσύνη, *ἡ*, *righteousness.*
ἐάν, *if*, 조건을 나타내는 불변사, 가정법과 함께 쓰임.
εἰ, *if*, 직설법과 함께 쓰임.
εὐαγγελίζομαι, (중간태로 능동을 뜻하는 이태동사) *I preach the gospel (to)*, ~에게(대격이나 속격) …을(대격) 복음으로 선포하다.
ἵνα, *in order that*, 가정법과 함께 쓰임.
λαός, *ὁ*, *a people.*
λοιπός, *ή*, *όν*, (형) *remaining*; *οἱ λοιποί*, *the rest (the remaining persons).*
μακάριος, *α*, *ον*, (형) *blessed.*
μαρτυρία, *ἡ*, *a witnessing, a testimony, a witness.*
μηδέ, (직설법을 제외한 다른 법들에서) *and not, not even, nor*; *μηδέ...μηδέ*, *neither... nor.*
μηκέτι, (직설법을 제외한 다른 법들에서) *no longer.*
ὄχλος, *ὁ*, *a crowd, a multitude.*

269. 가정법은 현재와 단순과거 시제들에서만 나타난다(예외적으로 완료 시제에서 나타나는 경우가 매우 드물게 있다). 가정법은 시제에 관계 없이 항상 "일차적" 인칭 어미들을 갖는다; 따라서 이차적 시제인 단순과거의 가정법일지라도 일차적 어미들을 취한다. 또한 그 인칭 어미들 앞에는 항상 가변모음이 위치하게 되는데, 그것은 현재 직설법에서 나타나는 단모음 *ο/ε*가 아니라 장모음 *ω/η*이다.

270. *λύω*의 현재 능동태 가정법은 아래와 같다:

단수	1. λύω	복수	1. λύωμεν
	2. λύῃς		2. λύητε
	3. λύῃ		3. λύωσι(ν)

271. λύω의 현재 중간/수동태 가정법은 아래와 같다:

단수	1. λύωμαι	복수	1. λυώμεθα
	2. λύῃ		2. λύησθε
	3. λύηται		3. λύωνται

272. 이러한 현재 가정법 형태들은 어간 바로 뒤에 오는 가변 모음만을 제외하면 현재 직설법 형태들과 똑같은데, 그 모음은 직설법에서는 짧은 반면에 가정법에서는 길다. 즉, 직설법의 ο 대신에 가정법에서는 ω가 나타나고, 직설법의 ε 대신에 가정법에서는 η가 나타난다. 여기에 예외적인 현상은 (1) 현재 능동태 삼인칭 복수에서 직설법의 ου 대신에 가정법에서는 ω가 나타나며, (2) 현재 중간/수동태 이인칭 단수(λύῃ)에서는 직설법이 이미 η를 취하고 있다는 점이다.

273. 능동태 삼인칭 복수 -ωσι(ν)는 유동음 ν를 취할 수 있다.

274. 단순과거 능동태 가정법은 아래와 같다:

단수	1. λύσω	복수	1. λύσωμεν
	2. λύσῃς		2. λύσητε
	3. λύσῃ		3. λύσωσι(ν)

275. 단순과거 중간태 가정법은 아래와 같다:

단수	1. λύσωμαι	복수	1. λυσώμεθα
	2. λύσῃ		2. λύσησθε
	3. λύσηται		3. λύσωνται

276. 가정법은 시제에 관계 없이 항상 "일차적" 인칭 어미들을 갖기 때문에, 단순과거 능동태와 중간태의 가정법에 붙는 (가변 모음을 포함한) 인칭 어미들은 현재 능동태와 중간태의 가정법에 붙는 그것들과 정확히 일치한다. 그러나 (가변 모음을 포함한) 이 어미들은 단순과거에서는 단순과거 어간에, 현재에서는 현재 어간에 첨가된다. 이 어간들은 σ의 존재 여부에 따라 완전히 구분된다.

277. 단순과거 가정법에는 물론 접두음이 없다(§245를 보라).

278. 제2단순과거 가정법 능동태와 중간태는 제1단순과거 가정법과 똑같이 굴절된다; 그러나 제2단순과거 어간을 토대로 형성됨은 물론이다.

279. 단순과거 수동태 가정법은 아래와 같다:

단수	1. λυθῶ	복수	1. λυθῶμεν
	2. λυθῇς		2. λυθῆτε
	3. λυθῇ		3. λυθῶσι(ν)

280. 단순과거 수동태 가정법은 단순과거 수동태 직설법처럼 능동태의 인칭 어미들을 갖는다. 그 어미들은 (가변모음을 포함하여) 현재 능동태 가정법의 어미들과 정확히 일치한다. 하지만 그 강세는 얼핏 보기에 역진적이 아니라서 동사의 강세 법칙에 어긋나는 것처럼 보인다. 이러한 표면상의 불규칙성은 단순과거 수동태 어간의 -θε가 바로 이어지는 모음들과, §316에서 설명될 법칙에 따라, "축약"(contraction)된 데서 비롯되었다. 그러나 현 단계에서는 강세가 득특하게 붙었다는 정도로만 알고 그 이유에 대해서는 더 이상 캐묻지 않고 넘어가는 것이 좋을 듯싶다.

281. 단순과거 가정법은 어휘에 제시된 기본어로부터 만들어질 수

있으며, 이 때 접두음은 §§251, 252에서 설명된 방식대로 탈락되어야 한다.

282. εἰμί의 현재 가정법

§603에 열거된 εἰμί의 현재 가정법의 형태들을 습득하라.

283. 가정법의 시제

가정법에서는 시제들 상호간의 시간적 차이는 전혀 없다. 부연하면, 단순과거 가정법이라고 해서 과거 시간을 가리키는 것이 전혀 아니며, 현재 가정법도 현재 시간과 아무런 상관이 없다. 가정법에서 현재와 단순과거의 구분은 동작을 묘사하는 방식과 연관이 있을 뿐이다. 즉, 단순과거 가정법은 어떤 동작을 그 지속성이나 반복성에 대해서는 관심을 두지 않고 표현하는 것이다; 반면에 현재 가정법은 어떤 동작을 진행 중이거나 반복되는 것으로 나타낸다. 일례로, ἵνα λύσω는 단순히 *in order that I may loose*를 뜻하지만, ἵνα λύω는 *in order that I may be loosing*을 뜻한다. 그러나 일반적으로 영어 번역에서 그 차이를 명확히 드러내기는 거의 불가능하다. 따라서 현재 가정법과 단순과거 가정법은 대개 똑같이 번역될 수밖에 없다. 그러나 연습문제를 풀 때는 현재 가정법을 사용해야 할 별다른 이유가 없다면, 말 그대로 단순하게 단순과거 가정법을 사용토록 하라.

284. 가정법의 부정어

§256에 제시된 법칙에 따라, 가정법을 부정할 때는 μή가 사용된다.

285. 권유의 가정법(청유법)

가정법의 일인칭 복수는 권유하는 말에서 사용되기도 하는데, 이를 "청유법"이라고 한다.

예: πιστεύσωμεν εἰς τὸν κύριον, *let us believe on the Lord.*

286. 목적절에서 사용되는 가정법

목적은 가정법과 함께 쓰이는 ἵνα로 표현된다.

예: (1) ἐρχόμεθα ἵνα ἴδωμεν αὐτόν, *we come in order that we may see him.* (2) ἤλθομεν ἵνα ἴδωμεν αὐτόν, *we came in order that we might see him.*

287. 가정법과 함께 쓰이는 ἵνα, *in order that*은 직설법과 함께 쓰이는 ὅτι, *that*과 명확히 구별되어야 한다. 후자는 간접화법을 이끄는 접속사이다.

다음 두 예문들을 비교하라: 1) λέγουσιν ὅτι γινώσκουσι τὸν κύριον, *they say that they know the Lord*; 2) τοῦτο λέγουσιν ἵνα ἀκούωσιν οἱ μαθηταί, *they say this in order that the disciples may hear.*

미래의 조건을 나타내는 가정법

288. 미래의 조건은 가정법과 함께 쓰이는 ἐάν으로 표현된다. 그 밖의 다른 조건들은 직설법과 함께 쓰이는 εἰ로 표현된다.[1]

---

1. 이 간단한 법칙이 모든 경우에 다 적용되지는 않는다. 예를 들면, 미래의 조건처럼 가정법과 함께 ἐάν으로 표현되는 "현재의 일반적" 조건은 이 법칙으로 설명이 되지 않는다. 그러나 현재의 일반적 조건은 미래의 조건과 매우 유사한 면이 있다. 일례로, *if any one does wrong he suffers*라는 문장은 현재의 일반적 조건을 나타내지만, 여기서 염두에 두고 있는 (어떤 사람이 과오를 범할 수도 있다는) 개연성은 미래에까지 미치는 것이다. 따라서 이 문장의 구체적인 의미는 다음과 같다: "at any time when a man does wrong (또는 shall do wrong) he will suffer for it"(어떤 사람이 잘못을 행하면 언제든지 그 벌을 받을 것이다). 이처럼 현재의 일반적 조건이 미래의 조건과 개념상으로 그다지 차이가 없는 바에야 구태여 그것을 또 다른 문법적 범주로 추가함으로써 초학자들에게 짐을 지울 필요는 없을 것이다. 일반적으로 신약성서 헬라어에 대해서는 본문에 제시된 이 간단한 법칙만으로도 충분할 것이다. 그리고 예외적인 경우는 나올 때마다 유의해서 볼 수 있기를 바란다.

예를 들면:

(1) *ἐὰν εἰσέλθωμεν εἰς τὴν οἰκίαν ὀψόμεθα τὸν κύριον*, *if we go into the house, we shall see the Lord.* 여기서 *ἐὰν εἰσέλθωμεν*은 분명히 미래를 가리키고 있다. 다음 문장과 비교하라: *εἰ μαθηταί ἐσμεν τοῦ κυρίου σωθησόμεθα*, *if we are disciples of the Lord, we shall be saved.* 이 말의 의미를 좀더 구체적으로 풀면, "if it is now a fact that we are disciples of the Lord, we shall be saved"(우리가 주님의 제자들이라는 것이 이제 사실이라면 우리는 구원 받을 것이다)"가 되므로, *εἰ. . . . ἐσμεν*은 현재 시간에 연루된 것이다.

(2) *ἐὰν διδάσκητε τοὺς ἀδελφοὺς πιστοί ἐστε διδάσκαλοι*, *if you teach the brethren, you are faithful teachers.* 이 말을 풀면 다음과 같다: *if at any time you shall be engaged in teaching the brethren, you are faithful teachers.* 여기서 *ἐὰν διδάσκητε*는 불확정 미래를 가리킨다. 다음 문장과 비교하라: *εἰ διδάσκετε τοὺς ἀδελφοὺς πιστοί ἐστε διδάσκαλοι*, *if you are teaching the brethren, you are faithful teachers.* 이 말을 풀면 다음과 같다: *if the work in which you are now engaged is that of teaching the brethren, you are faithful teachers.* 주목할 점은 직설법과 연결된 *εἰ*와 가정법과 연결된 *ἐάν*을 구별하기 위해, 영어에서는 *εἰ* 뒤에 오는 현재 직설법을 옮길 때 현재 진행형을 택하도록 종종 권장된다는 것이다. 따라서 *if you are teaching*은 현재의 조건인 반면에, *if you teach*는 대체로 미래의 조건이 된다.

289. 위의 예문들에서 다루어진 두 종류의 조건들 사이의 차이점은 단지 전제절(protasis 또는 if-clause)에 관련된 것이다. 따라서 전제절이 어떤 종류든지 간에 그 다음에 오는 귀결절(apodosis)에는 다

사실에 반대되는 조건은 §551에서 다루도록 하겠다.

양한 서법과 시제가 등장할 수 있다. 예를 들면, 현재의 단순한 조건 다음에 청유법이 이어질 수 있다: *εἰ μαθηταί ἐσμεν τοῦ κυρίου διδάσκωμεν τοὺς ἀδελφούς*, *if we are disciples of the Lord* (즉, *if that is now a fact*), *let us teach the brethren.*

290. 어떤 조건이 현재적인지 미래적인지는 영어 문장의 형태만을 보고는 판단할 수 없다. 더욱이 현대의 구어체 영어에서는 미래의 조건을 표현하는 데 현재 직설법을 사용하는 것이 보통이다. 일례로, *if it rains tomorrow, we shall not go to the picnic*에서, *if it rains* 라는 문장은 확실히 미래를 가리키므로, 헬라어에서는 가정법과 함께 *ἐάν*으로 표현될 것이다. 즉, 영어의 조건문을 헬라어로 옮길 때, 어떤 서법과 접속사를 사용해야 하는지 결정하기 위해서는 영어 문장의 단순한 형태보다는 그 의미에 주목해야 하는 것이다.

291. 연습문제

I. 1. *ἐὰν εὐαγγελισώμεθα ὑμᾶς, λήμψεσθε σωτηρίαν καὶ ἐλπίδα.*
2. *ἐὰν μὴ δέξησθε τὴν μαρτυρίαν ἡμῶν, οὐ σωθήσεσθε.*
3. *ἐὰν μὴ ἴδῃ οὗτος τὸν κύριον, οὐ πιστεύσει εἰς αὐτόν.*
4. *εἰ κηρύσσεται ἡμῖν ὅτι ἀγαθός ἐστιν ὁ κύριος, ἀγαθοὶ ὦμεν καὶ ἡμεῖς, ἵνα διδάσκωμεν τοὺς λοιπούς.*
5. *εὐηγγελισάμην αὐτοὺς ἵνα σωθῶσιν καὶ ἔχωσιν ζωήν.*
6. *μηκέτι ἁμαρτάνωμεν, ἵνα γενώμεθα μαθηταὶ πιστοί.*
7. *μακάριοί εἰσιν οἱ ὄχλοι, ἐὰν ἀκούσωσιν τὰ ῥήματά μου.*
8. *ἐὰν εἰσέλθωσιν εἰς ἐκείνην τὴν οἰκίαν οἱ πιστεύοντες εἰς τὸν κύριον, εὐαγγελισόμεθα αὐτοὺς ἐκεῖ.*

9. ἐκηρύξαμεν τούτῳ τῷ λαῷ τὰ ῥήματα τῆς ζωῆς, ἵνα δέξωνται τὴν ἀλήθειαν καὶ σωθῶσιν.
10. προσέλθωμεν τῷ ἰδόντι τὸν κύριον, ἵνα διδάξῃ ἡμᾶς περὶ αὐτοῦ.
11. ταῦτα εἰπόντων αὐτῶν ἐν τῷ ἱερῷ οἱ ἀκούσαντες ἐδέξαντο τὰ λεγόμενα, ἵνα κηρύξωσιν αὐτὰ καὶ τοῖς λοιποῖς.
12. πιστεύσωμεν εἰς τὸν ἀποθανόντα ὑπὲρ ἡμῶν, ἵνα γράψῃ τὰ ὀνόματα ἡμῶν εἰς τὸ βιβλίον τῆς ζωῆς.
13. ἐλεύσομαι πρὸς τὸν σώσαντά με, ἵνα μὴ λύω τὰς ἐντολὰς αὐτοῦ μηδὲ πορεύωμαι ἐν ταῖς ὁδοῖς τοῦ θανάτου.
14. ταῦτα εἶπον ἐν τῷ ἱερῷ, ἵνα οἱ ἀκούσαντες σωθῶσιν ἀπὸ τῶν ἁμαρτιῶν αὐτῶν καὶ ἔχωσιν τὴν δικαιοσύνην τοῦ θεοῦ.
15. εἰ εἴδετε ταῦτα ἐν ταῖς ἡμέραις ταῖς κακαῖς, ὄψεσθε τὰ αὐτὰ καὶ νῦν καὶ εἰς τὸν αἰῶνα.
16. ἐὰν μὴ διδαχθῇς ὑπὸ τοῦ κυρίου, οὐ γνώσῃ αὐτὸν εἰς τὸν αἰῶνα.
17. ὁ λύων τὰς ἐντολὰς τοῦ θεοῦ οὐκ ἔχει ἐλπίδα, ἐὰν μὴ ἐπιστρέψῃ πρὸς τὸν κύριον.
18. ταῦτα παρέλαβεν ἀπὸ τοῦ ἀποθανόντος ὑπὲρ αὐτοῦ, ἵνα παραλαβόντες αὐτὰ οἱ λοιποὶ σωθῶσιν καὶ αὐτοί.
19. συνελθόντες εἰς τὴν οἰκίαν δεξώμεθα τὴν μαρτυρίαν τοῦ εὐαγγελισαμένου ἡμᾶς.
20. διωξάντων τῶν στρατιωτῶν τοὺς ἁγίους ἵνα μὴ πιστεύσωσιν εἰς τὸν σώσαντα αὐτούς, συνῆλθον οὗτοι εἰς τὴν συναγωγήν.

II. 1. Let us receive the witness of these men, in order that we may be saved.
2. If we do not turn to the Lord, we shall not know Him.
3. If the Lord prepares a place for us, we shall enter into heaven.
4. If we received this commandment from the Lord, let us preach the gospel to the multitudes.
5. If these men are disciples of the Lord, they will not persecute the saints.
6. If these rulers persecute those who believed on the Lord, they will not come to the Lord in order that they may be saved.
7. If he sees the woman who received the saints, he will take the little children from her.
8. When the disciples had said these things to the saints, they were taught by the Lord in order that they might sin no longer.
9. If the Son of Man came in order that He might save sinners, let us receive His witness.
10. If we know the Lord, let us not persecute His saints nor cast them out of the synagogue.
11. If the crowds who have heard the Lord see Him in that synagogue, they will come to Him in order that He may say to them words of hope.
12. Unless[1] He says these things to the multitudes, they will not be saved.
13. If thou seest in that night the one who saved thee, the ruler will persecute thee, in order that thou mayest not preach the gospel to the others.

---

1. *Unless*는 *if not*과 똑같은 말이다. 그러므로 직설법과 연결된 *εἰ μή* 또는 가정법과 연결된 *ἐὰν μή*로 옮겨질 수 있다. 이 본문에서는 어느 것을 사용해야 옳은가?

14. The Lord came to us, in order that we might preach the gospel to you.
15. The faithful servants came, in order that they might bring to us those garments.

제 22 과

현재와 단순과거의 부정사들 관착부정사. 간접화법. 고유명사

292. 어 휘

δεῖ, 비인칭 동사로서 삼인칭에서만 사용됨, *it is necessary*(대격과 부정사를 취한다).

ἔξεστι(ν), 비인칭 동사, 삼인칭에서만 사용됨, *it's permitted/lawful,* ~에게(여격) 합당하다.

θέλω, *I wish.*

Ἰησοῦς, Ἰησοῦ, ὁ, *Jesus.*

Ἰουδαῖος, ὁ, *a Jew.*

κελεύω, *I command.*

κώμη, ἡ, *a village.*

μέλλω, *I am about/going* (to do something).

ὀφείλω, *I owe, I ought.*

πάσχω, *I suffer.*

πρό, (전)+속격, *before.*

σωτηρία, ἡ, *salvation.*

Φαρισαῖος, ὁ, *a Pharisee.*

Χριστός, ὁ, *Christ*; *ὁ Χριστός*, *Christ*, 또는 *the Messiah.*

293. *λύω*의 현재와 단순과거 부정사들은 아래와 같다:

	현 재		단순과거
능동	*λύειν*, *to loose.*	능동	*λῦσαι*, *to loose.*
중간	*λύεσθαι*, *to loose for one's self.*	중간	*λύσασθαι*, *to loose for one's self.*
수동	*λύεσθαι*, *to be loosed.*	수동	*λυθῆναι*, *to be loosed.*

294. 현재 부정사는 현재 어간을 토대로, 단순과거 능동태와 중간태 부정사는 (특징적 형태소 -*σα*를 지닌) 단순과거 어간을 토대로,

단순과거 수동태 부정사는 (특징적 형태소 -θε가 -θη로 길어진) 단순과거 수동태 어간을 토대로 형성된다.

295. 제1단순과거 능동태 부정사는 제2말음절에 강세가 온다. 이 현상은 동사의 강세 법칙에 어긋나는 경우가 있더라도 항상 유지된다. 예를 들면, *πιστεύω*의 제1단순과거 능동태 부정사는 동사 법칙에 따라 강세가 역진적으로 붙은 *πίστευσαι*가 아니라 제2말음절에 강세가 놓인 *πιστεῦσαι*이다. 또한 단순과거 수동태 부정사의 강세도 불규칙하다.

296. *λείπω*의 제2단순과거 능동태 부정사는 *λιπεῖν*이며, 제2단순과거 중간태 부정사는 *λιπέσθαι*이다. 이 부정사들은 불규칙한 강세를 제외하면 현재 부정사들에서 나타나는 어미들과 같은 형태의 어미들을 지니고 있다. 물론 그것들은 제2단순과거 어간(*λιπ-*)을 토대로 형성되었다.

297. *εἰμί*의 현재 부정사는 *εἶναι*이다.

298. 부정사는 동사적 명사이다. 헬라어 부정사의 용법은 많은 경우들에 있어서 영어 부정사의 용법과 일치하므로 후자를 잘 알고 있다면 더 이상 설명을 필요로 하지 않을 것이다. 일례로 *θέλω ἀκούειν τὸν λόγον*은 문자 그대로 *I wish to hear the word*라고 번역해도 매우 자연스러운데, 이는 헬라어와 영어 사이에 부정사의 용법이 일치하기 때문이다.

299. 일반적으로 부정사의 시제들[1] 간에는 시간적 차이가 없다. 그

1. 여기서 말하는 시제(tense)는 엄격히 따지자면 相(aspect)이라고 해야 한다. 그러나 시제와 상을 개념적으로 구분하지 않고 혼동해서 사용하는 경우가 많다.

러나 가정법에서 볼 수 있는 바와 같은 相의 차이는 존재 한다. 부연하면, 현재 부정사는 동작을 진행 또는 반복 상태로 나타내는 반면에, 단순과거 부정사는 그러한 動作相은 규정하지 않고[1] 말 그대로 단순하게 동작을 묘사하는 것이다. 이러한 차이는 영어 번역에서 드러낼 수 없는 경우가 보통이다.

300. 부정사를 부정할 때는 *μή*를 사용한다.

관착(冠着) 부정사

301. 헬라어 부정사는 동사적 명사이기 때문에 다른 명사들처럼 관사를 취할 수 있다. 또한 그것은 굴절(곡용)되지 않는 중성 단수 명사로 취급되며, 따라서 중성 관사를 취할 수 있다. 이처럼 관사(冠詞)가 붙은 부정사를 "冠着 부정사"(articular infinitive)라고 일컫는다.

302. 관착 부정사는 명사가 놓일 수 있는 대부분의 구문들에 자리잡을 수 있다. 일례로, *καλόν ἐστι τὸ ἀποθανεῖν ὑπὲρ τῶν ἀδελφῶν*은 *the act of dying in behalf of the brethren is good,*

---

1. 우리가 "단순과거"로 번역하는 영어 aorist는 "규정되지 않은"을 뜻하는 헬라어 *ἀόριστος*에서 나온 용어이다. 즉, 상(相, aspect)이 규정되지 않았다는 의미이다. 따라서 이 말은 "무상"(無相)이라고 해야 올바를 것이다. 사실 이 책을 개정하면서 aorist를 "무상"으로 옮기고 싶은 마음이 간절하였지만, "단순과거"라는 용어가 학생들 사이에 너무 익숙해 있어서 어쩔 도리가 없었다. 그러나 지금까지 배운 분사, 가정법, 부정사 등에서 aorist는 시제(tense)의 문제가 전혀 아니라는 사실을 알았을 것이다. 물론 aorist의 일부 기능은 제한적으로(직설법에서) 단순한 과거 시제를 나타낼 수도 있다. 그렇다고 그것을 단순과거로 옮기는 것은 그 문법 범주에 대한 오해를 야기시키고 나아가서는 헬라어 학습에 장애 요소가 될 만한 오류이다. 대안으로 학생들이 불편하지만 않다면 단순과거라는 말을 "무상"으로(예를 들면, 단순과거 부정사는 "무상 부정사"로, 단순과거 능동태는 "무상 능동태"로) 고쳐 읽기를 권고한다.

또는 좀더 풀어 옮기면 *it is good to die in behalf of the brethren*을 의미한다. 여기서 τὸ ἀποθανεῖν은 주격 명사로서 동사 ἐστιν의 주어이다.

303. 전치사가 붙은 관착 부정사의 용법은 특히 중요하다.

예: μετὰ τὸ λῦσαι, *after the act of loosing*; ἐν τῷ λύειν, *in (during) the process of loosing*; διὰ τὸ λυθῆναι, *on account of the fact of being loosed*; μετὰ τὸ λυθῆναι, *after the fact of being loosed*; πρὸ τοῦ λῦσαι, *before the act of loosing*; εἰς τὸ λῦσαι, *into the act of loosing*. 마지막 예문의 전치사 εἰς는 목적을 나타내는 관착 부정사에서 매우 흔히 사용된다. 만일 어떤 동작이 다른 동작 "안으로"(εἰς) 들어가기 위하여 행해졌다면, 전자는 후자를 목적으로 행해진 것이다. 따라서 εἰς τὸ λῦσαι는 *in order to loose*를 의미한다.

304. 여태까지는 부정사를 명사로 간주하였지만, 그것은 또한 동사적 성격도 아울러 지니므로, 분사의 경우처럼 부사적 수식어와 직접 목적어를 가질 뿐만 아니라, 분사와 달리 주어도 취할 수 있다. 부정사의 주어는 "대격"이다.

예를 들면:

(1) ἐν τῷ λέγειν αὐτοὺς ταῦτα, *in(during) the circumstance that they were saying these things = while they were saying these things*. 여기서 αὐτούς는 부정사 λέγειν의 주어이고 ταῦτα는 그 직접 목적어이다.

(2) μετὰ τὸ ἀπολυθῆναι τὸν ὄχλον ἀπῆλθεν ὁ κύριος, *after the circumstance that the crowd was dismissed, the Lord went away*, 또는 *after the crowd had been dismissed, the Lord went away*. 이와 똑같은 생각을 다음과 같이 표현할 수도 있다: ἀπολυθέντος τοῦ ὄχλου ἀπῆλθεν ὁ κύριος.

(3) *διὰ δὲ τὸ λέγεσθαι τοῦτο ὑπὸ τῶν ὄχλων ἀπῆλθεν ὁ ἀπόστολος*, *and on account of the circumstance that this was being said by the crowds, the apostle went away,* 또는 *because this was being said by the crowds, the apostle went away.*

(4) *ταῦτα δὲ εἶπον ὑμῖν εἰς τὸ μὴ γενέσθαι ὑμᾶς δούλους τῆς ἁμαρτίας*, *and these things I said to you, with the tendency toward the result that you should not become servants of sin,* 또는 *and these things I said to you in order that you might not become servants of sin.*

305. 전치사가 붙은 관착 부정사를 영어로 옮길 때는 일반적으로 접속사가 이끄는 절을 사용해야 한다. 따라서 그러한 경우에는 영어 번역문과 헬라어 원문은 문자적으로 일치하지 않게 되고, 전체적인 의미만 서로 통하게 된다.

간접 화법

306. 간접 화법은 대격과 부정사로 표현될 때가 가끔 있다.

예: *ἔλεγον οἱ ἄνθρωποι αὐτὸν εἶναι τὸν προφήτην*, *the men were saying that he was the prophet.*

307. 그러나 간접 화법은 직설법과 함께 쓰이는 *ὅτι*로 표현하는 것이 통례이다. 영어에서도 이와 유사한 용법을 볼 수 있는데, 여기에는 아래와 같은 중요한 차이점이 있다:

308. 헬라어의 간접 화법은 영어의 그것과는 달리 간접 화법의 바탕이 되는 직접 화법의 서법(敍法)과 시제를 동일하게 유지한다.

예를 들면:

(1) *λέγει ὅτι βλέπει τὸν ἀπόστολον*, *he says that he sees*

the apostle. 여기서 간접 화법의 바탕이 되는 직접 화법은 *I see the apostle*이다. 이 말은 화자의 입에서 직접 나온 것으로(그래서 이를 직접 화법이라고 일컫는다), 만일 따옴표를 사용했다면 인용문에 그대로 나타났을 것이다. 이 예문에서는 헬라어와 영어 사이에 용법상의 차이가 전혀 없다.

(2) *εἶπεν ὅτι βλέπει τὸν ἀπόστολον*, *he said that he saw the apostle.* 여기서 *βλέπει*는 현재 시제이다. 왜냐하면 간접 화법의 바탕이 되는 직접 화법(화자가 직접한 말)은 *I see the apostle*인데, 이 직접 화법 *I see*의 시제가 간접 화법에서 그대로 유지되었기 때문이다(물론 인칭은 바뀌었다). 반면에 영어에서는 주동사가 과거 시제인 경우에는 간접 화법에서 시제가 바뀌게 된다. 따라서 (1)의 예문은 완벽한 문자적 번역이 가능하지만 (2)의 예문은 그렇지 못하다.

(3) *εἶπεν ὁ μαθητὴς ὅτι εἶδεν τὸν ἀπόστολον*, *the disciple said that he had seen the apostle.* 여기서 직접 화법은 *I saw the apostle*, 또는 *I have seen the apostle*이다. 영어는 이 시제를 간접 화법에서 한 단계 더 뒤로 (*saw* 또는 *has seen* 대신에 *had seen*으로) 밀어놓았지만, 헬라어는 동일한 시제를 유지하였다.

(4) *εἶπεν ὅτι ὄψεται τὸν ἀπόστολον*, *he said that he would see the apostle.* 직접 화법은 *I shall see*이다. 영어는 *shall*을 *would* (일인칭인 경우에는 *should*)로 바꾸었다. 그러나 헬라어는 동일한 시제를 유지하였다.

고유 명사

309. 대문자로 시작되는 고유 명사들이 관사를 취하는 때가 종종 있다. 물론 그러한 관사를 영어로 옮겨서는 안된다.

310. Ἰησοῦς, ὁ, *Jesus*의 곡용은 아래와 같다:

주격 Ἰησοῦς
속격 Ἰησοῦ
여격 Ἰησοῦ
대격 Ἰησοῦν
호격 Ἰησοῦ

311. 어느 한 부류에서 유일하다기보다는 비길 데가 없는 독특성을 지닌 인격적 존재나 사물을 가리키는 어떤 명사들은 고유 명사로 취급되며, 관사가 붙기도 하고 생략되기도 한다. 예를 들면, *θεός* 또는 *ὁ θεός*, *God*; *πνεῦμα* 또는 *τὸ πνεῦμα*, *the Spirit*; *κόσμος* 또는 *ὁ κόσμος*, *the world*; *νόμος* 또는 *ὁ νόμος*, *the Law*.

312. 연습문제

I. 1. *οὐκ ἔξεστίν σοι ἔχειν αὐτήν.*

2. *κελεύσας δὲ τοὺς ὄχλους ἀπολυθῆναι ἐξῆλθεν εἰς τὴν ἔρημον.*

3. *οὐκ ἔστιν καλὸν λαβεῖν τὸν ἄρτον τῶν τέκνων καὶ ἐκβαλεῖν αὐτόν.*

4. *ἤρξατο δὲ ὁ Ἰησοῦς λέγειν τοῖς Ἰουδαίοις ὅτι δεῖ αὐτὸν ἀπελθεῖν.*

5. *μέλλει γὰρ ὁ υἱὸς τοῦ ἀνθρώπου ἔρχεσθαι ἐν δόξῃ μετὰ τῶν ἀγγέλων αὐτοῦ.*

6. *εἰ θέλει μετ᾽ ἐμοῦ ἐλθεῖν, δεῖ αὐτὸν ἀποθανεῖν.*

7. *καλόν σοί ἐστιν εἰς ζωὴν εἰσελθεῖν.*

8. *ἐν δὲ τῷ λέγειν με τοῦτο ἔπεσε τὸ πνεῦμα τὸ ἅγιον ἐπ᾽ αὐτούς.*

9. *μετὰ δὲ τὸ ἐγερθῆναι τὸν κύριον ἐδίωξαν οἱ Ἰουδαῖοι τοὺς μαθητὰς αὐτοῦ.*

10. *πρὸ δὲ τοῦ βληθῆναι εἰς φυλακὴν τὸν προφήτην ἐβάπτιζον οἱ μαθηταὶ τοῦ Ἰησοῦ τοὺς ἐρχομένους πρὸς αὐτούς.*
11. *διὰ δὲ τὸ εἶναι αὐτὸν ἐκεῖ συνῆλθον οἱ Ἰουδαῖοι.*
12. *θέλω γὰρ ἰδεῖν ὑμᾶς, ἵνα λάβητε δῶρον ἀγαθόν, εἰς τὸ γενέσθαι ὑμᾶς μαθητὰς πιστούς.*
13. *ἀπέθανεν ὑπὲρ αὐτῶν ὁ Ἰησοῦς εἰς τὸ σωθῆναι αὐτούς.*
14. *ἔπεμψεν ὁ θεὸς τὸν Ἰησοῦν, ἵνα ἀποθάνῃ ὑπὲρ ἡμῶν, εἰς τὸ δοξάζειν ἡμᾶς τὸν σώσαντα ἡμᾶς.*
15. *εἶπεν ὁ τυφλὸς ὅτι βλέπει τοὺς ἀνθρώπους.*
16. *εἶπεν ὁ Ἰησοῦς ὅτι ἐλεύσεται ἐν τῇ βασιλείᾳ αὐτοῦ.*
17. *ταῦτα ἔλεγεν ὁ ἀπόστολος ἔτι ὢν ἐν σαρκί, εἰς τὸ πιστεῦσαι εἰς τὸν Ἰησοῦν τοὺς ἀκούοντας.*
18. *κελεύσας ἡμᾶς ὁ Ἰησοῦς ἐλθεῖν εἰς τὴν κώμην εὐθὺς ἀπέλυσε τὸν ὄχλον.*
19. *σωθέντες ὑπὸ τοῦ Ἰησοῦ ὀφείλομεν καὶ πάσχειν διὰ τὸ ὄνομα αὐτοῦ.*
20. *ἐν τῷ πάσχειν ἡμᾶς ταῦτα ἔλεγον οἱ ἀδελφοὶ ὅτι βλέπουσι τὸν Ἰησοῦν.*

II. 1. While Jesus was preaching the gospel to the people, the Pharisees were commanding the soldiers to bring Him.
2. After Jesus had commanded the crowds to go away, His disciples came to Him.
3. If we wish to see Jesus, let us go into this village.
4. They said that it was lawful for them to take these garments.
5. They saw that it was necessary for the Son of Man to suffer

these things.

6. After Jesus had said these things to the Pharisees, the multitudes went away.

7. On account of our not being disciples of Jesus, the ruler will command us to go away.

8. After salvation had been proclaimed to the people, Jesus taught His disciples.

9. We ought when we suffer these things to pray to the One who has saved us.

10. We shall be saved in that hour, because we have believed on the name of Jesus.

11. Those who had come into that village saw that Jesus was in the house.

12. Let us not sin, for God will not receive into His kingdom those who sin and do not turn to Him.

13. While these men were praying to God, the soldiers were persecuting the Church.

14. And when they had entered into this village, they said that they wished to see Jesus.

15. This woman came to see the works of the Christ.

16. The men were brought to Jesus Christ in order that He might heal them.

제 23 과
단축 동사

313. 어 휘

ἀγαπάω, *I love* ("사랑하다"를 뜻하는 고상한 말로서, 신약에 자주 나타난다).

ἀκολουθέω, *I follow/accompany* (여격을 취한다).

Γαλιλαία, *ἡ*, *Galilee*.

δηλόω, *I show/manifest*.

εὐλογέω, *I bless*.

εὐχαριστέω, *I give thanks*.

ζητέω, *I seek*.

θεωρέω, *I behold*.

καλέω, *καλέσω*, *ἐκάλεσα*, —, —, *ἐκλήθην*, *I call*.

λαλέω, *I speak*.

παρακαλέω, *I exhort/comfort*.

περιπατέω, *I walk*.

ποιέω, *I do/make*.

προσκυνέω, *I worship* (일반적으로 여격을 취한다).

σταυρόω, *I crucify*.

τηρέω, *I keep*.

τιμάω, *I honor*.

φιλέω, *I love* (우정 같은 사랑을 뜻한다. 신약에서는 *ἀγαπάω*보다 훨씬 드물게 쓰인다).

χώρα, *ἡ*, *a country*.

단 축 법

314. 모음과 모음, 또는 모음과 이중모음이 결합하여 한 개의 장모음이나 이중모음으로 변하는 경우가 종종 있는데, 이러한 결합 과정을 "단축"(contraction)이라고 일컫는다.

315. 그러나 한 단어 안에 연이어 철자된 모음과 모음 또는 모음과 이중모음은 (아래의 법칙에 제시된 모음 조합처럼 이뤄졌더라도) *항상* 단축되는 것으로 생각해서는 안된다.

316. 단축법은 아래와 같다:

I. 모음과 모음

1. 開모음(open vowel) 다음에 閉모음(close vowel)이 바로 이어지면, 이 두 모음들은 어떠한 질적 변화도 겪지 않고 그대로 합쳐져서 이중모음으로 된다(§3.d의 각주 2와 §4를 참조하라).

예: ϵ-ι는 이중모음 ϵι로 결합된다. 그러나 閉모음이 開모음 앞에 오면, 이들은 이중모음으로 되지 않는다. 따라서 ι-ϵ는 항상 두 개의 음절로 나눠지고 이중모음으로 합쳐지지 않는다(예를 들면, ἱϵρόν과 같은 경우).

2. 소리가 같거나 비슷한 두 개의 모음이 이어지면, 그것들과 같거나 비슷한 소리를 지닌 하나의 장모음으로 된다.

예: α-α는 장모음 α로, ϵ-η는 η로, ο-ω는 ω로 합쳐진다.

3. 그러나 (2번 법칙의 예외로서) ϵ-ϵ는 ϵι로, ο-ο는 ου로 된다.

4. 모음 α, ϵ, η가 ο 또는 ω와 마주치면 자신의 소리를 내지 못하고 흡수당한다. 따라서 그러한 모음 조합은 순서에 관계 없이 항상 ω로 변하게 된다.

예: α-ο는 ω로, ϵ-ω는 ω로 합쳐진다.

5. 그러나 (4번 법칙의 예외로서) ϵ-ο와 ο-ϵ는 ου로 된다.

6. α와 ϵ 또는 η 중에서 어느 두 모음이 결합되는 경우에는, 앞선 모음이 무엇이든 간에 뒤의 것을 제압하고 자신과 같은 소리를 지닌 장모음으로 된다.

예: α-ϵ와 α-η는 장모음 α로, ϵ-α는 η로 합쳐진다.

II. 모음과 이중모음

1. 어떤 모음 바로 뒤에 그와 동일한 모음으로 시작되는 이중모음이

이어지면 앞에 있는 모음은 흡수당하고 사라지게 된다.

예: ϵ-ϵι는 ϵι로, ο-ου는 ου로 된다.

2. 어떤 모음 바로 뒤에 그와 다른 모음으로 시작되는 이중모음이 이어지면, 앞에 있는 모음과 이중모음의 첫 번째 모음이 결합되어 단축된다. 이 때 이중모음의 두 번째 모음은 사라지게 되는데, ι 만큼은 예외적으로 첨자(subscript) 형태로 남게 된다.

예: α-ϵι는 ᾳ로(우선 I. 6의 법칙에 따라 α와 ϵ가 결합된 다음에 ι가 첨자로 붙었다), α-ου는 ω로(I. 4의 법칙에 따라 α와 ο가 결합되고 나서 υ는 사라졌다), ϵ-ου는 ου로(I. 5의 법칙에 따라 ϵ와 ο가 결합되고 나서 υ는 사라졌다) 단축된다.

3. 그러나 ο-ϵι와 ο-η는 οι로 단축된다.

III. 단축된 음절의 강세

1. 단축될 음절들 중 어느 하나에 강세가 있다면, 단축된 음절에도 강세가 있어야 한다. 만일 단축된 음절이 제2말음절이거나 제3말음절이라면, 강세의 일반법칙에 따라(§11을 보라) 어떤 강세가 놓여야 하는지를 결정할 수 있을 것이다. 만일 그 단축된 음절이 말음절이라면, 일반적으로 曲강세를 갖게 된다.[2]

예를 들면:

(1) φιλέομϵν은 I. 5의 법칙에 따라 φιλουμϵν으로 된다. 여기서 ου로 합쳐진 두 개의 음절들 중 하나는 강세를 지녔으므로, ου도 강세를 가져야 한다. 그런데 강세의 일반법칙에 따르면, 말음절이 짧고 제2말음절은 긴 상황에서 어떻든 후자에 강세가 와야 한다면 그것은 曲강세를 취할 수밖에 없다. 그러므로 φιλοῦμϵν이 맞다.

(2) τιμαόμϵθα는 I. 4의 법칙에 따라 τιμωμϵθα로 된다. 여기서

---

2. 그러나 고전 헬라어에서는 高강세가 나타나는 경우도 있다. 아래 각주를 참조하라.

ω로 합쳐진 두 개의 음절들 중 하나는 강세를 지녔으므로, ω도 역시 강세를 가져야 한다. 그런데 강세의 일반법칙에 따르면 제3말음절에는 高강세만 놓일 수 있다. 그러므로 *τιμώμεθα*가 맞다.

(3) *δηλόεις*는 II.3의 법칙에 따라 *δηλοις*로 된다. 여기서 *οι*로 합쳐진 두 개의 음절들 중 하나는 강세를 지녔으므로, *οι*도 강세를 가져야 한다. 그런데 강세의 일반법칙에 따르면, 긴 말음절에는 高강세나 曲강세가 올 수 있으므로, 이 둘 중 어느 것이 옳은지를 결정하기 위해서는 다음과 같은 법칙을 더 감안해야 한다:[1] "단축될 음절들(-*λο*-*εις*)의 첫 번째(-*λο*-)에 高강세가 있는 경우에는 단축된 음절은 曲강세를 취해야 한다."[2] 그러므로 *δηλοῖς*가 맞다.

2. 단축될 음절들 중 어느 것에도 강세가 없다면, 단축된 음절에도 강세가 전혀 놓이지 않는다.

예: *ἐφίλεε*는 I.3의 법칙에 따라 *ἐφιλει*로 된다. 여기서 *ει*로 합쳐진 두 개의 음절들 중 어느 것도 강세를 지니지 않았으므로, *ει*도 강세를 갖지 않는다. 그러므로 *ἐφίλει*가 맞다.

단축 동사들의 현재 체계

317. *τιμάω*, *I honor*, *φιλέω*, *I love*, *δηλόω*, *I manifest*에 대

---

1. 물론 위에서 말한 법칙에 따라 曲강세로 금방 판정할 수도 있겠지만 이는 너무 단순한 조치이다.

2. 고대 헬라인들은 高강세나 曲강세가 붙지 않은 모든 음절은 본디 低강세를 갖고 있는 것으로 간주하였는데(일례로, 어떤 사본들에는 *πὰγκρὰτής*, *all-mighty*와 같은 형태도 나타난다), 나중에 ´` 의 순서로 붙은 강세들을 합쳐서 曲강세로 표현하게 되었고(예를 들면, *πάὶς*가 *παῖς*로, *τόὸν*이 *τῶν*으로), 低강세는 말음절에서 특수한 경우에만 쓰이게 되었다(§11.f를 보라). 따라서 *δηλόεις*는 원래 *δὴλόεὶς*였으며 이것이 *δηλοῖς*로 바뀐 것이다.

한편, *βεβαώς*(*βαίνω*, *I walk*의 완료 분사; 신약성서 헬라어에는 나타나지 않는다)가 *βεβώς*로 바뀌는 현상에서 보듯이, 단축될 음절들(-*βα*-*ως*)의 마지막(-*ως*)에 高강세가 있는 경우에는 단축된 음절도 高강세를 갖는다.

해, 학생들은 우선 단축되기 전의 현재 체계 형태들을 지금까지 배운 활용 방식에 따라 만들고, 그 다음에 단축법을 적용하여 각각의 형태를 단축시켜 보라. 또한 자신들이 만든 이 두 가지 형태들을 서로 마주 대하게 기록해 놓고, §§590-592의 패러다임과 대조하여 그것들이 틀림이 없는지 검토해 보라. 이 과정은 학생들에게 번거로울지 몰라도 단축 동사의 활용 형태들을 익히는 데 꼭 필요하다는 사실을 명심하기 바란다.

318. 이러한 활용에서 단축법에 어긋나는 두 가지 현상에 주목해야 한다: (1) -*αω*로 된 동사들의 현재 능동태 부정사는 -*άειν*에서 -*ᾷν*으로 단축되지 않고 -*ᾶν*으로 된다; (2) -*οω*로 된 동사들의 현재 능동태 부정사는 -*οειν*에서 -*οῖν*으로 단축되지 않고 -*οῦν*으로 된다.

319. 그 분사들의 모든 곡용 형태들에서도 단축이 일어난다.

320. 일반적으로, -*άω*, -*έω*, -*όω*로 된 동사들은 신약성서에서 단축되지 않은 형태로는 나타나지 않는다. 그럼에도 헬라어 사전들에는 현재 능동태 직설법 일인칭 단수의 단축되지 않은 형태가 표제어로 올라 있는데, 이유는 그러한 동사를 바르게 활용할 수 있으려면 먼저 단축되지 않은 형태를 알아야 하기 때문이다. 일례로, *τιμῶ*가 *τιμάω*와 *τιμέω* 또는 *τιμόω* 중 어느 형태에서 단축된 것이냐에 따라 활용이 크게 달라지게 된다.

-*άω*, -*έω*, -*όω*로 된 동사들의 기본어들

321. 모음으로 끝나는 동사 어간에 시제 접미소(예를 들면, 미래의 -*σο/ε*, 제1단순과거의 -*σα*, 단순과거 수동태의 -*θε*)가 첨가되면, 그 모음은 항상 길어진다(*α*도 *ε*와 마찬가지로 *η*로 길어진다). 따라서 여태까지 우리가 배운 바대로, *τιμάω*의 기본어들은 *τιμάω*, *τιμήσω*, *ἐτίμησα*, —, —, *ἐτιμήθην*이며(어간 모음이 길어지지 않은 *τιμάω*, τιμάσω 등이 아니다), φιλέω의 기본어들은 φιλέω, φιλήσω 등이고, δηλόω의 기본어들은 δηλόω, δηλώσω 등이다. 그러나 이러한 "단축" 동사들의 어간의 끝 모음이 길어지는 것은 단축과는 아무런 상관이 없다. 사실상 단축은 현재 체계에서만 나타나는 현상이다.

322. 학생들은 위의 법칙에 연루된 과정을 거꾸로 볼 줄 아는 것이 매우 중요하다. 예를 들어 헬라어를 번역하는 문제에서 φανερωθείς라는 말이 나왔다면, 학생들은 먼저 φανερωθείς의 -θε가 단순과거 수동태 체계의 표시임을 알아차려야 한다. 이 시제 접미소는 동사 어간에 붙기 때문에, 그것을 제거한 형태 φανερω-가 동사 어간일 가능성이 있다. 그러나 동사 어간의 끝에 붙은 모음은 시제 접미소 -θε 앞에서 길어지므로 그 실제 어간은 φανερο-이며, 따라서 그 동사 형태는 φανερόω이다. 또 다른 예로 ἠρωτήθη라는 말이 나왔다면, 학생들은 먼저 -θη가 ἐλύθη와 같은 단순과거 수동태 직설법 삼인칭 단수 형태의 어미라는 사실을 알아차려야 한다. 그러나 단순과거 수동태 직설법은 접두음을 지니는데, 동사가 모음으로 시작되는 경우에는 그 모음이 장음화되는 것으로 접두음을 대신한다. 따라서 그 동사 형태를 얻기 위해서는 ἠρωτήθη의 첫머리에 붙은 η가 짧아져야 한다. 그러나 η는 α 또는 ε가 길어진 것이므로, 그 동사의 첫머리가 α인지 또는 ε인지는 판단할 수 없다. 또한 ἠρωτήθη의 -θη 바로 앞에 놓인 η는 동사 어간이 길어진 결과이다. 그러므로 그 동사 어간의 끝모음은 α 또는 ε이다. 결과적으로 ἠρωτήθη가 파생되어 나올 수 있는 동사 형태에 대해서는 네 가지 가능성을 생각할 수 있다: ἀρωτέω, ἀρωτάω, ἐρωτέω, ἐρωτάω. 마지막으로 이 형태들을 사전에서 일일이 확인하면, 네 번째 ἐρωτάω가 맞다는 것을 알 수 있다.

323. καλέω는 위의 법칙에 예외적인 것으로, 미래와 단순과거 체계의 σ 앞에서 어간의 끝 모음 ε가 길어지지 않는다. 더욱이 단순과거 수동태도 불규칙하게 형성된다.

324. 연습문제

I. 1. *οὐκ εὐλογήσει ὁ θεὸς τὸν μὴ περιπατοῦντα κατὰ τὰς ἐντολὰς τοῦ Ἰησοῦ.*

2. *οἱ ἀγαπώμενοι ὑπὸ τοῦ Ἰησοῦ ἀγαπῶσι τὸν ἀγαπῶντα αὐτούς.*

3. *λαλοῦντος τοῦ Ἰησοῦ τοῖς ἀκολουθοῦσιν ἤρξατο ὁ ἄρχων παρακαλεῖν αὐτὸν ἀπελθεῖν.*

4. *ἀκολουθήσαντες τῷ λαλήσαντι ταῦτα ζητήσωμεν τὸν οἶκον αὐτοῦ.*

5. *εἰ ἀγαπῶμεν τὸν θεόν, τηρῶμεν τὰς ἐντολὰς αὐτοῦ καὶ ποιῶμεν τὰ λαλούμενα ἡμῖν ὑπὸ τοῦ Ἰησοῦ.*

6. *τοῦτο ποιήσαντος τοῦ Ἰησοῦ ἐλάλει περὶ αὐτοῦ ὁ θεραπευθεὶς τῷ ἀκολουθοῦντι ὄχλῳ.*

7. *ἐθεώρουν οἱ ἀπόστολοι τὰ ἔργα τὰ ποιούμενα ὑπὸ Ἰησοῦ ἐν τῷ περιπατεῖν αὐτοὺς σὺν αὐτῷ.*

8. *μετὰ τὸ βληθῆναι εἰς φυλακὴν τὸν προφήτην οὐκέτι περιεπάτει ὁ Ἰησοῦς ἐν τῇ χώρᾳ ἐκείνῃ.*

9. *οἱ ἀγαπῶντες τὸν θεὸν ποιοῦσι τὰς ἐντολὰς αὐτοῦ.*

10. *ταῦτα ἐποίουν τῷ Ἰησοῦ καὶ οἱ θεραπευθέντες ὑπ' αὐτοῦ.*

11. *ἐζήτουν αὐτὸν οἱ ὄχλοι, ἵνα θεωρῶσι τὰ ποιούμενα ὑπ' αὐτοῦ.*

12. *οὐ φιλοῦσι τὸν Ἰησοῦν οἱ μὴ ποιοῦντες τὰς ἐντολὰς αὐτοῦ.*

13. *ἀγαπῶμεν τὸν θεὸν ἐν ταῖς καρδίαις ἡμῶν ἀγαπῶντες καὶ τοὺς ἀδελφούς.*

14. ταῦτα ἐλάλησεν ὁ Ἰησοῦς τοῖς ἀκολουθοῦσιν αὐτῷ ἔτι περιπατῶν μετ' αὐτῶν ἐν τῇ χώρᾳ τῶν Ἰουδαίων.
15. ἐὰν μὴ περιπατῶμεν κατὰ τὰς ἐντολὰς τοῦ Ἰησοῦ, οὐ θεωρήσομεν τὸ πρόσωπον αὐτοῦ.
16. μετὰ τὸ καλέσαι αὐτοὺς τὸν Ἰησοῦν οὐκέτι περιεπάτουν ἐν ταῖς ὁδοῖς τοῦ πονηροῦ οὐδὲ ἐποίουν τὰ πονηρά.
17. ταῦτα ἐποιεῖτε ἡμῖν διὰ τὸ ἀγαπᾶν ὑμᾶς τὸν καλέσαντα ὑμᾶς εἰς τὴν βασιλείαν αὐτοῦ.
18. τῷ Ἰησοῦ λαλήσαντι ταῦτα μετὰ τὸ ἐγερθῆναι ἐκ νεκρῶν προσεκύνησαν οἱ κληθέντες ὑπ' αὐτοῦ.
19. ἐθεώρουν τὸν Ἰησοῦν σταυρούμενον ὑπὸ τῶν στρατιωτῶν αἱ ἀκολουθήσασαι αὐτῷ ἐκ τῆς Γαλιλαίας.
20. οὐ θεωρήσομεν αὐτὸν ἐὰν μὴ ἀκολουθῶμεν αὐτῷ περιπατοῦντι ἐν τῇ Γαλιλαίᾳ.

II. 1. Those things spake Jesus to those who were following Him out of Galilee.
2. I was beholding Him who had loved me and died in behalf of me.
3. Let us worship the One who does these things and bless His holy name.
4. Those who were beholding Him as He was walking in Galilee were saying that they did not wish to follow Him.
5. Having followed Jesus as He was walking in Galilee, they beheld Him also after He had been raised up from the dead.
6. Let us seek the One who has spoken to us words of hope.
7. Let us bless the name of the One who walked with us in the

world and was crucified in behalf of us.

8. If thou followest Him who does these things, thou wilt behold Him in His glory.

9. If we do not love those who bless us we will not love those who do evil things.

10. He loves us and manifests to us His glory, in order that we may bless God for ever.

11. While the multitudes were following Jesus and were hearing the things which were being spoken by Him, the rulers were saying that they did not love Him.

12. I will show to those who have followed me the things which have been shown to me by Jesus.

13. These are those who love Jesus and beheld His works and were called into His kingdom.

14. His brother exhorted him to follow Jesus in order that he might be with Him for ever.

15. This parable we speak to those who love God and keep His commandments.

16. This is the child that blesses God and loves Him.

제 24 과
유음동사의 미래와 제1단순과거 능동태와 수동태 εἰμί의 미래. 재귀대명사

325. 어 휘

ἀλλήλων, (상호대명사) *of each other, of one another.*

ἀποθανοῦμαι, (이태) *I shall die,* ἀποθνήσκω의 미래.

ἀποκτενῶ (미래), ἀπέκτεινα (단순과거), 현재는 ἀποκτείνω, *I kill.*

ἀποστελῶ (미래), ἀπέστειλα (단순과거), 현재는 ἀποστέλλω, *I send.*

ἀρῶ (미래), ἦρα (단순과거), 현재는 αἴρω, *I take up/away.*

βαλῶ, *I shall throw,* βάλλω의 미래.

ἑαυτοῦ, (재귀) *of himself.*

ἐγερῶ (미래), ἤγειρα (단순과거), 현재는 ἐγείρω, *I raise up.*

ἐμαυτοῦ, (재귀) *of myself.*

ἐπί, (전)+속격, *over, on, at the time of;* +여격, *on, at, on the basis of;* +대격, *on, to, against* (ἐπί는 매우 자주 쓰이지만 까다로운 전치사이다. 이것의 다양한 용법은 본문을 읽으면서 익힐 수밖에 없다).

ἔσομαι, *I shall be,* εἰμί의 미래.

μενῶ (미래), ἔμεινα (단순과거), 현재는 μένω, *I remain.*

μετανοέω, *I repent.*

σεαυτοῦ, (재귀) *of thyself.*

σπείρω, σπερῶ, ἔσπειρα, —, —, ἐσπάρην, *I sow.*

φοβέομαι, (수동의 형태를 지닌 이태동사) *I am afraid (of), I fear.*

326. "유음 동사"는 어간이 λ, μ, ν, 또는 ρ와 같은 유음으로 끝나는 동사이다.[1]

327. 유음 동사의 미래

유음 동사의 미래 능동태와 중간태가 형성될 때, 동사 어간에 덧붙는 시제접미소는 다른 동사들에서처럼 -σο/ε가 아니라 -εο/ε이다. 그리고 이 ε는 바로 뒤에 있는 가변 모음과 합쳐지는데, 이 경우 앞 단원에서 설명한 단축법이 적용된다. 따라서 유음 동사의 미래 능동태와 중간태는 -εω로 된 동사의 현재 시제와 똑같이 활용된다.

328. *κρίνω*, *I judge*의 미래 능동태 직설법은 아래와 같다:

단수	1. *κρινῶ*	복수	1. *κρινοῦμεν*
	2. *κρινεῖς*		2. *κρινεῖτε*
	3. *κρινεῖ*		3. *κρινοῦσι(ν)*

329. *κρίνω*의 미래 능동태 직설법의 단수 인칭들과 복수 삼인칭이 현재 능동태 직설법의 해당 인칭들(단수 *κρίνω*, *κρίνεις*, *κρίνει*, 복수 *κρίνουσι(ν)*)과 겉으로 차이 나는 것은 단지 강세뿐이다.

330. *κρίνω*의 미래 중간태 직설법은 아래와 같다:

단수	1. *κρινοῦμαι*	복수	1. *κρινούμεθα*
	2. *κρινῇ*		2. *κρινεῖσθε*
	3. *κρινεῖται*		3. *κρινοῦνται*

331. 현재 체계에서는 동사 어간이 그대로 드러나지 않는 경우가 종종 있다(§157을 보라). 따라서 유음 동사의 미래 형태는 첨가된 ε 말고도 어떤 다른 요소에 의해서 현재와 구별되는 때가 있다.

---

1. 그러나 이 네 자음들을 엄밀히 구분하면, λ와 ρ는 "유음"(流音, liquid)이고, μ와 ν는 "비음"(鼻音, nasal)이다. 따라서 동사 어간의 끝이 λ 또는 ρ이면, 유음 동사(liquid verb), μ 또는 ν이면 비음 동사(nasal verb)라고 불러야 할 것이나, 일반적으로는 이 모두를 "유음 동사"라고 일컫는다.

예: $\beta\acute{\alpha}\lambda\lambda\omega$의 어간은 $\beta\alpha\lambda\lambda$-이 아니라 $\beta\alpha\lambda$-이기 때문에 그 미래는 $\beta\alpha\lambda\hat{\omega}$이다. 사실상 $\kappa\rho\iota\nu\hat{\omega}$도 현재 형태 $\kappa\rho\acute{\iota}\nu\omega$와 어간이 서로 다른데, 전자의 ι는 짧고 후자의 ι는 길기 때문이다. 그러나 $\mu\acute{\epsilon}\nu\omega$(미래 형태는 $\mu\epsilon\nu\hat{\omega}$)의 경우에는 이와 같은 차이도 존재하지 않는다.

332. 어떤 동사들은 미래에서 유음 어간을 갖지만, 다른 시제들에서는 안 그렇다. 예를 들면, $\lambda\acute{\epsilon}\gamma\omega$의 미래는 $\dot{\epsilon}\rho\hat{\omega}$이다.[1]

유음 동사의 제1단순과거

333. 유음 동사의 제1단순과거 능동태와 중간태는 동사 어간에 -$\sigma\alpha$를 덧붙이지 않고 -α만을 덧붙임으로써 형성되는데, 이 때 단어의 본체 안에서 변화가 일어나며 동사 어간은 통상 길어진다(ϵ는 η가 아니라 $\epsilon\iota$로 길어진다). 모든 敍法들에서 그 활용은 다른 제1단순과거의 활용과 같다.

예: (1) $\mu\acute{\epsilon}\nu\omega$, *I remain*의 제1단순과거 능동태는 $\breve{\epsilon}\mu\epsilon\iota\nu\alpha$(직설법), $\mu\epsilon\acute{\iota}\nu\omega$(가정법), $\mu\epsilon\hat{\iota}\nu\alpha\iota$(부정사), $\mu\epsilon\acute{\iota}\nu\alpha\varsigma$(분사); (2) $\dot{\alpha}\pi o\sigma\tau\acute{\epsilon}\lambda\lambda\omega$, *I send*의 제1단순과거 능동태는 $\dot{\alpha}\pi\acute{\epsilon}\sigma\tau\epsilon\iota\lambda\alpha$(직설법), $\dot{\alpha}\pi o\sigma\tau\epsilon\acute{\iota}\lambda\omega$(가정법), $\dot{\alpha}\pi o\sigma\tau\epsilon\hat{\iota}\lambda\alpha\iota$(부정사), $\dot{\alpha}\pi o\sigma\tau\epsilon\acute{\iota}\lambda\alpha\varsigma$(분사)이다.

334. 물론 유음 동사도 제2단순과거를 가질 수 있다.[2] 예를 들면, $\beta\acute{\alpha}\lambda\lambda\omega$의 단순과거는 제2단순과거인 $\breve{\epsilon}\beta\alpha\lambda o\nu$이다. 더욱이 어떤 동사들은 유음 동사가 아니면서도 유음으로 끝나는 현재 어간을 갖는 경

---

1. 사실상 $\lambda\acute{\epsilon}\gamma\omega$와 $\dot{\epsilon}\rho\hat{\omega}$는 서로 다른 어근에서 파생된 말이다. 즉, 미래에서 $\lambda\acute{\epsilon}\gamma\omega$는 같은 뜻을 지닌 $\breve{\epsilon}\acute{\iota}\rho\omega$의 미래 형태를 빌려 쓴다(참고로, 이것의 어근은 $F\epsilon\rho$이며, 라틴어 verbum과 영어 word도 여기서 파생되었다; F는 성서 헬라어에서는 사용되지 않는 고대 문자로서 "waw" 또는 "digamma"라고 일컬어지며, [w]의 음가를 지닌다).

2. 제2단순과거를 불규칙한 활용으로 오인해서는 안된다. 이 형태는 동사 어간에서 직접(시제 접미소의 개입 없이) 형성된 것으로 제1단순과거보다 더 오래된 모습을 지니고 있다.

우도 있다. 예를 들면, *λαμβάνω*의 어간은 *λαβ-*이기 때문에 그것은 유음 동사라고 말할 수 없다. 이러한 예에서 다시 한 번 유념할 사항은 헬라어 동사가 각각의 시제에서 어떤 형태로 변화될지는 아무도 예측할 수 없다는 사실이다. 따라서 헬라어 사전을 항상 찾아보아야 한다.

335. *εἰμί*의 미래 직설법

εἰμί, *I am*의 미래 직설법은 아래와 같다:

단수 1. *ἔσομαι*	복수 1. *ἐσόμεθα*
2. *ἔσῃ*	2. *ἔσεσθε*
3. *ἔσται*	3. *ἔσονται*

이 활용은 *λύω*의 미래 중간태 활용 방식을 그대로 따르고 있다. 단, 3인칭 단수에서는 가변 모음이 생략되어, *λύσεται*처럼 *ἔσεται*가 아니라 *ἔσται*로 나타난다.

336. "There"의 예비적 용법

영어 구문에서 동사 앞에 놓인 "there"는 특별한 의미를 갖지 않고, 단지 실제 주어는 동사 뒤에 있다는 것을 가리키는 경우가 종종 있다. 그러나 헬라어에는 이러한 "예비적" there에 해당하는 말이 없다.

예: (1) *χαρὰ ἔσται ἐν οὐρανῷ*, *there shall be joy in heaven.* (2) *ἦσαν μαθηταὶ ἐν τῷ οἴκῳ*, *there were disciples in the house.*

재귀 대명사의 곡용

337. 일인칭 재귀 대명사 *ἐμαυτοῦ*, *ῆς*, *of myself*의 곡용은 아래와 같다:

	단 수			복 수	
	남성	여성		남성	여성
속격	*ἐμαυτοῦ*	*ἐμαυτῆς*	속격	*ἑαυτῶν*	*ἑαυτῶν*
여격	*ἐμαυτῷ*	*ἐμαυτῇ*	여격	*ἑαυτοῖς*	*ἑαιταῖς*
대격	*ἐμαυτόν*	*ἐμαυτήν*	대격	*ἑαυτούς*	*ἑαυτάς*

338. 이인칭 재귀 대명사 *σεαυτοῦ, ῆς*, *of thyself*의 곡용은 아래와 같다:

	단 수			복 수	
	남성	여성		남성	여성
속격	*σεαυτοῦ*	*σεαυτῆς*	속격	*ἑαυτῶν*	*ἑαυτῶν*
여격	*σεαυτῷ*	*σεαυτῇ*	여격	*ἑαυτοῖς*	*ἑαυταῖς*
대격	*σεαυτόν*	*σεαυτήν*	대격	*ἑαυτούς*	*ἑαυτάς*

339. 삼인칭 재귀 대명사 *ἑαυτοῦ, ῆς, οῦ*, *of himself, of herself, of itself*의 곡용은 아래와 같다:

	단 수				복 수		
	남성	여성	중성		남성	여성	중성
속격	*ἑαυτοῦ*	*ἑαυτῆς*	*ἑαυτοῦ*	속격	*ἑαυτῶν*	*ἑαυτῶν*	*ἑαυτῶν*
여격	*ἑαυτῷ*	*ἑαυτῇ*	*ἑαυτῷ*	여격	*ἑαυτοῖς*	*ἑαυταῖς*	*ἑαυτοῖς*
대격	*ἑαυτόν*	*ἑαυτήν*	*ἑαυτό*	대격	*ἑαυτούς*	*ἑαυτάς*	*ἑαυτά*

340. 재귀 대명사는 주어를 반영하는(reflexive) 것이므로, 여기에는 주격 및 일인칭과 이인칭의 중성이 나타날 수 없다는 점을 제외하면, 이것은 *αὐτός*와 똑같은 패턴으로 곡용된다.

341. 원래 삼인칭 재귀 대명사 *ἑαυτοῦ*의 복수 형태인 *ἑαυτῶν*은 일인칭과 이인칭의 복수에서도 사용된다.

342. 재귀 대명사의 용법

앞에서 지적했듯이(§340을 보라), 재귀 대명사는 문장의 주어를 되받아서 가리키는 대명사이다.

예: (1) *οὐ λαλῶ περὶ ἐμαυτοῦ, I do not speak concerning myself*; (2) *οὐ δοξάζεις σεαυτόν, thou dost not glorify thyself*; (3) *οὐκ ἔχει ζωὴν ἐν ἑαυτῷ, he has not life in himself*; (4) *δοξάζετε ἑαυτούς, ye glorify yourselves.*

343. 상호 대명사

헬라어의 상호 대명사는 *ἀλλήλων, of one another, of each other* 이다. 신약에는 다음과 같은 형태들로만 나타난다: *ἀλλήλων, of one another; ἀλλήλοις, to/for one another; ἀλλήλους, one another* (*βλέπουσιν ἀλλήλους, they see one another*).

344. 연습문제

I. 1. *οὐ γὰρ ἑαυτοὺς κηρύσσομεν ἀλλὰ Χριστὸν Ἰησοῦν κύριον, ἑαυτοὺς δὲ δούλους ὑμῶν διὰ Ἰησοῦν.*

2. *ὁ ἐγείρας τὸν κύριον Ἰησοῦν ἐγερεῖ καὶ ἡμᾶς σὺν Ἰησοῦ.*

3. *εἶπεν ὁ μαθητὴς ὅτι ἀποθανεῖται ὑπὲρ τοῦ Ἰησοῦ.*

4. *οὐκ ἐγεροῦμεν αὐτοὶ ἑαυτούς, ὁ δὲ Ἰησοῦς ἐγερεῖ ἡμᾶς ἐν τῇ ἐσχάτῃ ἡμέρᾳ.*

5. *εὐθὺς ἦρεν ὁ πονηρὸς τὸ παρὰ τὴν ὁδὸν σπαρέν.*

6. *ἐὰν ἀγαπᾶτε ἀλλήλους, ἔσεσθε μαθηταὶ τοῦ ἀποθανόντος ὑπὲρ ὑμῶν.*

7. *ἐὰν πιστεύσητε εἰς τὸν Ἰησοῦν, μετ' αὐτοῦ μενεῖτε εἰς τὸν αἰῶνα.*

8. ὁ ἀγαπῶν τὸν υἱὸν ἀγαπᾷ καὶ τὸν ἀποστείλαντα αὐτόν.

9. χαρὰ ἔσται ἐπὶ τῷ ἁμαρτωλῷ τῷ ἐπὶ τῷ ῥήματι τοῦ Ἰησοῦ μετανοήσαντι.

10. οἱ ἀποκτείναντες τὸν Ἰησοῦν καὶ διώξαντες τοὺς μαθητὰς αὐτοῦ ἐκβαλοῦσι καὶ ἡμᾶς.

11. ἐπιστρέψαντες οὗτοι ἐπὶ τὸν θεὸν ἔμειναν ἐν τῇ ἐκκλησίᾳ αὐτοῦ.

12. ἐγείραντος τοῦ θεοῦ τοὺς νεκροὺς ἐσόμεθα σὺν τῷ κυρίῳ εἰς τοὺς αἰῶνας τῶν αἰώνων.

13. οὐκ εἰς ἐμαυτὸν ἐπίστευσα, ἀλλ' εἰς τὸν κύριον.

14. ἔξεστιν ἡμῖν λαβεῖν δῶρα ἀπ' ἀλλήλων, ἀλλ' οὐκ ἀποκτεῖναι οὐδὲ διῶξαι ἀλλήλους.

15. οὗτος μέν ἐστιν ὁ ἄρχων ὁ ἀποκτείνας τοὺς προφήτας, ἐκεῖνος δέ ἐστιν ὁ ἁμαρτωλὸς ὁ μετανοήσας ἐπὶ τῷ ῥήματι τοῦ Ἰησοῦ.

16. ἐὰν δὲ τοῦτο εἴπωμεν κατ' αὐτοῦ, φοβούμεθα τοὺς ὄχλους, λέγουσι γὰρ εἶναι αὐτὸν προφήτην.

17. ἀποστελεῖ πρὸς αὐτοὺς διδασκάλους καὶ προφήτας, ἵνα μετανοήσωσιν καὶ φοβῶνται τὸν θεόν.

18. μακάριοί εἰσιν οὐχ οἱ ἑαυτοὺς δοξάζοντες ἀλλ' οἱ δοξάζοντες τὸν ἀποστείλαντα τὸν υἱὸν αὐτοῦ εἰς τὸν κόσμον.

19. ἐρχομένου πρὸς αὐτοὺς τοῦ Ἰησοῦ περιπατοῦντος ἐπὶ τῆς θαλάσσης ἐφοβοῦντο οἱ ἰδόντες αὐτὸν μαθηταί.

20. ταῦτα ἐροῦμεν τοῖς ἀποσταλεῖσι πρὸς ἡμᾶς προφήταις.

II. 1. When Jesus has taken away our sins we shall be holy for ever.
2. Let us not begin to say[1] in ourselves that we do not know Him.
3. We shall not fear the ruler who killed the prophets, for God will send His angels to us.
4. When the soldiers had killed Jesus our Lord, we were afraid and went away from Him.
5. He said that it was not necessary for us to see each other.
6. If ye persecute and kill those who are being sent to you, ye shall no longer be the people of God.
7. The multitudes went away, but those who remained said that He had the words of life.
8. When Jesus had spoken these things and had sent His disciples into the villages of Galilee, the Pharisees were afraid of the people.
9. Having killed Jesus they will cast out of their synagogues those who have believed on Him.
10. The apostle himself did not save himself, but God was the One who saved him.
11. When the Lord had spoken this parable, those rulers said that they would kill those who had been sent by Him.
12. Unless Jesus himself sends us we shall not be disciples of Him.
13. Unless ye repent ye will remain in sin forever.
14. He who said this word to the One who sent the apostles will say the same word also to those who have been sent by Him.

---

1. *ἄρχομαι*, *I begin*에 부정사를 연결할 때는, 단순과거 부정사는 안되고 반드시 현재 부정사를 사용해야 한다.

15. Those good disciples, having loved those who were following Jesus, will love also those who follow His apostles.
16. Those who saw Him as He was walking in Galilee will behold Him in heaven for ever.

제 25 과
제3곡용의 여러 명사들 -ης, -ες로 된 제3곡용 형용사들

345. 어 휘

ἀληθής, *ές*, (형) *true*.

ἀνήρ, *ἀνδρός*, *ὁ*, *a man*(*ἀνήρ*는 여자와 아이들과 구별되는 남자를 뜻한다; *ἄνθρωπος*는 다른 존재들과 구별되는 인간을 뜻한다).

ἀρχιερεύς, *ἀρχιερέως*, *ὁ*, *a chief priest*.

βασιλεύς, *βασιλέως*, *ὁ*, *a king*.

γένος, *γένους*, *τό*, *a race*, *a kind*.

γραμματεύς, *γραμματέως*, *ὁ*, *a scribe*.

ἔθνος, *ἔθνους*, *τό*, *a nation*; (복수) *τὰ ἔθνη*, *the nations*, *the Gentiles*.

ἱερεύς, *ἱερέως*, *ὁ*, *a priest*.

μήτηρ, *μητρός*, *ἡ*, *a mother*.

ὄρος, *ὄρους*, *τό*, *a mountain*.

πατήρ, *πατρός*, *ὁ*, *a father*.

πίστις, *πίστεως*, *ἡ*, *faith*, *trust*, *fidelity*.

πλήρης, *ες*, (형) *full*.

πόλις, *πόλεως*, *ἡ*, *a city*.

χάρις, *χάριτος*, *ἡ*, *grace*, *favour*, *gratitude*.

346. 본 단원을 공부하기 전에, 17과에 있는 패러다임을 복습하라.

347. *χάρις*, *χάριτος*, *ἡ*, *grace*의 곡용은 아래와 같다:

	단 수		복 수
주(호)격	*χάρις*	주(호)격	*χάριτες*
속격	*χάριτος*	속격	*χαρίτων*
여격	*χάριτι*	여격	*χάρισι(ν)*
대격	*χάριν*	대격	*χάριτας*

348. 이 명사는 §211에 열거된 명사들과 비교해 보면 단수 대격 어미가 -*α*가 아니라 -*ν*라는 차이점이 있음을 발견할 것이다. 그리고 어간(*χαριτ*-)의 끝에 위치한 *τ*는 -*ν* 앞에서 탈락되었다. 만일 *χάρις*가 *ἐλπίς*처럼 곡용되었다면 단수 대격은 *χάριτα*였을 것이다.

349. *πόλις*, *πόλεως* (어간 *πολι*-), *ἡ*, *a city*의 곡용은 아래와 같다:

	단 수		복 수
주격	*πόλις*	주(호)격	*πόλεις*
속격	*πόλεως*	속격	*πόλεων*
여격	*πόλει*	여격	*πόλεσι(ν)*
대격	*πόλιν*	대격	*πόλεις*
호격	*πόλι*		

350. 어간의 끝에 놓인 *ι*는 단수 주격과 대격과 호격을 제외하고는 모두 *ε*로 바뀐다. 단수 여격의 *πόλει*는 *πόλε-ι*에서, 복수 주격의 *πόλεις*는 *πόλε-ες*에서 단축된 형태들로서, 이들은 23과에서 설명된 단축법을 따르고 있다. 복수 대격은 -*εας* 또는 (단축법이 요구하는 대로) -*ης*가 아니라 -*εις*의 형태를 취한다. 단수 대격 어미는 -*α*가 아니라, *χάρις*와 같은 제3곡용 명사들에서 나타나는 -*ν*이다. 단수 속격 어미는 -*ος*가 아니라 -*ως*이다. 이 부류의 명사들에서 단수와 복수의 속격에 붙는 강세는 말음절이 길면 제3말음절에는 강세가 올 수 없다는 법칙에 어긋나는 유일한 경우이다(§11을 보라).

351. *πόλις*의 例에서 보듯이 단수 주격과 속격이 각각 -*ις*와 -*εως*인 제3곡용 명사들은 신약성서에서 매우 중요한 명사 부류에 속한다. 이 부류의 명사들은 똑같은 패턴으로 곡용되며 모두 여성이다.

352. *γένος*, *γένους*, (어간 *γενεσ*-), *τό*, *a race*의 곡용은 아래

와 같다:

	단 수		복 수
주·대·호격	γένος	주·대·호격	γένη
속격	γένους	속격	γενῶν
여격	γένει	여격	γένεσι(ν)

353. 단수 주격을 제외하면, 어간(γενεσ-)의 끝 소리 σ는 탈락된다. 그리고 나서 어간의 끝에 놓이게 된 ε는, 23과에서 설명한 단축법에 따라, 제3곡용 어미들의 모음과 합쳐진다. 예를 들면, 단수 속격은 γενε(σ)-ος에서, 복수 주격은 γενε(σ)-α에서 단축된 형태들이다.

354. 이와 같이 -ος, -ους로 된 제3곡용 명사들은 똑같은 패턴으로 곡용되며 모두 중성이다.

355. *βασιλεύς*, *βασιλέως* (어간 *βασιλευ-*), *ὁ*, *a king*의 곡용은 아래와 같다:

	단 수		복 수
주격	βασιλεύς	주(호)격	βασιλεῖς
속격	βασιλέως	속격	βασιλέων
여격	βασιλεῖ	여격	βασιλεῦσι(ν)
대격	βασιλέα	대격	βασιλεῖς
호격	βασιλεῦ		

356. 어간의 끝 소리 υ는 모음으로 시작되는 어미들 앞에서 탈락된다. 단수 여격과 복수 주격에서 단축이 일어난다. 단수 속격은 -ος 대신에 -ως의 형태를 취한다(πόλις와 비교하라). 그러나 단수 대격 어미는 -ν가 아니라 -α이다.

357. 이와 같이 -ευς, -εως로 된 명사들은 남성이다.

358. §565에 제시된 *πατήρ*와 *ἀνήρ*의 곡용을 숙지하기 바란다.

359. 다른 제3곡용 명사들의 곡용은 그 단수 속격 형태와 성을 일단 알고 나면 별로 어렵지 않을 것이다. 단지 복수 여격만큼은 까다로운 경우가 가끔 있지만, 문장 가운데서 그 형태를 쉽게 알아볼 수 없을 정도는 아니다.

360. *ἀληθής, ές* (어간 *ἀληθεσ-*), *true*의 곡용은 아래와 같다:

	단 수			복 수	
	남·여	중성		남·여	중성
주격	*ἀληθής*	*ἀληθές*	주(호)격	*ἀληθεῖς*	*ἀληθῆ*
속격	*ἀληθοῦς*	*ἀληθοῦς*	속격	*ἀληθῶν*	*ἀληθῶν*
여격	*ἀληθεῖ*	*ἀληθεῖ*	여격	*ἀληθέσι(ν)*	*ἀληθέσι(ν)*
대격	*ἀληθῆ*	*ἀληθές*	대격	*ἀληθεῖς*	*ἀληθῆ*
호격	*ἀληθές*	*ἀληθές*			

361. 어간의 끝 소리 *σ*는 거의 모든 형태들에서 탈락되고, 그 결과 끝머리에 놓이게 된 *ε*와 어미의 모음이 합쳐져 단축이 일어난다. 앞에서 제시한 명사들(*πόλις, γένος, βασιλεύς*)의 곡용과 비교하라.

362. 이러한 부류의 형용사는 여태까지 배운 적이 없었던 것으로 남성과 중성뿐만 아니라 여성에서도 한결같이 제3곡용 방식을 따라 굴절된다.

363. 연습문제

I. 1. *ἀληθῆ ἐστι τὰ λαλούμενα ὑπὸ τοῦ ἱερέως τούτου.* 2. *συνελθόντων τῶν ἀρχιερέων καὶ γραμματέων ἵνα ἀποκτείνωσι τὸν ἄνδρα τοῦτον, προσηύξαντο οἱ μαθη-*

ταὶ ἐν τῷ ἱερῷ.

3. ἀπεκρίθη ὁ βασιλεὺς ὁ ἀγαθὸς λέγων ὅτι οὐ θέλει ἀποκτεῖναι τοῦτον.

4. χάριτι δὲ ἐσώθησαν ἐκεῖνοι οἱ ἁμαρτωλοὶ καὶ ἠγέρθησαν ἐν δόξῃ.

5. τῇ γὰρ χάριτι σωζόμεθα διὰ πίστεως ἵνα δοξάζωμεν τὸν θεόν.

6. ἰδὼν τὸν πατέρα καὶ τὴν μητέρα αὐτοῦ ἐν τῇ πόλει ἔμεινεν σὺν αὐτοῖς.

7. εἰς τὰ ἔθνη ἀποστελεῖς τοὺς ἀποστόλους σου, ἵνα κηρύσσωσιν αὐτοῖς τὸ εὐαγγέλιον τῆς χάριτός σου.

8. ἀγαθὸς ἦν οὗτος ὁ ἀνὴρ καὶ πλήρης πνεύματος ἁγίου καὶ πίστεως.

9. ἰδόντες δὲ τὴν χάριν τοῦ θεοῦ παρεκάλεσαν τὰ ἔθνη μένειν ἐν τῇ χάριτι σὺν χαρᾷ καὶ ἐλπίδι.

10. καταβαινόντων δὲ αὐτῶν ἐκ τοῦ ὄρους ἐλάλει ταῦτα ὁ Ἰησοῦς.

11. ἀγαπήσωμεν τοὺς πατέρας καὶ τὰς μητέρας ἡμῶν, ἵνα τηρήσωμεν τὴν ἐντολὴν τοῦ θεοῦ.

12. τῶν ἀρχιερέων ἰδόντων τοὺς συνερχομένους εἰς τὸ ἀκούειν τοῦ ἀνδρὸς εἶπον πρὸς ἑαυτοὺς οἱ ἄρχοντες ὅτι δεῖ αὐτὸν ἀποθανεῖν.

13. οἱ βασιλεῖς οἱ πονηροὶ ἀπέκτειναν καὶ τοὺς ἄνδρας καὶ τὰ τέκνα.

14. ὁ δὲ θεὸς ἤγειρεν αὐτούς, ἵνα δοξάζωσιν αὐτὸν εἰς τὸν αἰῶνα.

15. ἐὰν μὴ χάριν ἔχωμεν καὶ πίστιν καὶ ἐλπίδα, οὐ με-

τανοήσουσι τὰ ἔθνη ἐπὶ τῷ λόγῳ ἡμῶν.

16. *τοῖς ἀνδράσι τοῖς πεμφθεῖσιν ὑπὸ τοῦ βασιλέως προσηνέγκαμεν τὸν πατέρα καὶ τὴν μητέρα ἡμῶν.*

17. *ἐλθὼν πρὸς τὸν βασιλέα ταύτης τῆς χώρας παρεκάλεσας αὐτὸν μὴ ἀποκτεῖναι τὸν ἄνδρα τοῦτον.*

18. *εἰ ἀληθῆ ἐστι τὰ λεγόμενα ὑπὸ τῶν ἀκολουθησάντων τῷ ἀνδρὶ ἐν τῇ Γαλιλαίᾳ ἀποκτενοῦσιν αὐτὸν οἱ ἀρχιερεῖς.*

19. *διὰ πίστεως σώσει τοὺς πιστεύοντας εἰς τὸ ὄνομα αὐτοῦ.*

20. *ἐδέξαντο δὲ καὶ τὰ ἔθνη τὸ ῥῆμα τοῦ Ἰησοῦ τὸ ἀληθές.*

II. 1. This is the race that killed those who believe on Jesus.

2. When the scribes had entered into that city, the disciples went away to the mountains.

3. We saw that the word which was being spoken by the man was true.

4. When the Lord had said this to the chief priests, the ruler marvelled.

5. The father of him who killed the men will kill also the children.

6. God will raise up from the dead those who have been saved by His grace.

7. Ye shall be saved by God through faith.

8. On account of the faith of the fathers and of the mothers the children will die in the evil city.

9. The city being itself full of sin has also a wicked king.

10. If we enter into those cities having our hearts full of grace and faith and hope, those who repent at our word will see the King in His glory.
11. Jesus said to the scribes who were following that He was going into the holy city.
12. If we love the brethren we shall bless also the One who sent them into the nations.
13. The king said to my father that the chief priests and Pharisees wished to kill those who were following Jesus.
14. While Jesus was speaking these things in that wicked city, the chief priests were gathering together the soldiers in order that they might kill Him.
15. Those who have not the grace of God in their hearts have neither life nor hope.
16. If ye go into those cities and villages, ye shall see the king who killed your fathers and your mothers.

제 26 과

πᾶς, *πολύς*, *μέγας* 및 수사의 곡용 전치사구와 속격의 관형적 · 명사적 용법 시간적 · 공간적 길이의 대격

364. 어 휘

δύο, *two*.
εἷς, *μία*, *ἕν*, *one*.
ἕξ, (곡용되지 않음) *six*.
ἔτος, *ἔτους*, *τό*, *a year*.
ἤ, (접속사) *or*.
ἤθελον, *θέλω*의 미완료 직설법 (접두음이 불규칙하게 보이지만 실제로는 이 동사의 또 다른 형태인 *ἐθέλω*에서 나온 것이다).
Ἰάκωβος, *ὁ*, *James* (라틴어 표기 *Jacobus*에서 *b*가 같은 순음인 *m*으로 변화되고, *c*가 탈락된 다음에 모음이 단축되었다).
καθαρός, *ά*, *όν*, *clean, pure*.
μέγας, *μεγάλη*, *μέγα*, *great*.
μηδείς, *μηδεμία*, *μηδέν*, (직설법을 제외한 서법들에서) *no one, nothing*.
ὀλίγος, *η*, *ον*, *little, few*.
οὐδείς, *οὐδεμία*, *οὐδέν*, (직설법에서) *no one, nothing*.
πᾶς, *πᾶσα*, *πᾶν*, *all, every*.
πεντακισχίλιοι, *αι*, *α*, *five thousand*.
πέντε, (곡용되지 않음) *five*.
πλῆθος, *πλήθους*, *τό*, *a great number, a multitude*.
πολύς, *πολλή*, *πολύ*, *much, many*.
πούς, *ποδός*, *ὁ*, *a foot*.
στάδιον, *τό* (복수 *τὰ στάδια*, 또한 남성 형태 *οἱ στάδιοι* 도 사용됨) *a stadium, a furlong*.
τέσσαρες, *α*, *four*.
τρεῖς, *τρία*, *three*.
ὡς, (부사) *as*; 수사와 결합되면, *about*.

365. *πᾶς, πᾶσα, πᾶν, all, every*의 곡용은 아래와 같다:

	단 수			복 수	
남성	여성	중성	남성	여성	중성
주. πᾶς	πᾶσα	πᾶν	주. πάντες	πᾶσαι	πάντα
속. παντός	πάσης	παντός	속. πάντων	πασῶν	πάντων
여. παντί	πάσῃ	παντί	여. πᾶσι(ν)	πάσαις	πᾶσι(ν)
대. πάντα	πᾶσαν	πᾶν	대. πάντας	πάσας	πάντα

366. 남성과 중성의 어간은 *παντ*-이며, 이 단어는 *λύω*의 제1단순과거 능동태 분사와 거의 똑같이 곡용된다. 그러나 강세는 남성과 중성에서 약간 불규칙하게 나타나는데, 단수에서는 제3곡용의 단음절 명사들에 적용되는 법칙을 따르지만(§221을 보라) 복수에서는 그렇지 않기 때문이다.

πᾶς의 용법

367. *πᾶς*가 관사를 지닌 명사와 연결될 때 그것의 서술적 위치에 놓일 수 있다. 이 용법은 영어와 정확히 일치하므로 설명할 필요가 거의 없을 것이다.

예: *πᾶσα ἡ πόλις, all the city.*

368. 또한 *πᾶς*는 관형적 위치에도 놓일 수 있다.

예: *ἡ πᾶσα πόλις, the whole city; οἱ πάντες μαθηταί, the whole body of disciples, all the disciples.*

369. *πᾶς*가 단수 명사와 연결되면 종종 *every*를 의미한다.

예: *πᾶν ὄρος, every mountain.*

*πᾶς*는 관사가 붙은 분사와 함께 사용되는 경우가 흔하다.

예: *πᾶς ὁ πιστεύων, everyone who believes; πάντες οἱ πισ-*

πιστεύοντες, all those who believe; πάντα τὰ ὄντα ἐκεῖ, all the things that are there.

370. *πολύς*와 *μέγας*의 곡용

§§574, 575에서 *πολύς, πολλή, πολύ, much, many*와 *μέγας, μεγάλη, μέγα, great*의 곡용을 학습하라. 이 두 형용사들은 남성과 중성 단수의 주(호)격과 대격에서 나타나는 짧은 형태들을 제외하면 일반적인 제1·2곡용 형용사들처럼 굴절된다.

수사(數詞)

371. *εἷς, μία, ἕν, one*의 곡용은 아래와 같다:

	남성	여성	중성
주격	*εἷς*	*μία*	*ἕν*
속격	*ἑνός*	*μιᾶς*	*ἑνός*
여격	*ἑνί*	*μιᾷ*	*ἑνί*
대격	*ἕνα*	*μίαν*	*ἕν*

다소 불규칙한 형태들에 주의하라.

372. *οὐδείς, οὐδεμία, οὐδέν* 그리고 *μηδείς, μηδεμία, μηδέν, no one*의 곡용은 *εἷς*의 그것과 같다.

373. *δύο, two*는 곡용되지 않는다(즉, 모든 성과 격에 대해 동일한 형태를 유지한다). 단, 여격에서는 *δυσί(ν)*로 된다.

374. *τρεῖς, τρία, three*와 *τέσσαρες, τέσσαρα, four*의 곡용은 §588에 제시되어 있다.

375. *διακόσιοι*, *two hundred*까지의 다른 기수(基數)들은 곡용되지 않는다.

전치사구와 속격의 관형적 · 명사적 용법

376. 전치사구는 흔히 "관형적 형용사"처럼 취급되며, 따라서 관사가 그 앞에 놓이기도 한다.

예: *οἱ ἐν ἐκείνῃ τῇ πόλει μαθηταί*, 또는 *οἱ μαθηταὶ οἱ ἐν ἐκείνῃ τῇ πόλει*, *the in-that-city disciples*, 또는 (의역을 하자면) *the disciples who are* [또는 주동사가 과거라면, *were*] *in that city*. 여기서 전치사구는 관형적 형용사가 놓이는 바로 그 자리를 차지하고 있다. 이와 관련하여, *the good disciples*를 나타내는 헬라어, *οἱ ἀγαθοὶ μαθηταί*, 또는 *οἱ μαθηταὶ οἱ ἀγαθοί*를 떠올릴 수 있을 것이다(§70을 보라). 만일 이 두 헬라어 구문에서 관형적 형용사 *ἀγαθοί*를 *ἐν ἐκείνῃ τῇ πόλει*로 교체한다면, 우리가 지금 다루고 있는 예문이 될 것이다.

377. 다른 관형적 형용사들과 마찬가지로, 이러한 전치사구들도 명사적으로 사용될 수 있다.

예: *οἱ ἀγαθοί*가 *the good men*을 의미하듯이, *οἱ ἐν τῇ πόλει*는 *the in-the-city men*, 또는 *the men who are* (또는 *were*) *in the city*를 뜻한다.

378. 속격 명사도 위와 같은 방식으로 사용될 수 있다.

예: *οἱ ἀγαθοί*가 *the good men*을 의미하듯이, *οἱ τοῦ Ἰησοῦ*는 *the of-Jesus men*, 또는 *the belonging-to-Jesus men*, 또는 *the ones* (*the men* 또는 *those*) *who belong to Jesus*를 뜻한다.

379. 이러한 용법의 속격은 다양한 관계를 표현할 수 있다. 그것은

부자 관계를 가리키는 때도 있다. 예를 들어, ὁ τοῦ Ζεβεδαίου는 *the son of Zebedee*를 뜻할 수 있다. 하지만 그 정확한 의미는 문맥에 따라 결정되어야 한다. 이 헬라어 자체의 뜻만 따지자면, 그 말의 대상은 *Zebedee*와 어떤 식으로든 연관이 있다는 것이 전부이다. 이 구문의 문자적 의미는 *the belonging-to-Zebedee man*이다.

380. 주의할 점은 *the disciples who are in the city*를 οἱ μαθηταὶ οἱ ὄντες ἐν τῇ πόλει, *the being-in-the-city disciples*로 표현할 수도 있겠지만, 그러나 ὄντες는 필요치 않다는 사실이다. 마찬가지로 *those who are in the city*를 οἱ ὄντες ἐν τῇ πόλει, *the being-in-the-city people*로 옮길 수 있겠지만, 여기서도 역시 ὄντες는 필요치 않다. 다시 강조하건데, 분사가 (수식어와 함께) 관형적 형용사로 사용되는 방식과 똑같이 전치사구도 그렇게 사용될 수 있는 것이다.

381. 지금까지 설명한 세 가지 표현 방식(οἱ ἐν τῇ πόλει μαθηταί, οἱ ἐν τῇ πόλει, οἱ τοῦ Ἰησοῦ)은 매우 중요하다. 헬라어 구문론의 많은 부분이 관형적 위치와 서술적 위치 사이의 차이에 의존하고 있다는 사실이 이제 더욱 분명해졌을 것이다. §§68-74를 보라.

382. 시간적 · 공간적 길이의 대격

How far? 또는 *how long?*과 같은 물음에 답할 때처럼, 공간이나 시간의 길이를 표현하기 위해서는 대격이 사용된다.

예: ἐπορεύθην μετ' αὐτοῦ στάδιον ἕν, *I went with him one furlong*; ἔμεινα μίαν ἡμέραν, *I remained one day*.

383. 연습문제

I. 1. μείνας σὺν αὐτῷ ἔτη τρία ἦλθεν εἰς ἐκείνην τὴν

πόλιν.

2. ἰδὼν δὲ τοὺς ἐν τῇ μεγάλῃ πόλει ἔγραψε καὶ τοῖς ἐν τῇ μικρᾷ.[1]

3. πορευθέντες δὲ οἱ τοῦ Ἰακώβου σταδίους ὡς πέντε εἶδον τὸν Ἰησοῦν καὶ πάντας τοὺς μετ' αὐτοῦ μαθητάς.

4. ἀκούσαντες δὲ ταῦτα πάντα οἱ ἐν τῇ συναγωγῇ εἶπον ὅτι θέλουσιν ἰδεῖν τὸν ταῦτα ποιοῦντα.

5. ἐθαύμασεν πᾶν τὸ πλῆθος ἐν τῷ βλέπειν αὐτοὺς τὰ ποιούμενα ὑπὸ τοῦ Ἰησοῦ.

6. οὐκ ἔμεινε μίαν ἡμέραν ὁ μετὰ δύο ἔτη ἰδὼν τὸν ἀπόστολον τὸν εὐαγγελισάμενον αὐτόν.

7. τῶν ἀρχιερέων ὄντων ἐν ἐκείνῃ τῇ μεγάλῃ πόλει ἔμεινεν ὁ Ἰησοῦς ἐν τῇ κώμῃ ἡμέρας ὡς πέντε ἢ ἕξ.

8. δεῖ τοὺς ἐν ταῖς πόλεσιν ἐξελθεῖν εἰς τὰ ὄρη.

9. θεραπευθέντος ὑπὸ τοῦ Ἰησοῦ τοῦ ὑπὸ τῶν τεσσάρων προσενεχθέντος αὐτῷ ἐδόξασαν πάντες οἱ ἐν τῇ οἰκίᾳ τὸν ποιήσαντα τὰ μεγάλα ταῦτα.

10. πρὸ δὲ τοῦ ἐλθεῖν τοὺς ἐκ τῶν πόλεων ἦν ὁ Ἰησοῦς μετὰ τῶν μαθητῶν αὐτοῦ ἐν τῇ ἐρήμῳ.

11. ἐποιήθη μὲν δι' αὐτοῦ ὁ κόσμος καὶ πάντα τὰ ἐν αὐτῷ, αὐτὸς δὲ ἐγένετο δι' ἡμᾶς ὡς δοῦλος.

12. τοῦτο ἐποίησεν ἵνα σώσῃ πάντας τοὺς πιστεύοντας εἰς αὐτόν.

13. πᾶς ὁ ἀγαπῶν τὸν θεὸν ἀγαπᾷ καὶ τοὺς ἀδελφούς.

14. συνήχθησαν πάντες οἱ ἐν τῇ πόλει ἵνα ἀκούσωσι τὰ

---

1. τῇ μικρᾷ에 어떤 명사를 채워 넣어야 자연스럽겠는가?

λεγόμενα ὑπὸ τῶν ἀποστόλων.

15. ταῦτα ἔλεγον οἱ ἐν τῷ οἴκῳ πᾶσι τοῖς ἀρχιερεῦσι καὶ γραμματεῦσι διὰ τὸ γινώσκειν αὐτοὺς πάντα τὰ περὶ τοῦ Ἰησοῦ.

16. ταῦτα ἐποίει ὁ βασιλεὺς τῶν Ἰουδαίων, ἤθελε γὰρ ἀποκτεῖναι τὰ ἐν τῇ κώμῃ παιδία.

17. οὐδεὶς γινώσκει πάντα τὰ ἐν τῷ κόσμῳ εἰ μὴ[1] ὁ ποιήσας τὰ πάντα.

18. σωθήσεται οὐδεὶς ἐὰν μὴ διὰ πίστεως· ἐτήρησε γὰρ οὐδεὶς πάσας τὰς ἐντολὰς τοῦ θεοῦ.

19. προσευχώμεθα ὑπὲρ τῶν διωκόντων ἡμᾶς, ἵνα γενώμεθα υἱοὶ τοῦ πατρὸς ἡμῶν τοῦ ἐν οὐρανοῖς.

20. μακάριοι οἱ καθαροί, αὐτοὶ γὰρ τὸν θεὸν ὄψονται.

II. 1. The chief priests saw that all the things which were being spoken by Jesus were true.

2. In that place there were about five thousand men with many gifts and many garments.

3. Many are those that go down into the evil way, but few are those who walk in the ways of life.

4. If ye become disciples of me I will show you all things.

5. By the grace of God all we have become disciples of Jesus.

6. Through faith we have become children of our Father who is in heaven, for Jesus has saved us.

7. Let us do all the things that are in the Law, according to the things that are being said to us by the prophets.

---

1. εἰ μή와 ἐὰν μή는 흔히 *except*로 번역된다.

8. In that great city we saw three disciples of the Lord praying to their Father in heaven.[1]
9. When Jesus had called one of the three men who were in the boat, he spake to him all the things concerning the Kingdom of God.
10. We were in the same city one year, but Jesus sent us into all the villages which are in Galilee.
11. When Jesus had done all these great things, the Pharisees said that a demon was in Him.
12. When Jesus had spoken all these things to the multitudes who were in the cities and villages, He sent the disciples in order that they might preach in the other cities also.
13. All the churches shall see the One who saved them through His grace and sent to them the apostles.
14. Many kings and priests shall say that all the things which have been spoken by Jesus are true.
15. We saw no one in that great city except one disciple and a few children.
16. Those who belonged to Jesus died on account of their faith.

---

1. 구문상으로 *in heaven*과 연결되는 말은 무엇인가? 만일 Father와 연결된다면, 그것은 관형적 위치에 놓여야 하며, 이 때 그 의미는 *our in-heaven Father*, 또는 *our Father who is in heaven*이다.

제 27 과
의문사, 부정대명사, 관계대명사 숙의적 의문문 조건적 관계절

384. 어 휘

αἰτέω, *I ask/request.*

εἰ, (간접의문문에서) *whether*; 일반적인 의미 *if*는 이미 배웠다.

ἐπερωτάω, *I ask a question of, I question.*

ἐρωτάω, *I ask a question (of), I question/ask* (원래 *ἐρωτάω*는 "묻다"라는 뜻의 *to ask*를, *αἰτέω*는 "요구하다"라는 뜻의 *to ask*를 나타냈다. 그러나 신약 헬라어에서 *ἐρωτάω*는 흔히 이러한 두 가지 의미를 모두 나타낸다).

καρπός, *ὁ*, *a fruit.*

κρίσις, *κρίσεως*, *ἡ*, *a judgment, decision.*

ὅπου, (관계부사) *where.*

ὅς, *ἥ*, *ὅ*, (관.대.) *who, which.*

ὅταν, *ὅτε ἄν*의 합성어,(가정법과 함께) *whenever.*

ὅτε, (관계부사) *when.*

οὖν, *accordingly, therefore, then* (*δέ*와 *γάρ* 같은 후치사; §91).

πίνω, *πίομαι*(불규칙한 미래형태), *ἔπιον*, *I drink.*

ποῦ, *where?*

πῶς, *how?*

τίς, *τί*, *who? which? what?*

τις, *τι*, (부정대명사) *someone, something, a certain one, a certain thing.*

φάγομαι(미래), *ἔφαγον*(제2단순과거)은 *ἐσθίω*, *I eat*에 없는 시제들을 충당하기 위해 전혀 다른 어근을 지닌 동의어로부터 빌려온 것이다.

疑問대명사와 不定대명사

385. 의문대명사 τίς, τί, *who? which? what?*의 곡용은 아래와 같다:

	단 수		복 수	
	남·여	중성	남·여	중성
주격	τίς	τί	τίνες	τίνα
속격	τίνος	τίνος	τίνων	τίνων
여격	τίνι	τίνι	τίσι(ν)	τίσι(ν)
대격	τίνα	τί	τίνας	τίνα

386. 이 의문대명사는 세 가지 성 모두에서 제3곡용을 따르고 있다. 남성과 여성은 형태상으로 차이가 전혀 없으며, 중성은 주격과 대격에서만 남(여)성과 차이가 난다.

387. 의문대명사에 붙은 高강세는 결코 低강세로 바뀌지 않는다. 예: τί λέγει; *what does he say?*

388. 부정대명사, τις, τι, *some one, something, a certain one, a certain thing*의 곡용은 아래와 같다:

	단 수		복 수	
	남·여	중성	남·여	중성
주격	τις	τι	τινές	τινά
속격	τινός	τινός	τινῶν	τινῶν
여격	τινί	τινί	τισί(ν)	τισί(ν)
대격	τινά	τι	τινάς	τινά

389. 부정대명사는 의문대명사처럼 곡용된다. 단, 부정대명사의 모든 형태들은 전접어이며, 그 강세는 §92의 법칙들에서 요구되는 경우에만 붙게 된다.

390. 의문대명사와 부정대명사는 명사에 연결될 수도 있고 단독으로 사용될 수도 있다.

예: (1) *τίνα καρπὸν ἔχετε;* *what fruit have ye?* (2) *τί λέγεις;* *what dost thou say?* (3) *ἄνθρωπός τις*, *a certain man*; (4) *εἶπέν τις*, *a certain man said.*

391. 의문대명사의 중성 단수 대격 *τί*는 종종 부사적으로도 사용되는데, 이 경우에는 *why*를 뜻한다.

예: *τί ποιεῖτε ταῦτα;* *why do ye do these things?*

간접 의문문

392. 간접 의문문은 일반 형식의 간접 화법처럼(§308을 보라), 그 바탕이 되는 직접 의문문의 서법과 시제를 동일하게 유지한다.

393. 직접 의문문에서 사용된 의문사가 간접 의문문에서도 그대로 사용되는 것이 보통이다.

예: *ἠρώτησεν αὐτὸν τίς ἐστιν*, *he asked him who he was.* 이 간접 의문문의 바탕이 되는 직접 의문문은 *τίς εἶ;* *who art thou?* (2) *εἶπεν αὐτοῖς ποῦ μένει*, *he told them where he was abiding.* 그가 답한 직접 의문문은 *ποῦ μένεις;* *where art thou abiding?*

394. 숙의적 의문문

숙의적(熟議的, deliberative) 의문문에서는 가정법이 사용된다. 숙의적 의문문은 그 답이 명령법으로 나오게 되어 있다.

예: (1) *ποιήσωμεν τοῦτο ἢ μὴ ποιήσωμεν;* *shall we do this or shall we not do it?* 이 물음에 예상되는 답은 명령법으로 된 말이다 — *do it* 또는 *do not do it.* (2) *τί ποιήσωμεν;* *what shall we do?* 이에 대한 자연스런 답은 *do this* 또는 *do that* 등이다.

관계대명사

395. 관계대명사, ὅς, ἥ, ὅ, *who, which*의 곡용은 아래와 같다:

	단 수			복 수		
	남.	여.	중.	남.	여.	중.
주격	ὅς	ἥ	ὅ	οἵ	αἵ	ἅ
속격	οὗ	ἧς	οὗ	ὧν	ὧν	ὧν
여격	ᾧ	ᾗ	ᾧ	οἷς	αἷς	οἷς
대격	ὅν	ἥν	ὅ	οὕς	ἅς	ἅ

396. 관계대명사의 곡용은 일반적인 제1·2곡용 형용사들처럼 굴절된다. 단, 중성 단수 주격과 대격은 ὅν이 아니라 ὅ이다(αὐτός와 ἐκεῖνος를 참조하라). 여성 단수 주격 및 남성과 여성의 복수 주격은 관사의 해당 형태들과 같다. 하지만 그러한 형태들로 된 관사는 후접어이다.

397. 다른 대명사들과 마찬가지로, 관계대명사는 그 선행사의 성과 수를 따르지만, 그 격은 관계절의 구문이 요구하는 격을 취한다.

예: (1) ὁ ἀπόστολος ὃν εἶδες ἀπῆλθεν, *the apostle whom you saw went away*; (2) ἀληθῆ ἦν πάντα ἃ εἶπεν ὁ Ἰησοῦς, *all things which Jesus said were true*; (3) ὁ μαθητὴς ὃν ἠγάπησεν ὁ Ἰησοῦς ἦν ἐν τῷ οἴκῳ, *the disciple whom Jesus loved was in the house.*

398. 그러나 관계대명사의 선행사가 속격이나 여격으로 되어 있고 관계대명사 자체는 관계절에 있는 동사의 목적어로서 당연히 대격이어야 할 때, 그것은 통상 선행사의 격으로 "견인"(attraction)되어진다.

예: πάντων δὲ θαυμαζόντων ἐπὶ πᾶσιν οἷς ἐποίει εἶπεν πρὸς τοὺς μαθητὰς αὐτοῦ ..., *but when all were wondering at all the things which He was doing, He said to his disciples . . . .* 여기서 οἷς는 자신이 속해 있는 절이 요구하는 격을 그대로 유지했다면 대격이었겠지만, 선행사 πᾶσιν의 격으로 견인되어 있다.

399. 관계대명사의 선행사가 나타나지 않은 채로 있는 경우가 흔하다. 따라서 관계대명사는 다음과 같은 의미를 지닐 수도 있다: ὅς, *he who;* ἥ, *she who;* ὅ, *that which,* 또는 *what;* οἵ, *the men who,* 또는 *they who;* αἵ, *the women who;* ἅ, *the things which.*

예: (1) οὐκ ἔξεστίν μοι ὃ θέλω ποιῆσαι, *it is not lawful for me to do that which I wish* (또는 *to do what I wish*). (2) ὃς γὰρ οὐκ ἔστιν καθ' ὑμῶν ὑπὲρ ὑμῶν ἐστιν, *for he who is not against you is for you.* 이와 같은 경우에는 관사가 붙은 분사로 표현되는 것과 본질적으로 같은 의미를 내포한다. 즉, ὃς οὐκ ἔστιν은 ὁ μὴ ὤν과 거의 같다. 그러나 관사가 붙은 분사만이 사용될 수 있는 때가 많다. 예를 들면, *in the one who has*는 ἐν τῷ ἔχοντι로 표현할 수밖에 다른 도리가 거의 없다. (3) ἔχω ὃ θέλω, *I have what I wish.* 여기서 영어 단어 *what*는 *the thing which* 또는 *that which*를 간략히 말하는 방식이며, 그러므로 ὃ로 번역하는 것이 정확하다. 다음 문장과 비교하라: λέγω αὐτῷ τί ἔχω, *I tell him what I have.* 여기서 영어 단어 *what*는 간접 의문문의 의문사이므로, τί로 번역하는 것이 정확하다.

조건적 관계절

400. 영어에서는 관계사에 접미사 *-ever*를 붙여서 표현하는 (예를 들면 *whoever, whichever, whatever, wherever, whenever*) 不定관계절은 헬라어에서는 일반적으로 불변사 ἄν이나 ἐάν과 연결된 가정법을 취한다. 이것은 가정법의 가장 흔한 용법들 가운데 하나이다.

예: (1) ὃς γὰρ ἐὰν θέλῃ τὴν ψυχὴν αὐτοῦ σῶσαι οὐ σώσει αὐτήν, *for whoever wishes to save his life shall not save it*; (2) ὃς ἂν πιστεύσῃ σωθήσεται, *whoever believes* (또는 *shall believe*) *shall be saved*; (3) εἰς ἣν δ' ἂν πόλιν εἰσέλθητε ὄψεσθε ἐν αὐτῇ μαθητάς, *and into whatever city ye enter* (또는 *shall enter*) *ye shall see disciples in it*; (4) ὅπου ἐὰν ᾖ ὁ διδάσκαλος ἐκεῖ ἔσονται καὶ οἱ διδασκόμενοι ὑπ' αὐτοῦ, *wherever the teacher is there will be also those who are being taught by him.*

401. 이러한 조건적 관계절을 영어로 번역할 때, 동사는 미래 직설법이나 현재 직설법이 될 수 있는데, 통상 어느 것을 사용하든 차이가 거의 나지 않는다. 그와 같은 절에서 영어의 현재 직설법은 흔히 미래 시간을 가리킨다.

402. 연습문제

I. 1. ὃς ἐὰν μὴ δέξηται ὑμᾶς τοῦτον οὐ δέξεται ὁ βασιλεύς.

2. ἃ ἐὰν ποιήσωμεν ὑμῖν, ποιήσετε καὶ ὑμεῖς ἡμῖν.

3. ἐρωτήσαντός τινος αὐτοὺς τί φάγῃ ἀπεκρίθησαν αὐτῷ λέγοντες ὅτι δεῖ αὐτὸν φαγεῖν τὸν ἄρτον τὸν ἐν τῷ οἴκῳ.

4. τίνος[1] ἔσται ταῦτα πάντα ἐν τῇ ἐσχάτῃ ἡμέρᾳ;

5. ὅταν ἔλθῃ ὁ υἱὸς τοῦ ἀνθρώπου τίνες ἔσονται οἱ πιστεύοντες;

6. ὃς ἂν λύσῃ μίαν τῶν ἐντολῶν ποιεῖ ὃ οὐκ ἔξεστιν ποιεῖν.

---

1. 명사 또는 대명사의 속격은 동사 εἰμί의 補語가 될 수 있다. 예를 들면, ἡ βασιλεία ἐστὶ τοῦ θεοῦ 또는 θεοῦ ἐστιν ἡ βασιλεία는 *the kingdom is God's* 또는 *the kingdom belongs to God*를 의미한다.

7. ἃ εἶπεν ὑμῖν ὁ προφήτης ἔτι ὢν μεθ' ὑμῶν ταῦτα ἐροῦσι καὶ οἱ εὐαγγελισάμενοι ἡμᾶς.

8. ἐάν τις ἀπὸ νεκρῶν πορευθῇ πρὸς αὐτούς, μετανοήσουσιν.

9. ὃς ἐὰν μὴ ἀκούσῃ τῶν προφητῶν οὐδὲ μετανοήσει ἐάν τινα ἴδῃ τῶν νεκρῶν.

10. οἳ ἂν εἴπωσιν ἃ οὐκ ἔστιν ἀληθῆ οὐ λήμψονται καρπόν τινα τοῦ ἔργου αὐτῶν.

11. ἔλεγεν ὅτι ἐάν τις ἐγερθῇ ἐκ νεκρῶν μετανοήσουσιν.

12. ἠρώτησαν τὸν προφήτην οἱ ἐν τῇ Γαλιλαίᾳ εἰ οἱ νεκροὶ ἀκούσουσι τῆς φωνῆς τοῦ κυρίου.

13. εἶπεν οὖν αὐτοῖς ὅτι ἐν τῇ κρίσει ἀκούσουσιν πάντες τοῦ κυρίου.

14. ἐλθόντες οἱ Φαρισαῖοι εἴς τινα κώμην ἐπηρώτησαν τοὺς ἐν αὐτῇ λέγοντες Ποῦ εἰσιν οἱ τοῦ προφήτου· ἃ γὰρ λέγουσι περὶ αὐτῶν οἱ ἐν τῇ Γαλιλαίᾳ οὐκ ἔστιν ἀληθῆ.

15. ἔλεγε δὲ ὁ ἐπερωτηθείς Τί ἐπερωτᾷς με; οὐ γὰρ θέλω ἀποκρίνεσθαί σοι οὐδέν.[1]

16. ἔλεγεν οὖν τῶν μαθητῶν τις τῷ ἀποστόλῳ Τί ποιήσει οὗτος; ὁ δὲ ἀπόστολος εὐθὺς ἀπεκρίθη αὐτῷ λέγων Ποιήσει ὁ θεὸς ἃ θέλει καὶ πάντα ἃ θέλει ἐστὶν ἀγαθά.

17. ἃ ἔβλεπε τὸν κύριον ποιοῦντα ταῦτα ἤθελε καὶ αὐτὸς ποιεῖν.

---

1. 헬라어는 부정문에서 흔히 부정어를 중복 사용하는데(긍정을 위한 이중 부정이 아니다), 이는 영어에서 받아들여질 수 없는 방식이다. 예를 들면, *οὐ λέγω οὐδέν*은 *I do not say anything*, 또는 *I say nothing*을 뜻한다.

II. 1. We did what those who were in the same city asked.
2. The priests whom we saw while they were still there asked us who those disciples were.
3. Whoever does not do what I say shall not receive from me what he asks.
4. A certain scribe went into the city in order that he might take the books which the prophets had written.
5. Into whatever nation we go, let us seek the disciples who are in it.
6. What shall we say concerning all these things?
7. They asked us what they should say concerning those in the city.
8. A certain man having come to Jesus said that he wished to be healed.
9. Whoever shall ask anything shall receive what he asks.
10. They asked Jesus what the will of God was.
11. Whoever kills his brother will come into the judgment.
12. Why then do you eat what it is not lawful to eat?
13. Whoever is not taught by the Lord will not know Him.
14. When the chief priests had seen what Jesus was doing they sent a certain messenger to the Pharisees.
15. Where shall we abide? For the night is coming and no one has said to us what we shall do.

제 28 과
명 령 법

403. 어 휘

ἁγιάζω, *I hallow/sanctify.*

ἀγρός, ὁ, *a field.*

γῆ, ἡ, *earth, land* (γῆ의 모음은 단축된 것이므로 항상 曲강세를 지닌다).

ἐγγύς, (부사) *near.*

ἐλεέω, *I have mercy on, I pity.*

ὅσος, η, ον, *as great as, as much as, as many as.*

φῶς, φωτός, τό, *light.*

ὅστις, ἥτις, ὅτι, (복수 형태는 οἵτινες), *whoever, whichever, whatever* (부정관계대명사; 주격 이외에는 거의 쓰이지 않는다; 단순한 관계대명사인 ὅς와 흡사하게 사용되는 때도 있다).

οὖς, ὠτός, τό, *an ear.*

ὀφθαλμός, ὁ, *an eye.*

σκότος, σκότους, τό, *darkness, gloom.*

ὕδωρ, ὕδατος, τό, *water.*

404. 신약성서에서 명령법은 거의 전적으로 현재와 단순과거에서만 나타난다.

405. 현재 명령법의 능동・중간・수동태는 현재 어간을 토대로 형성된다. 단순과거 명령법의 능동・중간태는 단순과거 어간을, 그 수동태는 단순과거 수동태 어간을 토대로 형성된다. 물론 접두음은 붙지 않는다. §245를 보라.

406. 명령법에는 일인칭이 없으며, 이인칭과 삼인칭만 있다.

407. λύω의 현재 능동태 명령법은 아래와 같다:

단수 2. λῦε, *loose (thou).*
3. λυέτω, *let him loose.*

복수 2. λύετε, *loose (ye).*
3. λυέτωσαν, *let them loose.*

408. λύω의 현재 중간태 명령법은 아래와 같다:

단수 2. λύου, *loose (thou) for thyself.*
3. λυέσθω, *let him loose for himself.*

복수 2. λύεσθε, *loose (ye) for yourselves.*
3. λυέσθωσαν, *let them loose for themselves.*

409. λύω의 현재 수동태 명령법은 아래와 같다:

단수 2. λύου, *be (thou) loosed.*
3. λυέσθω, *let him be loosed.*

복수 2. λύεσθε, *be (ye) loosed.*
3. λυέσθωσαν, *let them be loosed.*

410. 현재 능동태 명령법 및 현재 중간/수동태 명령법은 가변 모음 ο/ε를 지닌다.

411. λύω의 단순과거 능동태 명령법은 아래와 같다:

단수 2. λῦσον, *loose (thou).*
3. λυσάτω, *let him loose.*

복수 2. λύσατε, *loose (ye).*
3. λυσάτωσαν, *let them loose.*

412. λύω의 단순과거 중간태 명령법은 아래와 같다:

단수 2. λῦσαι, *loose (thou) for thyself.*
3. λυσάσθω, *let him loose for himself.*

복수 2. λύσασθε, *loose (ye) for yourselves.*
3. λυσάσθωσαν, *let them loose for themselves.*

413. 단순과거 명령법 능동태와 중간태는 단순과거 어간의 특징적 형태소 -*σα*를 지닌다. 이 -*σα*는 단순과거 능동태 명령법 이인칭 단수 *λῦσον*에서만 변형되어 나타난다.

414. *λύω*의 단순과거 수동태 명령법은 아래와 같다:

단수 2. *λύθητι*, *be (thou) loosed.*	복수 2. *λύθητε*, *be (ye) loosed.*
3. *λυθήτω*, *let him be loosed.*	3. *λυθήτωσαν*, *let them be loosed.*

415. 단순과거 수동태 명령법에는 단순과거 수동태 어간의 특징적 형태소 -*θε*가 들어 있는데, 이 -*θε*는 -*θη*로 길어져서 나타난다.

416. *λείπω*, *I leave*의 제2단순과거 능동태 명령법은 아래와 같다:

단수 2. *λίπε*, *leave (thou).*	복수 2. *λίπετε*, *leave (ye).*
3. *λιπέτω*, *let him leave.*	3. *λιπέτωσαν*, *let them leave.*

417. *λείπω*의 제2단순과거 중간태 명령법은 아래와 같다:

단수 2. *λιποῦ*	복수 2. *λίπεσθε*
3. *λιπέσθω*	3. *λιπέσθωσαν*

418. 제2단순과거 명령법 능동태와 중간태는 제2단순과거 어간을 토대로 형성된다. 이것들의 어미는 현재 명령법의 어미와 동일하다.

419. *λιποῦ*에서 보듯이, 제2단순과거 중간태 명령법 이인칭 단수는 동사의 역진적 강세 법칙을 따르지 않고(§13을 보라), 항상 불규칙한 강세를 지닌다.

더욱이 λέγω와 ἔρχομαι의 제2단순과거 능동태 명령법 이인칭 단수 εἰπέ와 ἐλθέ도 불규칙한 강세를 지니고 있다.

420. 명령법의 시제

명령법의 시제들 사이에는 시간적 차이가 없다. 단순과거 명령법은 진행이나 반복과 같은 동작상은 규정하지 않고 단순하게 동작을 지시하는 것이다. 반면에 현재 명령법은 지속적이거나 반복적인 동작을 지시하는 것이다. 예를 들면, λῦσον은 단순히 "*loose*"를 뜻하는 반면에 λῦε는 "*continue loosing*"과 같은 것을 뜻한다. 이러한 차이를 영어 번역에서 드러내기는 일반적으로 불가능하다. §283을 참조하라.

421. 명령법의 사용

명령법은 어떤 동작을 행하도록 명하는 데 사용된다.

예: *ἀκούσατε τοὺς λόγους μου*, *hear my words*; *ὁ ἔχων ὦτα ἀκουέτω*, *let him who has ears hear*. 그러나 영어에서는 삼인칭 명령법은 없다고 말하는 것이 온당하다. 따라서 헬라어의 삼인칭 명령법을 옮길 때는 조동사 *let*를 사용할 수밖에 없고, 그 결과 헬라어 명령법의 주어는 영어로 옮겨지면서 그 조동사의 목적어로 된다.

422. 금지(Prohibition)

금지(부정 명령)는 현재 명령법이나 단순과거 가정법에 μή를 연결시켜 표현한다.

예: (1) *μὴ λῦε* 또는 *μὴ λύσῃς*, *do not loose* (*μὴ λύῃς* 또는 *μὴ λῦσον*은 잘못된 표현이다); (2) *μὴ λυέτω* 또는 *μὴ λύσῃ*, *let him not loose*; (3) *μὴ λύετε* 또는 *μὴ λύσητε*, *do not loose*; (4) *μὴ λυέτωσαν* 또는 *μὴ λύσωσιν*, *let them not loose*.

423. εἰμί의 현재 명령법

εἰμί, *I am*의 현재 명령법은 아래와 같다:

단수	2. ἴσθι, *be (thou).*	복수	2. ἔστε, *be (ye).*
	3. ἔστω, *let him be.*		3. ἔστωσαν, *let them be.*

424. 연습문제

I. 1. ἐὰν δὲ μὴ ἀκούσῃ, παράλαβε μετὰ σοῦ ἔτι ἕνα ἢ δύο.

2. ὃ ἐὰν ἴδητε τὸν Χριστὸν ποιοῦντα, τοῦτο ποιήσατε καὶ ὑμεῖς.

3. κύριε, ἐλέησον ἡμᾶς, οὐ γὰρ ἐποιήσαμεν ἃ ἐκέλευσας.

4. μὴ εἰσέλθῃ εἰς τὴν πόλιν ὁ ἐν τῷ ὄρει.

5. οὕτως οὖν προσεύχεσθε ὑμεῖς Πάτερ ἡμῶν ὁ ἐν τοῖς οὐρανοῖς· Ἁγιασθήτω τὸ ὄνομά σου· ἐλθάτω[1] ἡ βασιλεία σου· γενηθήτω[2] τὸ θέλημά σου, ὡς ἐν οὐρανῷ καὶ ἐπὶ γῆς.

6. ἀπόλυσον οὖν, κύριε, τὰ πλήθη· ἤδη γὰρ ἔρχεται ἡ νύξ.

7. μηδεὶς ἐξέλθῃ εἰς τὰ ὄρη, προσευξάσθωσαν δὲ πάντες τῷ πατρὶ αὐτῶν τῷ ἐν τοῖς οὐρανοῖς.

8. λαβὼν αὐτὸν ἄγε πρὸς ἡμᾶς.

---

1. 여기에서는 제1단순과거의 어미가 제2단순과거 어간에 붙었는데, 이는 신약성서 헬라어에 매우 흔한 현상이다. 이와 관련하여 §186의 각주와 §521을 참조하라.

2. γίνομαι의 단순과거 수동태는 의미상으로 단순과거 중간태와 동일하다. 즉, 이 동사는 항상 態에서 "벗어나 있다"(deponent). 여기에서는 *to take place, to be done*을 뜻한다.

9. μηδενὶ εἴπητε ὃ εἴδετε.

10. ἐγέρθητε[1] καὶ μὴ φοβεῖσθε· ὁ γὰρ κύριος σώσει ὑμᾶς.

11. πάντα οὖν ὅσα ἐὰν εἴπωσιν ὑμῖν ποιήσατε καὶ τηρεῖτε, κατὰ δὲ τὰ ἔργα αὐτῶν μὴ ποιεῖτε· λέγουσιν γὰρ καὶ οὐ ποιοῦσιν.

12. ἔλεγεν αὐτῷ μαθητής τις Κύριε, κέλευσόν με ἐλθεῖν πρὸς σὲ ἐπὶ τὰ ὕδατα. ὁ δὲ Ἰησοῦς εἶπεν Ἐλθέ.

13. ὅσα ἐὰν ἀκούσητε τοῖς ὠσὶν ὑμῶν καὶ ἴδητε τοῖς ὀφθαλμοῖς ὑμῶν εἴπετε καὶ τοῖς ἔθνεσιν.

14. ἃ ἐὰν ἀκούσητε ἐν τῷ σκότει κηρύξατε ἐν τῷ φωτί.

15. μακάριος ὅστις φάγεται ἄρτον ἐν τῇ βασιλείᾳ τοῦ θεοῦ.

16. ἐν ἐκείνῃ τῇ πόλει εἰσὶν ἱερεῖς πονηροί, οἵτινες οὐ ποιοῦσι τὸ θέλημα τοῦ θεοῦ.

17. ἐξελθόντες εἴπετε πᾶσι τοῖς ἔθνεσι τοῖς ἐπὶ πάσης τῆς γῆς ἃ ἐποίησεν ὁ θεὸς τοῖς ἀγαπῶσιν αὐτόν.

18. ὅταν κληθῇς ὑπό τινος, πορεύθητι.

19. ὅταν ἴδητε ταῦτα γινόμενα, γνώσεσθε ὅτι ἐγγύς ἐστιν ἡ κρίσις.

20. ἴδετε πάντες ὑμεῖς τὰς χεῖράς μου· οὐ γὰρ ἐποίησαν αὗται αἱ χεῖρες ὧν λέγουσιν ἐκεῖνοι οὐδέν.

II. 1. Speak ye to all the Gentiles the things which I have spoken to you.

---

1. ἐγείρω의 수동태는 흔히 이태적으로 사용되어 *I arise* 또는 *I rise*를 의미한다.

2. Do not say in your heart that ye do not wish to do the things which the king commands.
3. Let no one fear those evil priests, for whoever does the will of God shall go out with joy.
4. Let Him who has saved us through His blood have mercy on us in these evil days.
5. Whosoever loves God shall come to the light, but he who does not love Him shall walk in the darkness.
6. As manysoever things as ye do, do in the light, in order that the name of God may be hallowed.
7. Let these men be baptized, for Christ has saved them through His word.
8. Pray to thy Father in heaven, for He will do whatsoever things thou askest.
9. Let not the king say this, for we are all faithful men.
10. Let us not do the things which the evil men said to us.
11. Have mercy on all men, for the Lord has had mercy on you.
12. As many things as are good, do; but as many things as are evil, do not even speak concerning these.
13. The disciples asked the apostle what they should eat, and the apostle said to them, "Go into the villages and eat the bread which is in them."
14. Do not begin to say in yourselves that you do not know the truth.
15. Let those who are in the fields not return into their houses.
16. Lord, save me, for I have broken thy commandments.

제 29 과

완료 시제. λύω의 복습

425. 어 휘

ἀκήκοα, 완료·능동·직설법; ἀκούω, *I hear.*

βεβάπτισμαι, 완료·수동·직설법; βαπτίζω, *I baptize.*

γέγονα, 완료·직설법; γίνομαι, *I become* (γίνεται, *it comes to pass, it happens*).

γέγραφα, γέγραμμαι, 완료·직설법, 능동과 수동; γράφω, *I write.*

γεννάω, *I beget.*

ἐγγίζω, *I come near.*

ἐγήγερται, 완료·수동·직설·삼인칭·단수; ἐγείρω, *I raise up.*

πληρόω, *I fulfil.*

ἔγνωκα, 완료·능동·직설법; γινώσκω, *I know.*

ἐλήλυθα, 완료·직설법; ἔρχομαι, *I come/go.*

ἐρρέθην, 단순과거·수동·직설법 (분사 ῥηθείς); λέγω, *I say.*

ἑώρακα, 완료·능동·직설법; βλέπω (ὁράω), *I see.*

θνήσκω, *I die* (완료 시제에서만 사용되고 그 밖의 시제들에서는 접두사가 붙은 ἀποθνήσκω가 사용된다. 완료 형태는 τέθνηκα, *I am dead*)

μαρτυρέω, *I bear witness.*

Πέτρος, ὁ, *Peter.*

426. λύω의 완료 능동태 직설법은 아래와 같다:

단수	1. λέλυκα	복수	1. λελύκαμεν
	2. λέλυκας		2. λελύκατε
	3. λέλυκε(ν)		3. λελύκασι (또는 λέλυκαν)

427. λύω의 완료 능동태 부정사는 λελυκέναι이다. 불규칙한 강세에 유의하라.

428. λύω의 완료 능동태 분사는 λελυκώς, λελυκυῖα, λελυκός이다. 여기서도 불규칙한 강세에 유의하라.

429. 위에 제시된 형태들은 네 번째 기본어인 λέλυκα를 토대로 이루어지는 "완료 체계"(perfect system)를 구성한다.

430. 완료 체계는 동사 어간의 끝머리에 κ(직설법에서는 κα)를 덧붙이고 그 첫머리는 "중첩"(reduplication)시킴으로써 형성된다. 일반적으로 이러한 중첩은 동사 어간의 첫 번째 자음이 그 앞에 반복되는 것인데, 이 때 ε가 연결 모음으로 끼어들게 된다(그러나 §435-437을 보라).

431. 완료는 일차적 시제이므로, 일차적 인칭어미들을 취할 것으로 예상하겠지만, 직설법에서 그 어미들은 제1단순과거의 (이차적)어미들과 일치한다. 단, 삼인칭 복수에서는 λελύκασι(ν)와 λέλυκαν이 모두 나타나는데, 일차적 어미를 지닌 전자가 좀더 흔한 형태이다.

432. 완료 능동태 가정법은 매우 드물기 때문에 여기서는 배울 필요가 없다.

433. 완료 능동태 분사의 곡용은 아래와 같다:

단 수

	남성	여성	중성
주격	λελυκώς	λελυκυῖα	λελυκός
속격	λελυκότος	λελυκυίας	λελυκότος
여격	λελυκότι	λελυκυίᾳ	λελυκότι
대격	λελυκότα	λελυκυῖαν	λελυκός

복 수

	남성	여성	중성
주격	λελυκότες	λελυκυῖαι	λελυκότα
속격	λελυκότων	λελυκυιῶν	λελυκότων
여격	λελυκόσι(ν)	λελυκυίαις	λελυκόσι(ν)
대격	λελυκότας	λελυκυίας	λελυκότα

434. 위의 패러다임에서 보듯이, 완료 능동태 분사는 다른 능동태 분사들 및 단순과거 수동태 분사와 마찬가지로 남성과 중성에서는 제3곡용을, 여성에서는 제1곡용을 따라서 굴절된다.

다양한 동사들의 완료 어간 형성 방식

435. 동사 어간이 한 모음이나 이중 모음으로 시작된다면, 중첩은 그 모음을 길게 해 주는 것으로 갈음한다. 따라서 이 경우의 중첩은 접두음처럼 나타난다.

예: ἐλπίζω의 완료 능동태는 ἤλπικα이며, αἰτέω는 ᾔτηκα이다.

436. 동사 어간이 두 개의 자음들로 시작된다면, 어떤 경우들에서는 (항상은 아니지만) 그 첫 자음을 ε로 연결하여 반복시키는 대신에, (접두음처럼) ἐ를 그 앞에 덧붙임으로써 중첩의 효과를 낸다.

예: γινώσκω의 완료는 ἔγνωκα이다.[1] 그러나 γράφω의 완료는 γέγραφα이다.

437. φ, θ, χ로 시작되는 동사 어간은 각각 π, τ, κ로 중첩된다.

---

1. γινώσκω의 어근과 어간은 모두 γνω-이다(§20의 각주 2를 참조하라). 이처럼 어간과 어근의 형태가 일치하는 경우도 있다. 이 책에서 "어간"이란 용어는 어근을 포괄하는 개념으로 쓰였다. 한편 "시제 어간"은 동사 어간(또는 어근)에 시제 접미소가 붙은 것이다.

예: φιλέω의 완료는 πεφίληκα이며, θνήσκω(현재시제는 신약에 나타나지 않는다)의 완료는 τέθνηκα, *I am dead*이다.

438. 동사 어간이 모음으로 끝난다면, 그 모음은 완료 능동태의 접미소 κ 앞에서 길어지는 것이 보통이다. 이는 미래와 제1단순과거의 접미소 σ 앞에서 일어나는 모음 변화와 동일하다.

예: ἀγαπάω의 완료는 ἠγάπηκα이며, φιλέω는 πεφίληκα이다.

439. 동사 어간이 τ, δ, θ로 끝난다면, 그러한 τ, δ, θ는 완료의 κ 앞에서 탈락된다.

예: ἐλπίζω(어간은 ἐλπίδ-)의 완료는 ἤλπικα이다.

440. 어떤 동사들은 "제2완료"를 갖는데, 이것은 κ만 없을 뿐 그 외에는 제1완료와 똑같이 활용된다. 부연하면, 제2완료의 시제접미소는 -κα가 아니라 -α라고 말할 수 있다.

예: γράφω의 완료는 γέγραφα이며, ἀκούω는 ἀκήκοα이다.[1]

441. 일반적으로, 학생들은 헬라어 동사의 시제 체계들이 형성되는 다양한 방식에 대해 설명한 §159의 내용을 잘 기억해야 한다.

---

1. ἀκήκοα는 지금까지 배운 완료어간 형성 방법만으로는 설명이 안되는데, 이는 다음과 같은 "아티카式 중첩"(attic reduplication)을 따랐기 때문이다: 어간이 α, ε, ο로 시작되고 그 모음에 단자음이 바로 이어지는 일부 동사들에서는 그 모음과 자음 모두가 중첩되는 동시에 어간 첫머리의 α와 ε는 η로, ο는 ω로 길어진다. 예를 들면, ἀγείρω(어간 ἀγερ-), *I collect*의 완료는 ἀγ-ήγερκα이며, ὄλλυμι(어간 ὀλ-), *I destroy*는 ὀλ-ώλεκα이다(κ 앞의 ε는 시제 어간의 형성에서 종종 첨가되는 모음이다). 따라서 ἀκούω(어간 ἀκοϝ-; 현재 어간의 끝에 나타나는 -υ는 원래 있던 弱子音 ϝ를 대신하는 것으로서 활용에 따라 탈락되기도 한다)의 완료는 이러한 중첩 방식에 의거하여 ἀκ-ήκο(ϝ)α가 된다.

완료 중간태와 수동태

442. λύω의 완료 중간태와 수동태 직설법은 아래와 같다:

단수	1.	λέλυμαι	복수	1.	λελύμεθα
	2.	λέλυσαι		2.	λέλυσθε
	3.	λέλυται		3.	λέλυνται

443. λύω의 완료 중간태와 수동태 부정사는 λελύσθαι이다. 강세가 불규칙하게 붙은 것에 유의하라.

444. λύω의 완료 중간태와 수동태 분사는 λελυμένος, η, ον이다(일반적인 제1·2곡용 형용사들처럼 곡용된다). 불규칙한 강세에 유의하라.

445. 위에 제시된 형태들은 다섯 번째 기본어인 λέλυμαι를 토대로 형성되는 "완료 중간태 체계"를 이룬다.

446. 중첩은 완료 능동태에서처럼 행해진다.

447. 직설법에서 중간태의 일차적 어미들(§111을 보라)이 어간에 직접 덧붙으며, 그 사이에 가변 모음이 끼어들지 않는다. 또한 그 어미들의 형태도 전혀 변하지 않는다.[1] 부정사와 분사에서도 해당 어미들인 -σθαι와 -μενος가 어간에 직접 덧붙는다.

448. 동사 어간이 모음으로 끝난다면, 그 모음은 완료 중간태와 수동태의 어미들 앞에서 통상 길어진다. 이와 같은 현상은 미래, 제1단순과거, 완료 능동태 및 단순과거 수동태에서 시제 접미소 앞의 모음에서도 볼 수 있다.

---

1. λύω의 현재 중간태 직설법 이인칭 단수에서는 λύεσαι가 λύῃ로 변한다.

예: μαρτυρέω의 완료 중간/수동태는 μεμαρτύρημαι이다.

449. 동사 어간이 자음으로 끝난다면, 완료 중간태와 수동태의 어미들이 붙을 때 다양한 변화들이 일어난다. 이러한 변화들은 각 동사들마다 일일이 확인하여 익히는 것이 최선이다.

예: γράφω의 완료 중간/수동태는 γέγραμμαι이다(삼인칭 단수는 γέγραπται).[1]

450. 과거완료 시제

과거완료 시제는 매우 드물게 나타나기 때문에, 여기서는 그 형태들을 배울 필요가 없다. 그것은 이차적 시제이다. 과거완료 능동태는 완료 체계(§429)에 속하며, 과거완료 중간태와 수동태는 완료 중간태 체계(§445)에 속한다.

완료 시제의 용법

451. 영어에는 헬라어의 완료에 상응하는 시제가 없다. 연습문제들에서는 다음과 같은 번역들이 종종 도움이 될 수 있다: λέλυκα, *I have loosed*; λέλυμαι(중간태), *I have loosed for myself*; λέλυμαι(수동태), *I have been loosed*. 그러나 이것들은 기껏해야 임시변통에 지나지 않는다. 앞에서 이미 배웠듯이(§169를 보라), 이러한 영어 표현들은 완료보다는 오히려 단순과거를 옮기는 데 적합한 경우가 자주 있다.

452. 헬라어의 완료 시제는 과거 행위의 결과에서 나온 현재 상태를 가리킨다.

---

1. 여기서도 어떤 규칙성을 발견할 수 있겠지만(즉, γέγραμμαι에서는 어간의 끝소리 φ[ph]가 같은 순음 계열인 μ로 동화되었고, γέγραπται는 그 φ가 어미의 첫소리 τ의 영향을 받아 氣音 [h]를 상실하여 π로 바뀐 결과이다), 이는 너무 복잡하여 초학자들에게는 도리어 짐이 될 수 있을 것이다.

예를 들면:

(1) 어떤 사람이 관리에게 "What is your relation to that prisoner(당신은 저 죄수와 어떤 관련이 있느냐)?"라고 묻자 그가 대답하기를, "I have released him(나는 그를 풀어준 적이 있다)"이라고 했다면, 관리의 말에서 사용된 동사는 *λέλυκα*였을 것이다. 즉, 완료는 과거에 풀어준 행위의 결과에서 나온 (그 죄수와 관련된) 관리의 현재 상태를 표현하는 것이다. 그러나 반면에 어떤 사람이 관리에게 "What is the history of your dealings with that prisoner(저 죄수에 대해 당신이 했던 일들이 무엇이냐)?"라고 묻자 그가 대답하기를, "I have released the prisoner three times and imprisoned him again three times(나는 그 죄수를 세 번 풀어주었다가 그를 다시 세 번 가두었다)"라고 했다면, 관리의 말에서 사용된 첫 번째 동사는 *λέλυκα*가 아니라 *ἔλυσα*였을 것이다. 왜냐하면 그의 말은 과거 행위의 결과에서 나온 현재 상태를 전혀 염두에 두지 않았고, 더욱이 그 풀어준 행위의 결과는 현재까지 지속되지도 않았기 때문이다. 또한 그 결과가 영속적이었다 할지라도, 그 현재적 결과를 특별히 고려하지 않고 단순히 과거 행위에 초점을 맞췄다면, 이 경우에도 역시 그것을 가리키는 동사는 완료가 아니라 단순과거였을 것이다. 그러므로 "What have you done?"이라는 물음에, 그 관리가 단순히 "I have released the prisoner"라고 답했는데, 사실상 그 풀어준 결과가 현재까지 지속되고 있다 할지라도, 그가 염두에 둔 것은 자신이 죄수와 맺은 현재적 관계가 아니라 죄수에 대해 과거에 행했던 일들이었다면, 여전히 단순과거 시제인 *ἔλυσα*가 아무런 문제 없이 사용될 수 있다. 가끔은 완료와 단순과거 사이의 차이가 선명하게 드러나겠지만, 그러나 연습문제에서는 단순과거를 버려야 할 어떤 분명한 이유가 없다면 완료 시제를 사용하지 않기 바란다.

(2) 완료 수동태는 완료 능동태보다 훨씬 쉽게 영어로 번역될 수 있는 경우가 많다. 일례로 *γέγραπται*를 *it is written*으로 옮기는 데 전혀 문제가 없다. 여기서 *it is written*이란 영어는 현재 시제가 아니

라, 헬라어의 완료를 아주 잘 재현한 것으로서, 그 의미는 *it stands written*이다. 이러한 영어와 헬라어 표현들은 둘 다 오래 전에 일어난 기록 행위의 결과에서 나온 현재 상태를 가리킨다.

(3) 완료 수동태 분사는 종종 단순한 영어 수동태 분사로 말끔하게 옮겨질 수 있다. 예를 들면 λόγος γεγραμμένος는 *a written word*를, ἠγαπημένος는 *beloved*를 뜻한다. 그러나 헬라어 완료 능동태 분사는 번역하기가 매우 까다롭다. 학생들은 *having loosed*가 완료와 특별히 관련되어 있다고 생각해서는 안된다. 실제로는 *having loosed*가 완료보다는 오히려 단순과거의 문자적 번역인 경우가 엄청나게 많다. 여기서 분사 *having*은 그 행위가 문장의 주동사가 나타내는 행위보다 먼저 일어났음을 가리키는 데 지나지 않는 것이다. 일반적으로, 헬라어 단순과거는 완료보다 훨씬 광범위하게 사용된다는 사실에 주목하기 바란다.

(4) ἔρχομαι의 완료 ἐλήλυθα는[1] *I am come*을, γίνομαι의 완료 γέγονα는[2] *I am become*을 뜻한다. 이 헬라어 완료들에서는 영어 번역이 이처럼 깔끔하게 되는 것은 영어에서 *to come*과 *to become*이란 동사들이 마침 독특한 성격을 지니고 있기 때문이다. 물론 *I am come*이 수동태와 어떤 관련이 있다고 생각해서는 안된다. 이것은 *I am loosed*와 같은 말이 절대로 아니다.

453. 이제 λύω의 활용은 다 마쳤다. 학생들은 §589에 제시된 패러다임을 이용하여 그 동사를 전체적으로 철저히 복습하기 바란다. 이

---

1. 이 형태는 ἔρχομαι와 의미는 같지만 어간은 전혀 다른 동사에서 빌려온 제2완료로서 아티카式으로 중첩되어 있다. 그렇다면 그 어간은 무엇이겠는지 분석해 보라.

2. 어근은 γεν-이다. 현재 형태 γίνομαι는 γί-γν-ο-μαι에서 변화된 것으로(§20의 각주 2 참조), 어근의 가운데 모음 ε가 탈락되어 있다(syncope). 한편 제2완료 γέγονα는 어근의 모음이 ο로 전환된(*o*-grade) 어간 γον-의 첫소리가 중첩되고 제2완료의 접미소 -α가 덧붙은 형태이다.

때 그 활용형들은 세로 방향으로 반드시 주어진 순서에 따라 익혀나가야 한다. 예를 들면 "현재 능동태"의 개념이 학생들의 뇌리에 형성되고 나서, 그 범주 내에 다른 여러 서법들이 자리잡아야 한다. 또한 동사의 여러 활용형들이 그 기본어들과 어떻게 차이나는지도 주의 깊게 보아야 한다.

454. 연습문제

I. 1. *οὐδείς ἐστιν δίκαιος κατὰ τὸν νόμον εἰ μὴ ὁ ποιήσας πάντα τὰ γεγραμμένα ἐν τῷ βιβλίῳ τοῦ νόμου.*

2. *εὐηγγελίσατο πάντα τὸν λαὸν λέγων ὅτι ἤγγικεν ἡ βασιλεία τῶν οὐρανῶν.*

3. *ὃ ἑωράκαμεν καὶ ἀκηκόαμεν λέγομεν καὶ ὑμῖν, ἵνα καὶ ὑμεῖς πιστεύσητε εἰς τὸν Χριστόν.*

4. *καὶ ἐν τούτῳ γινώσκομεν ὅτι ἐγνώκαμεν αὐτόν, ἐὰν τὰς ἐντολὰς αὐτοῦ τηρῶμεν.*

5. *ὁ ἀγαπῶν τὸν γεννήσαντα ἀγαπᾷ τὸν γεγεννημένον ἐξ αὐτοῦ.*

6. *πᾶς ὁ γεγεννημένος ἐκ τοῦ θεοῦ οὐχ ἁμαρτάνει, ἀλλ' ὁ γεννηθεὶς ἐκ τοῦ θεοῦ τηρεῖ αὐτόν.*

7. *τοῦτο γέγονεν,*[1] *ὅτι οὕτως γέγραπται διὰ τοῦ προφήτου.*

8. *τὸ γεγεννημένον ἐκ τῆς σαρκὸς σάρξ ἐστιν, καὶ τὸ γεγεννημένον ἐκ τοῦ πνεύματος πνεῦμά ἐστιν.*

9. *αὕτη δέ ἐστιν ἡ κρίσις, ὅτι τὸ φῶς ἐλήλυθεν εἰς τὸν κόσμον καὶ ἠγάπησαν οἱ ἄνθρωποι τὸ σκότος.*

---

1. 여기서 *γίνομαι*는 *to take place, to come to pass, to happen*을 의미한다.

10. ἔλεγον οὖν οἱ Ἰουδαῖοι τῷ τεθεραπευμένῳ Οὐκ ἔξεστιν ποιῆσαι τοῦτο.
11. ἐγὼ ἐλήλυθα ἐν τῷ ὀνόματι τοῦ πατρός μου καὶ οὐ δέχεσθέ με.
12. ἀλλ' εἶπον ὑμῖν ὅτι καὶ ἑωράκατέ με καὶ οὐ πιστεύετε.
13. ἐὰν μὴ φάγητε τὴν σάρκα τοῦ υἱοῦ τοῦ ἀνθρώπου καὶ πίητε αὐτοῦ τὸ αἷμα, οὐκ ἔχετε ζωὴν ἐν ἑαυτοῖς.
14. τὰ ῥήματα ἃ ἐγὼ λελάληκα ὑμῖν πνεῦμά ἐστιν καὶ ζωή ἐστιν.
15. ἀπεκρίθη αὐτῷ Πέτρος Κύριε, πρὸς τίνα ἀπελευσόμεθα; ῥήματα ζωῆς ἔχεις, καὶ ἡμεῖς πεπιστεύκαμεν καὶ ἐγνώκαμεν ὅτι σὺ εἶ ὁ ἅγιος τοῦ θεοῦ.
16. ταῦτα αὐτοῦ λαλοῦντος πολλοὶ ἐπίστευσαν εἰς αὐτόν.
17. γέγραπται ὅτι δύο ἀνθρώπων ἡ μαρτυρία ἀληθής ἐστιν.
18. ταῦτα εἶπεν πρὸς τοὺς πεπιστευκότας εἰς αὐτὸν Ἰουδαίους.
19. νῦν δὲ ζητεῖτέ με ἀποκτεῖναι, ἄνθρωπον ὃς τὴν ἀλήθειαν ὑμῖν λελάληκα,[1] ἣν ἤκουσα παρὰ τοῦ θεοῦ.
20. εὐλογημένος ὁ ἐρχόμενος ἐν ὀνόματι κυρίου.

II. 1. Where is the priest? He is already come.
2. All the baptized disciples are in the small city.

---

1. 관계대명사는 性과 數는 물론 인칭에 있어서도 그 선행사와 일치한다. 이 절에서 ὅς의 선행사는 ἄνθρωπον인데, 이것은 일인칭 대명사 με와 동격(apposition) 관계에 있으므로 이 역시 일인칭으로 취급되었고, 따라서 ὅς를 主語로 하는 관계절의 동사(λελάληκα) 또한 일인칭 단수 형태를 취하였다.

3. The priests having been baptized came together into the same house.
4. Where is the multitude? It has already come near.
5. What is in thy heart? I have believed on the Lord.
6. Art thou faithful? I have kept the faith.
7. It is written through the prophet that the Messiah is coming in these days, and we know that His kingdom is come near.
8. Children beloved by your Father, enter ye into the joy kept in heaven for those who have believed on Christ.
9. Who is this man? He is a child begotten by God.
10. Having been crucified by the soldiers the Lord died, but now He is risen.
11. Brethren beloved by all the disciples, why do ye not pity the little ones?
12. Those who are come out of the darkness into the light know that God will do all the things written in the Law and the prophets.
13. All the things written or spoken through this prophet are true.
14. This is come to pass in order that that which was said by the Lord through the prophet might be fulfilled.
15. If thou art already loosed, give thanks to Him who loosed you.
16. Where is the prophet whom the soldiers persecuted? He is become king of many cities.

제 30 과

형용사의 비교. *μείζων*의 곡용. 비교의 속격과 *ἤ*의 용법. 부사. 속격과 연결되는 장소 부사. 시간의 속격. 목적을 나타내는 관착부정사의 속격. 관심의 여격. 명세의 대격. 시간의 여격. 소유형용사. 접속사로 사용되는 *μή*. 가정법과 연결되는 *ἵνα*의 여러 용법들. 부정적 답을 예상한 의문문에서 직설법과 연결되는 *μή*.

455. 어 휘

ἐμός, ή, όν, *belonging to me, my.*

ἔμπροσθεν, *in front, in the presence of* (속격이 이어짐).

ἐνώπιον, *before, in the sight of, in the presence of* (속격이 이어짐).

ἔξω, *outside, outside of* (속격이 이어짐).

ἐχθρός, ὁ, *an enemy.*

ἤ, *than* (*or*의 뜻은 앞에서 이미 설명하였다).

ἡμέτερος, α, ον, *belonging to us, our.*

μήποτε, *lest perchance.*

ἴδιος, α, ον, *belonging to one's self, one's own.*

ἱκανός, ή, όν, *sufficient, fit, worthy, considerable.*

ἰσχυρότερος, α, ον, *stronger*; *ἰσχυρός, α, ον*, *strong*의 비교급.

καλῶς, *rightly, well.*

κρείσσων, ον, *better*; *ἀγαθός*의 비교급.

μᾶλλον, *more, rather.*

μείζων, ον, *greater*; *μέγας*의 비교급.

μή, *lest, in order that not* (*not*의 뜻은 이미 설명하였다).

ὅπως, *in order that* (가정법을 취한다. *ἵνα*의 용법과 매우 비슷하다).

πάλιν, *again*.

πλείων, *ον*, *more*; *πολύς*의 비교급.

σάββατον, *τό*, *sabbath* (복수 *τὰ σάββατα*의 여격은 *τοῖς σάββασι(ν)*이며 종종 단수의 의미로 사용된다).

σός, *ή*, *όν*, *thy*.

ὑμέτερος, *α*, *ον*, *your*.

형용사의 비교

456. 형용사의 비교급은 끝 부분이 때로는 -*τερος*, *α*, *ον*으로(일반적인 제1·2곡용 형용사들처럼 굴절된다), 때로는 -*ιων*, -*ιων*, -*ιον*으로(세 가지 性 모두에서 제3곡용을 따라 굴절된다) 구성된다.

457. 최상급은 -*τατος*, *η*, *ον*, 또는 -*ιστος*, *η*, *ον*으로 끝맺어진다. 그러나 신약성서에서 최상급은 드물게 나타난다.

458. 많은 형용사들이 불규칙한 형태의 비교급과 최상급을 갖는다. 이러한 것들은 나올 때마다 사전에서 일일이 확인해 보아야 한다.
예: *μικρός*, *little*; *ἐλάσσων*, *less*; *ἐλάχιστος*, *least*.

459. *μέγας*의 비교급, *μείζων*, *ον*, *greater*의 곡용은 아래와 같다:

	단 수			복 수	
	남·여	중성		남·여	중성
주.	*μείζων*	*μεῖζον*	주.	*μείζονες*	*μείζονα*
속.	*μείζονος*	*μείζονος*	속.	*μειζόνων*	*μειζόνων*
여.	*μείζονι*	*μείζονι*	여.	*μείζοσι(ν)*	*μείζοσι(ν)*
대.	*μείζονα*	*μεῖζον*	대.	*μείζονας*	*μείζονα*

460. *σώφρων*, *wise*, *ἄφρων*, *foolish*, *ἐλάσσων*, *less*, *πλείων*, *more*, *κρείσσων*, *better* 等도 위와 똑같이 곡용된다.

461. 남성과 여성 단수 대격 및 중성 복수 주격과 대격에서 *μείζονα* 대신에 단축된 형태인 *μείζω*가 나타날 수 있다. 또한 남성과 여성 복수 주격과 대격에서는 단축된 *μείζους*가 나타날 수 있다.[1]

462. 비교의 속격과 *ἤ*의 용법

영어에서 비교급 단어 뒤에 오는 *than*에 상응하는 용법으로서, 헬라어는 (1) 비교의 속격, 또는 (2) 비교되는 다른 대상과 같은 격으로 된 단어가 이어지는 *ἤ*를 사용한다.

예: (1) *μείζονα τούτων ποιήσει*, *greater things than these will he do*. (2) *ἠγάπησαν οἱ ἄνθρωποι μᾶλλον τὸ σκότος ἢ τὸ φῶς*, *men loved darkness more than light*. 여기서 *φῶς*는 대격이다. 따라서 이 글의 의미를 풀어 쓰면 다음과 같다: *men loved darkness more than they loved light*.

부 사

463. 형용사의 남성과 중성 복수 속격의 끝머리에 붙은 *ν*가 *ς*로 치환되어 만들어지는 부사들이 많다.

예: *καλός*, *good*; 복수 속격, *καλῶν*; 부사 *καλῶς*, *well*.

464. 부사의 비교급은 해당 형용사 비교급의 중성 단수 대격과 같다. 그리고 부사의 최상급은 해당 형용사 최상급의 중성 복수 대격과 같다.

---

1. *μείζω*와 *μείζους*의 원래 형태는 각각 *μείζο(σ)α*와 *μείζο(σ)ες*였다. 즉, 이것들은 *σ*(언뜻 예상되는 *ν*가 아니다)가 탈락되고 난 후에 맞붙게 된 모음들이 단축된 결과이다.

465. 그러나 많은 부사들이 어떤 법칙에 구애되지 않고 가지각색으로 형성되기 때문에, 그 형태들은 나올 때마다 일일이 확인하여 익힐 수밖에 없다.

466. 속격과 연결되는 장소 부사

장소를 나타내는 부사들은 속격을 취한다.

예: ἔξω, *outside*; ἔξω τῆς πόλεως, *outside of the city*; ἐγγύς, *near*; ἐγγὺς τῆς πόλεως, *near the city*.

467. 기간(期間)의 속격

"기간"(time within which)을[1] 나타내는 데 속격이 사용되는 경우가 있다.

예: παρέλαβε τὸ παιδίον καὶ τὴν μητέρα αὐτοῦ νυκτός, *he took the young child and His mother by night*.

468. 목적을 나타내는 관착부정사의 속격

관착(冠着)부정사의 속격은 전치사의 도움을 받지 않고도 목적을 나타낼 수 있다.

예: ἦλθεν πρὸς τὸν προφήτην τοῦ βαπτισθῆναι ὑπ' αὐτοῦ, *he came to the prophet in order to be baptized by him*. 여기서 유념해야 할 점은, 관착부정사가 사용될 수 있는 문장 구조에서는 관사가 붙은 일반 명사들도 사용될 수 있는 경우가 보통이지만, 그러나 목적을 나타내는 이러한 속격 용법은 일반 명사에서는 불가능하다는 것이다.

---

1. "기간(期間)"은 *어느 일정한 시기부터 다른 어느 일정한 시기까지의 "사이"*를, "동안"(time during which)은 *두 시기 사이의 "길이"*를 말한다.

469. 관심의 여격

어떤 것에 관심을 두고 그 범주 내에서 서술을 하는 경우, 그 관심의 대상은 여격으로 표현된다.

예: *γινωσκόμενος τῷ προσώπῳ, being known by face* (즉, *being known so far as the face is concerned*); *καθαρὸς τῇ καρδίᾳ, pure in heart* (즉, *pure so far as the heart is concerned*); *ἀνὴρ ὀνόματι Ἰάκωβος, a man by name James* (즉, *a man who is James so far as the name is concerned*).

470. 명세의 대격

명세(specification)의 대격은 의미상으로 관심의 여격과 매우 유사하다. 하지만 그처럼 자주 사용되지는 않는다.

예: *τὸν ἀριθμὸν ὡς πεντακισχίλιοι, about five thousand in number.*

시간의 여격

471. "시점"(time when)을 나타내는 데 여격이 가끔 사용된다.

예: *ἐθεράπευσε τῷ σαββάτῳ, he healed on the sabbath.*

472. 그러나 시점은 전치사구로 표현하는 것이 통례이다. 따라서 *on the sabbath*는 *ἐν τῷ σαββάτῳ*로 옮겨질 수 있다.

소유 형용사

473. 의미를 강조하고 싶을 때 인칭대명사의 속격 대신에 소유 형용사 *ἐμός, my, σός, thy, ἡμέτερος, our, ὑμέτερος, your*가 가끔 사용된다. 이러한 소유 형용사들은 일반적인 제1·2곡용 형용사들처럼 곡용되며, 관사와 함께 관형적 위치에 놓일 수도 있다.

예: *ὁ ἐμὸς λόγος*, *the belonging-to-me word* (즉, *my word*); *ἡ χαρὰ ἡ ἐμή*, *my joy*; *τὸ θέλημα τὸ ἐμόν*, *my will*; *τὰ ἐμὰ πάντα σά ἐστιν*, *all the belonging-to-me things are thine* (즉, *all my things are thine*); *ὁ ἡμέτερος λόγος*, *our word*; *ὁ ὑμέτερος λόγος*, *your word*.

474. 이러한 용법은 비교적 흔하지 않다. 일례로 *my word*를 표현하는 보통 방식은 *ὁ ἐμὸς λόγος* 또는 *ὁ λόγος ὁ ἐμός*가 아니라 *ὁ λόγος μου*(*the word of me*)이다.

접속사로 사용되는 *μή*

475. 두려움을 나타내는 말들 다음에는 가정법을 갖는 *μή*, *lest*가 이어진다. 이 경우의 *μή*는 *not*를 의미할 때와 같은 부사가 아니라 접속사이다.

예: *φοβοῦμαι μὴ ἔλθῃ*, *I fear lest he come.*

476. 부정 목적절도 *ἵνα μή* 대신에 단순히 *μή*로 접속될 수 있다.

예: *τοῦτο ποιεῖτε μὴ εἰσέλθητε εἰς κρίσιν*, *do this lest you come into judgment.*

477. 가정법과 연결되는 *ἵνα*의 여러 용법들

가정법과 연결된 *ἵνα*는 목적을 표현하는 용법 이외에도 권유, 기원, 추구 따위를 나타내는 말들 뒤에서 사용되는 예가 아주 흔하다. 하지만 그 용법들은 매우 다양해서 분류하기가 쉽지 않다.

예: (1) *εἰπὲ τῷ λίθῳ τούτῳ ἵνα γένηται ἄρτος*, *say to this stone that it become bread.* (2) *αὕτη ἐστὶν ἡ ἐντολὴ ἡ ἐμὴ ἵνα ἀγαπᾶτε ἀλλήλους*, *this is my commandment, that you should love one another.*

부정적 답을 예상한 의문문

478. 부정적 답을 예상한 의문문은 직설법과 연결되는 *μή*로 표현된다.

479. 이 법칙은 *οὐ*와 *μή*의 용법에 관한 일반 법칙(§256을 보라)에 중요한 예외가 된다. 한편 긍정적 답을 예상한 의문문에서는 직설법과 연결된 *οὐ*가 사용된다.

예: *μὴ ἰσχυρότεροι αὐτοῦ ἐσμεν; are we stronger than he?* 예상된 답은 "No, of course not"이다. 다음 의문문과 비교해 보라: *οὐκ ἰσχυρότεροί ἐσμεν αὐτοῦ; are we not stronger than he?* 여기서 예상된 답은 "Yes, certainly we are"이다.

480. 연습문제

I. 1. *παρακαλῶ δὲ ὑμᾶς ἵνα τὸ αὐτὸ λέγητε πάντες.*
2. *ὅσα ἐὰν θέλητε ἵνα ποιῶσιν ὑμῖν οἱ ἄνθρωποι, οὕτως καὶ ὑμεῖς ποιεῖτε· οὗτος γάρ ἐστιν ὁ νόμος καὶ οἱ προφῆται.*
3. *κέλευσον οὖν τηρηθῆναι τὸ σῶμα ὑπὸ τῶν στρατιωτῶν, μήποτε ἐλθόντες οἱ μαθηταὶ λάβωσιν αὐτὸ καὶ εἴπωσιν τῷ λαῷ ὅτι ἠγέρθη ἐκ τῶν νεκρῶν.*
4. *οὐκ ἔστι δοῦλος μείζων τοῦ πέμψαντος αὐτόν.*
5. *μείζονα ταύτης ἀγάπην οὐδεὶς ἔχει, ἵνα τις ἀποθάνῃ ὑπὲρ τῶν ἄλλων.*
6. *πάλιν ἀπέστειλεν ἄλλους δούλους πλείονας τῶν πρώτων.*
7. *εἰ δίκαιόν ἐστιν ἐνώπιον τοῦ θεοῦ ὑμῶν ἀκούειν μᾶλλον ἢ τοῦ θεοῦ, κρίνατε.*

8. ἐγὼ δὲ λέγω ὑμῖν Ἀγαπᾶτε τοὺς ἐχθροὺς ὑμῶν καὶ προσεύχεσθε ὑπὲρ τῶν διωκόντων ὑμᾶς, ὅπως γένησθε υἱοὶ τοῦ πατρὸς ὑμῶν τοῦ ἐν οὐρανοῖς.

9. εἶπεν αὐτοῖς ὁ Ἰησοῦς ὅτι ἔξεστι τοῖς σάββασι καλῶς ποιεῖν.

10. ἔμεινεν δὲ ὁ Ἰησοῦς ἐκεῖ διὰ τὸ εἶναι τὸν τόπον ἐγγὺς τῆς πόλεως.

11. τότε συναχθήσονται ἔμπροσθεν αὐτοῦ πάντα τὰ ἔθνη.

12. μὴ ποίει τοῦτο· οὐ γὰρ ἱκανός εἰμι ἵνα εἰς τὴν οἰκίαν μου εἰσέλθῃς.

13. ἐλθόντες οἱ στρατιῶται νυκτὸς ἔλαβον τὸν ἄνδρα καὶ ἀγαγόντες αὐτὸν ἔξω ἀπέκτειναν.

14. τῇ μὲν σαρκὶ οὔκ ἐστε μεθ' ἡμῶν, τῇ δὲ καρδίᾳ ἐστὲ ἐγγύς.

15. μὴ περιπατοῦμεν κατὰ σάρκα; οὐκ ἔχομεν τὸ πνεῦμα τοῦ θεοῦ;

16. εἰσῆλθεν εἰς τὴν οἰκίαν τοῦ ἀρχιερέως τοῦ εἶναι ἐγγὺς τοῦ τόπου ὅπου ἦν ὁ Ἰησοῦς.

17. εἰς τὰ ἴδια ἦλθεν καὶ οἱ ἴδιοι αὐτὸν οὐ παρέλαβον.

18. ἐγὼ ἐλήλυθα ἐν τῷ ὀνόματι τοῦ πατρός μου, καὶ οὐ λαμβάνετέ με· ἐὰν ἄλλος ἔλθῃ ἐν τῷ ὀνόματι τῷ ἰδίῳ, ἐκεῖνον λήμψεσθε.

19. μὴ ἐποίησα τὸ ἴδιον θέλημα; οὐ μᾶλλον ἐποίησα τὸ σόν;

20. εἰ ἐμὲ ἐδίωξαν, καὶ ὑμᾶς διώξουσιν· εἰ τὸν λόγον μου ἐτήρησαν, καὶ τὸν ὑμέτερον τηρήσουσιν.

II. 1. Those who have done one work well will do also greater things.
2. He who rules his own house well does a greater thing than he who takes many cities.
3. Why do ye do these things? Are ye kings and priests? Are ye not servants?
4. Those who were in the darkness besought us that we should pity them and not cast them out.
5. Those who belong to me are in the city and those who belong to thee are outside of it, but we shall all be in the presence of God.
6. Art thou stronger than the One who made the earth and the sea and all the things that are in them?
7. Do not fear him who kills the body, but fear rather Him who has made all things.
8. When ye have seen your own brethren ye shall go also to the Gentiles.
9. We have more servants than you, but ours are not sufficient to evangelize[1] all the Gentiles.
10. Those who worship the Lord by day and by night shall be stronger than those who persecute them.
11. More are those who are with us than those who are with them.
12. Being with you in heart, not in countenance, we exhorted you that ye should do well all the things which we had commanded you.
13. The priests went out of the city, lest perchance the scribes

---

1. 헬라어에서, *sufficient* (또는 *worthy*) *that they should ....?*라는 의미를 표현하려면, ἱκανός 다음에 어떤 구문을 사용해야 하는가?

might see them doing that which it is not lawful to do.

14. If anyone stronger than we comes against us we shall not remain in our city.

15. Jesus having healed a certain man on the sabbath, the scribes were afraid lest the people should make Him a king.

16. It is better to die in behalf of the brethren than to do what the apostles exhorted us that we should not do.

제 31 과

δίδωμι의 활용. γινώσκω의 제2단순과거. μέν과 δέ 앞에 놓인 관사. 주동사와 같은 의미를 지닌 단순과거분사. 제2단순과거 어간에 붙은 제1단순과거 어미들.

481. 어 휘

αἰώνιος, ον, (여성도 남성과 형태가 같은 형용사) *eternal.*

ἀντί, (전) +속격, *instead of.*

ἀποδίδωμι, *I give back, I give what is owed or promised, I render/pay.*

γυνή, γυναικός, ἡ, (곡용에 따라 불규칙한 강세가 붙을 수도 있다; §566을 보라) *a woman.*

δίδωμι, *I give.*

ἔγνων, 제2단순과거; *γινώσκω*, *I know.*

ἐξουσία, ἡ, *authority.*

ἔσχον, 제2단순과거; *ἔχω*, *I have.*

ζάω (현재체계에서는 *α* 대신에 *η*를 갖는다. 예: *ζᾷς, ζᾷ*가 아니라 *ζῇς, ζῇ*이다), *I live.*

ἰδού, *behold! lo!*

μόνος, η, ον, *alone, only.*

μυστήριον, τό, *a mystery, a secret.*

ὁράω, *I see* (이 동사의 현재체계는 *βλέπω*의 그것보다 훨씬 드물게 나타난다. 신약에서 *to see*를 의미하는 일반적인 동사는 *βλέπω, ὄψομαι, εἶδον, ἑώρακα,* (*ὦμμαι*), *ὤφθην*이다. 그러나 *βλέπω*는 미래 *βλέψω*와 제1단순과거 *ἔβλεψα*를 가지므로, *ὄψομαι* 等은 *βλέπω*보다는 *ὁράω*의 기본어들로 간주하는 것이 더 편리할 듯싶다).

παραδίδωμι, *I deliver over.*

πειράζω, *I tempt.*

ποῖος, α, ον, *what sort of?*

Σίμων, Σίμωνος, ὁ, *Simon.*

χείρ, χειρός, ἡ, *a hand.*

482. 지금까지 배운 동사들은 불규칙 동사인 *εἰμί*를 제외하면 모두가 동일한 활용 방식을 따른다. 그것들의 기본어들은 다양한 방법을 따라 형성되지만, 거기에 첨가되는 어미들은 모두가 같은 유형에 속한다. 따라서 이 동사들은 "*ω* 활용"으로 분류된다. 그러나 헬라어에는 이와 다르게 활용되는 또 한 부류의 동사들이 있는데, 이들은 현재 능동태 직설법 일인칭 단수에서 모두 *μι*로 끝나므로, 우리는 이 동사들을 "*μι* 활용"이라고 부른다.

483. *μι* 동사들은 현재와 제2단순과거 체계들에서만 *ω* 동사들과 차이가 난다.

484. *μι* 동사인 *δίδωμι*, *I give*의 기본어들은 아래와 같다:
δίδωμι, *δώσω*, *ἔδωκα*, *δέδωκα*, *δέδομαι*, *ἐδόθην*.

485. *δίδωμι*의 어간은 *δο*-이다.[1] 만약 이것이 *ω* 동사였다면, 그 첫 번째 형태는 *δόω*였을 것이다.

486. 미래 *δώσω*는 완전히 규칙적이다. 어간의 끝 모음 *ο*는 미래 접미소 *σ* 앞에서 길어졌다; 이와 동일한 예를 *δηλόω*에서도 볼 수 있다(§321을 보라). 미래 능동태와 중간태의 모든 형태들은 *δώσω*를 토대로 만들어진다. 이 때 적용되는 방법은 *λύω*의 경우와 같다.

487. 제1단순과거 *ἔδωκα*는 시제 접미소로 *σ* 대신에 *κ*가 붙은 것 이외에는 매우 규칙적으로 형성되었다.

---

1. *δίδωμι*의 첫 음절 *δι*-는 어간(*δο*-)의 첫 소리 *δ*가 모음 *ι*의 도움을 받아 중첩된 것이다. 이처럼 어두음 중첩(reduplication)은 완료뿐만 아니라 현재에서도 나타나는 현상이다; 예를 들면, *διδάσκω*, *γίνομαι*(<*γίγνομαι*), *πίπτω*, *τίθημι*, *I place* 따위들.

488. 완료 능동태 *δέδωκα*는 완전히 규칙적이다. *δέδωκα*로부터 완료 능동태의 모든 형태들이 아주 규칙적으로 만들어진다.

489. 완료 중간태 *δέδομαι*는 어간의 끝 모음이 인칭 어미들 앞에서 길어지지 않은 것을 제외하면 매우 규칙적이다(§448을 참조하라). *δέδομαι*로부터 완료 중간태와 수동태의 모든 형태들이 아주 규칙적으로 만들어진다.

490. 단순과거 수동태 *ἐδόθην*은 어간의 끝 모음이 시제 접미소 -*θε* 앞에서 길어지지 않은 것을 제외하면 매우 규칙적이다. *ἐδόθην*으로부터 단순과거 수동태와 미래 수동태의 모든 형태들이 아주 규칙적으로 만들어진다.

*δίδωμι*의 현재 체계

491. *δίδωμι*의 현재 체계의 특징은 어간의 첫 소리가 모음 *ι*로 중첩된 것이다(*ε*로 중첩되는 완료 체계와는 형태가 약간 다르다).[1]

492. *δίδωμι*의 현재 능동태 직설법은 아래와 같다:

단 수	복 수
1. *δίδωμι*, *I give.*	1. *δίδομεν*, *we give.*
2. *δίδως*, *thou givest.*	2. *δίδοτε*, *ye give.*
3. *δίδωσι(ν)*, *he gives.*	3. *διδόασι(ν)*, *they give.*

---

1. 하지만 *μι* 동사의 현재 체계에서는 항상 중첩이 일어나는 것으로 오해해서는 안된다. 대부분의 *μι* 동사들은 (1) *δίδωμι*와 *τίθημι*처럼 -*ωμι* 또는 -*ημι*로 끝나는 것들과 (2) *δείκνυμι*, *I show*처럼 -*νυμι*로 끝나는 것들로 분류되는데, (1)의 현재 체계에서 보통 중첩이 일어난다(그러나 *φημί*, *I say*와 같은 형태도 있다).

493. 현재 어간(어두음이 중첩된 어간인 *διδο-*)의 끝 모음은 단수에서는 길어졌지만, 복수에서는 변하지 않았다.

494. 인칭어미들이 그 어간에 직접 붙으며, 어떠한 가변모음도 끼어들지 않는다.

495. 그 어미들은 *-μι*, *-ς*, *-σι* (원래는 *-τι*), *-μεν*, *-τε*, *-ασι*이다.[1]

496. 현재 능동태 가정법은 아래와 같다:

단 수	복 수
1. *διδῶ*	1. *διδῶμεν*
2. *διδῷς*	2. *διδῶτε*
3. *διδῷ*	3. *διδῶσι(ν)*

497. 강세가 보여 주는 바와 같이, 여기에서는 어간의 끝 모음과 가정법에 삽입되는 가변 모음(ω/η)이 합쳐져서 단축되었다. 그러므로 그 원래 형태들은 다음과 같다: *διδόω*, *διδόῃς*, *διδόῃ*, *διδόωμεν*, *διδόητε*, *διδόωσι*. 여기에 나타나는 인칭 어미들은 *ω* 동사들의 해당 어미들과 같다.

498. 현재 능동태 명령법은 아래와 같다:

단 수	복 수
2. *δίδου*, *give (thou).*	2. *δίδοτε*, *give (ye).*
3. *διδότω*, *let him give.*	3. *διδότωσαν*, *let them give.*

---

1. §20을 참조하라. 사실상 *ω* 동사와 *μι* 동사의 어미들은 크게 다르지 않다(*-ασι*는 *-αντι*에서 변화된 것이다). 다만 현재 능동태 직설법에서 후자는 어미가 어간에 직접 붙는 반면에 전자는 가변모음이 삽입되고 나서 발생한 음운 변화로 인해 어미 형태가 서로 다르게 나타났다. 그러나 처음 배우는 입장에서는 앞에서처럼 그 드러난 모양대로 익히는 편이 더 나을 것 같다.

499. 현재 능동태 부정사는 *διδόναι*, *to give*이다. 불규칙한 강세에 유의하라.

500. 현재 능동태 분사는 *διδούς*, *διδοῦσα*, *διδόν*, *giving*이다.[1]

501. 단수 속격은 *διδόντος*, *διδούσης*, *διδόντος*이다. 남성과 중성은 제3곡용을, 여성은 제1곡용을 따라 규칙적으로 곡용된다. 남성과 중성 복수 여격은 *διδοῦσι(ν)*이다.[2]

502. 주격에서 강세는 역진적이지 않으므로 불규칙하지만, 그 다음부터는 일반적인 명사 법칙을 따른다. 단, 여성 복수 속격 *διδουσῶν*은 제1곡용에 속한 명사들에 적용되는 특별한 법칙을 따른다(§§14, 51을 보라).

503. 미완료 능동태 직설법은 아래와 같다:

단 수	복 수
1. *ἐδίδουν*, *I was giving.*	1. *ἐδίδομεν*, *we were giving.*
2. *ἐδίδους*, *thou wast giving.*	2. *ἐδίδοτε*, *ye were giving.*
3. *ἐδίδου*, *he was giving.*	3. *ἐδίδοσαν*, *they were giving.*

504. 현재 시제의 특징적인 중첩, *δι-*는 여기에서도 물론 나타난다. 왜냐하면 미완료는 항상 현재 체계에 속하기 때문이다. 접두음이 규칙적으로 붙는다. 현재 시제와 마찬가지로 어간의 끝 모음이 단수에서

---

1. *διδούς*는 어간 *διδοντ-*에 주격 어미 *-ς*가 첨가된 다음, τ가 σ로 동화된 *-νσς*에서 *-νς*로 변하고, 마지막으로 ν가 탈락되고 난 후 바로 앞의 모음 ο가 ου로 길어진 결과이다(보상적 장음화). 참고로 ω 동사에 속한 현재분사 *λύων*은 어간 *λυοντ-*에 주격 어미가 붙지 않고 끝 자음 τ가 탈락된 다음에 모음 ο가 ω로 길어진 결과이다.

2. *διδοντ-σι*에서 *διδοῦσι*로 변하였다. 이 변화 과정을 설명해 보라.

길어진다. 그러나 미완료에서는 ω 대신에 ου로 길어진다. ω 활용에서와 같은 이차적 어미들이 붙는다. 단, 복수 삼인칭에서는 -ν 대신에 -σαν이 나타난다(§127을 보라).

505. *δίδωμι*의 현재와 미완료의 중간태와 수동태는 §597에 제시되어 있다. 신약성서에서는 이 형태들 가운데 단지 소수만이 나타난다. 또한 그것들은 본문에서 쉽게 알아 볼 수 있다.

δίδωμι의 단순과거 능동태

506. *δίδωμι*의 단순과거 능동태는 특이한 점이 있다; 직설법에서는 제1단순과거이며 그 밖의 다른 서법들에서는 제2단순과거이다.

507. 단순과거 능동태 직설법은 아래와 같다:

단 수	복 수
1. ἔδωκα, *I gave.*	1. ἐδώκαμεν, *we gave.*
2. ἔδωκας, *thou gavest.*	2. ἐδώκατε, *ye gave.*
3. ἔδωκε(ν), *he gave.*	3. ἔδωκαν, *they gave.*

508. 활용은 λύω의 제1단순과거 능동태 ἔλυσα와 똑같다. 그러나 시제 접미소는 σ가 아니라 κ이다.[1] §§171-177을 보라.

509. 단순과거 능동태 가정법은 아래와 같다:

단 수	복 수
1. δῶ	1. δῶμεν
2. δῷς	2. δῶτε
3. δῷ	3. δῶσι(ν)

1. "제1단순과거"라고 말할 수 있다. 하지만 다른 서법들에서는 시제접미소 κ가 붙지 않는 "제2단순과거 어간"(동사 어간과 같다)을 사용한다.

510. 이 활용은 접미소 *κ*를 갖지 않는 제2단순과거 어간을 토대로 형성되지만, 그 가변모음과 인칭어미들은 현재 능동태 가정법에 붙는 것들과 똑같으며 여기서도 단축이 발생하였다. 그 원래 형태들은 다음과 같다: *δόω*, *δόῃς*, *δόῃ*, *δόωμεν*, *δόητε*, *δόωσι* (§497과 비교하라).

511. 단순과거 능동태 명령법은 아래와 같다:

단 수	복 수
2. *δός*, *give* (*thou*).	2. *δότε*, *give* (*ye*).
3. *δότω*, *let him give*.	3. *δότωσαν*, *let them give*.

512. 이 형태들도 역시 제2단순과거 어간을 토대로 형성된다. 인칭어미들은 단수 이인칭 *δός*를 제외하면 현재 능동태 명령법에 붙는 것들과 같다.

513. 단순과거 능동태 부정사는 *δοῦναι*, *to give*이다.

514. 단순과거 능동태 분사는 *δούς*, *δοῦσα*, *δόν*, *having given*이다. 이것은 현재분사 *διδούς*처럼 곡용된다.

515. *δίδωμι*의 단순과거 중간태는 신약성서에서 매우 드물게 나타나며, 그 형태들은 사전을 찾아보면 쉽게 이해할 수 있다.

*γινώσκω*의 제2단순과거

516. *γινώσκω*, *I know*는 *ω* 동사에 속한다. 그러나 이것은 *μι* 형태의 제2단순과거 능동태를 갖는다. 그 어간은 *γνο*-이며 거의 모든 경우에 *γνω*-로 길어진다. 참고로 일러두자면, 제2단순과거를 갖는 *ω* 동사의 어간은 대개 자음으로 끝나며, 활용될 때 가변 모음이 끼어들게 된다. 그러나 *γινώσκω*처럼 어간이 모음으로 끝나는 *ω* 동사의

제2단순과거는 가변 모음의 개입 없이 어미가 *직접* 붙는 *μι* 활용 방식을 따르며,[1] 대신에 어간의 끝 모음이 *보통* 길어진다.

517. 그 활용은 §602에서 익히도록 하라.

*μέν*과 *δέ* 앞에 놓인 관사

518. *μέν* 또는 *δέ* 앞에서 관사가 *he, she, it, they*를 뜻하는 대명사로 사용되는 경우가 자주 있다.

예: (1) *τοῦτο ἠρώτησαν αὐτόν. ὁ δὲ ἀπεκρίθη αὐτοῖς*, *this they asked him. And he answered them.* (2) *ἦλθον πρὸς αὐτοὺς αἰτῶν τι παρ' αὐτῶν· οἱ δὲ ἐποίησαν οὐδέν*, *I came to them asking something from them. But they did nothing.*

519. 주의할 점은 관사의 이러한 용법은 지금까지 배워 왔던 관사의 용법들과 전혀 다르다는 사실이다. 예를 들면, *οἱ ἐν τῷ οἴκῳ*, *those in the house*라는 말에서 관사 *οἱ*가 *those*를 뜻하는 대명사로 사용된 것으로 생각하면 큰 잘못이다. 왜냐하면, *those in the house* (여기에서 *those*는 사실상 지시대명사가 절대로 아니다)라는 영어 관용구를 헬라어식으로 뒤집어서 표현하면 *the in-the-house people*이 되기 때문이다. 또한 이 헬라어 구문에서 *οἱ*는 *οἱ ἀγαθοί*, *the good people*에서 사용된 일반적인 관사와 똑같은 것이며, *ἐν τῷ οἴκῳ*는 *ἀγαθός*와 같은 형용사로 취급된다. 또 다른 예를 들면, *ὁ λύων*, *he who looses*라는 말에서도 관사가 *he*를 뜻하는 대명사로 사용되었다고 생각하면 큰 잘못이다. 여기서 그 관사는 *ὁ ἀγαθός*, *the good man*이란 말에서 사용된 관사와 똑같은 것이다. 그러나 *δέ* 앞에서는 관사가 사실상 대명사로 사용될 수 있다. 일례로 *ὁ δὲ εἶπεν*, *but he said*에서 보면, 관사 *ὁ*와 연결될 수 있는 형용사 내지는 그에 상응할

---

1. *μι* 활용에서는 가정법을 제외하면 가변 모음이 붙는 경우가 거의 없다.

만한 말이 전혀 없으며, 따라서 그 관사는 대명사로밖에는 달리 기능할 수 없다.

520. 주동사와 같은 의미를 지닌 단순과거 분사

단순과거 분사는 주동사와 같은 동작을 가리키는 데 사용되는 때가 있다.

예: (1) *ἀποκριθεὶς εἶπεν ὁ* Ἰησοῦς, *Jesus said by way of answer*, 또는 *Jesus answered and said.* 그런데 §§233, 254에서, 현재 분사는 주동사의 동작과 같은 시간대에 일어난 동작을 가리키며, 단순과거 분사는 주동사의 동작보다 먼저 일어난 동작을 가리킨다고 말하였다. 학생들은 먼저 이 법칙을 뇌리에 확실히 각인시켜 둔 후에 그 예외들을 고려하는 것이 좋다. 그러나 사실상 이 법칙은 실제 현상을 완전하게 표현하지 못하고 있다. 정확히 말하자면, 분사의 시제는 시간과는 전혀 상관이 없는 것으로서, 이러한 비시간적인 기본적 성격은 지금 논하고 있는 용법에 잘 나타나 있다. *ἀποκριθεὶς εἶπεν*에서 "answering"과 "saying"은 정확히 동일한 행위를 나타내고, 분사는 단지 *εἶπεν*이 나타내는 동작을 좀더 세밀하게 규정할 뿐이다. 그렇다고 해서 그 말이 *while he was answering he said*를 의미하는 것은 아니다. 이는 오히려 *ἀποκρινόμενος εἶπεν*으로 표현되었을 것이다. 따라서 복음서들에 매우 자주 나오는 *ἀποκριθεὶς εἶπεν*이라는 구절은 항상 다음과 같이 풀어서 옮길 것을 권한다: *he answered and said.* 하지만 명심할 점은 이러한 관용어 때문에 단순과거 분사는 대개의 경우 주동사의 시간보다 먼저 일어난 동작을 가리킨다는 사실이 희미해지게 놔두어서는 안된다. 학생들은 현재 분사와 단순과거 분사 사이에서 혼동을 일으키는 일이 없도록 각별히 주의하기 바란다.

(2) *ὁ δὲ ἀποκριθεὶς εἶπεν*, *and he answered and said* (*he*가 약간 강조된 말이다). 여기서 *ὁ*와 결합된 분사 *ἀποκριθείς*는 물론 명사적으로 취급될 수 있으므로, 이 문장은 다음과 같이 옮겨질 수

도 있다: *and the having-answered one said*, 또는 *and the one who had answered said*. 그러나 복음서들에서 이러한 말이 나오는 대다수의 본문들에서 그 관사는 대명사로 취급되고, *ἀποκριθείς*는 위의 번역에서처럼 그것과 느슨하게 결합되어 있을 뿐이다.[1]

521. 제2단순과거 어간에 붙은 제1단순과거 어미들

신약성서에는 제2단순과거 어간에 (가변모음 *ο/ε*가 삽입된) 제2단순과거 어미들이 붙지 않고, 대신에 (접미소의 *σ*가 제거된) 제1단순과거 어미들이 사용되는 경우가 매우 흔하다.

예: *εἶπον* 대신에 *εἶπαν* (복수 삼인칭), *εἰπέ* 대신에 *εἰπόν* (명령법). 이 용법은 유달리 단순과거의 일부 활용형들에서 훨씬 더 자주 나타난다. *εἶπον*은 직설법에서 거의 전적으로 제1단순과거 형태들을 갖는다. §186의 각주를 보라.

522. 연습문제

I. 1. *παρέδωκα γὰρ ὑμῖν ἐν πρώτοις ὃ καὶ παρέλαβον, ὅτι Χριστὸς ἀπέθανεν ὑπὲρ τῶν ἁμαρτιῶν ἡμῶν κατὰ τὰς γραφάς.*

2. *μὴ ἔχοντος δὲ αὐτοῦ ἀποδοῦναι ἀπέλυσεν αὐτὸν ὁ κύριος αὐτοῦ.*

3. *καὶ ἀποκριθεὶς πᾶς ὁ λαὸς εἶπεν Τὸ αἷμα αὐτοῦ ἐφ' ἡμᾶς καὶ ἐπὶ τὰ τέκνα ἡμῶν.*

4. *θέλω δὲ τούτῳ τῷ ἐσχάτῳ δοῦναι ὡς καὶ σοί.*

---

1. 이러한 관용어구는 신약 본문에 산재되어 있는 "셈어적 말투"(semitism)의 대표적인 것이다. 참고로 구약의 아람어 본문 עָנֵה . . . וְאָמַר ("대답하여 가로되" 단 2:5)와 히브리어 본문 וַיַּעַן . . . וַיֹּאמַר ("대답하여 가로되" 개역에는 "말씀하여 가로되" 창 18:27)를 참조하라.

5. ἐσθιόντων δὲ αὐτῶν λαβὼν ὁ Ἰησοῦς ἄρτον καὶ εὐλογήσας ἔκλασεν[1] καὶ δοὺς τοῖς μαθηταῖς εἶπεν Λάβετε φάγετε, τοῦτό ἐστιν τὸ σῶμά μου. καὶ λαβὼν ποτήριον[2] καὶ εὐχαριστήσας ἔδωκεν αὐτοῖς λέγων Πίετε ἐξ αὐτοῦ πάντες.

6. καὶ εἶπαν λέγοντες πρὸς αὐτόν Εἰπὸν ἡμῖν ἐν ποίᾳ ἐξουσίᾳ ταῦτα ποιεῖς, ἢ τίς ἐστιν ὁ δούς σοι τὴν ἐξουσίαν ταύτην. ἀποκριθεὶς δὲ εἶπεν πρὸς αὐτούς Ἐρωτήσω κἀγὼ[3] λόγον, καὶ εἴπατέ μοι.

7. ὁ γὰρ ἄρτος τοῦ θεοῦ ἐστιν ὁ καταβαίνων ἐκ τοῦ οὐρανοῦ καὶ ζωὴν διδοὺς τῷ κόσμῳ.

8. λέγει αὐτοῖς Ὑμεῖς δὲ τίνα με λέγετε εἶναι; ἀποκριθεὶς δὲ Σίμων Πέτρος εἶπεν Σὺ εἶ ὁ Χριστὸς ὁ υἱὸς τοῦ θεοῦ τοῦ ζῶντος.

9. λέγει αὐτῷ ὁ Ἰησοῦς Πορεύου· ὁ υἱός σου ζῇ. ἐπίστευσεν ὁ ἄνθρωπος τῷ λόγῳ ὃν εἶπεν αὐτῷ ὁ Ἰησοῦς καὶ ἐπορεύετο.

10. ὁρᾶτε μή τις κακὸν ἀντὶ κακοῦ τινι ἀποδῷ.

11. ἦλθεν ἡ ὥρα, ἰδοὺ παραδίδοται ὁ υἱὸς τοῦ ἀνθρώπου εἰς τὰς χεῖρας τῶν ἁμαρτωλῶν. ἐγείρεσθε, ἄγωμεν·[4] ἰδοὺ ὁ παραδιδούς με ἤγγικεν.

12. καὶ ἰδοὺ εἷς προσελθὼν αὐτῷ εἶπεν Διδάσκαλε, τί ἀγαθὸν ποιήσω ἵνα σχῶ ζωὴν αἰώνιον; ὁ δὲ εἶπεν αὐτῷ

---

1. κλάω, *I break*의 단순과거 능동태 직설법이다.
2. ποτήριον, τό, *a cup*.
3. κἀγώ는 καὶ ἐγώ의 줄임말이다.
4. ἄγω는 가끔 자동사로 사용되는데, 이 때는 *I go*를 의미한다.

Τί με ἐρωτᾷς περὶ τοῦ ἀγαθοῦ; εἷς ἐστιν ὁ ἀγαθός· εἰ δὲ θέλεις εἰς τὴν ζωὴν εἰσελθεῖν τήρει τὰς ἐντολάς.

13. *καὶ προσελθὼν ὁ πειράζων εἶπεν αὐτῷ Εἰ υἱὸς εἶ τοῦ θεοῦ, εἰπὲ ἵνα οἱ λίθοι οὗτοι ἄρτοι γένωνται. ὁ δὲ ἀποκριθεὶς εἶπεν Γέγραπται Οὐκ ἐπ' ἄρτῳ μόνῳ ζήσεται ὁ ἄνθρωπος.*

14. *καὶ προσελθόντες οἱ μαθηταὶ εἶπαν αὐτῷ Διὰ τί ἐν παραβολαῖς λαλεῖς αὐτοῖς; ὁ δὲ ἀποκριθεὶς εἶπεν ὅτι*[1] *Ὑμῖν δέδοται γνῶναι τὰ μυστήρια τῆς βασιλείας τῶν οὐρανῶν, ἐκείνοις δὲ οὐ δέδοται.*

15. *ἔλεγον αὐτῷ οἱ μαθηταί Ἀπόλυσον αὐτούς. ὁ δὲ ἀποκριθεὶς εἶπεν αὐτοῖς Δότε αὐτοῖς ὑμεῖς φαγεῖν.*

II. 1. The woman besought the apostle that he might give her something. But he[2] answered her nothing.

2. Those who had killed the women said that they had known the king. But he answered and said that he was not willing to give them what they asked.

3. If we believe on Him who loved us and gave Himself in behalf of us, we shall have eternal life instead of death.

4. While the apostle was giving to the children the things which they had asked, the women were giving gifts to us.

5. The Lord delivered over the gospel to the apostles, and they delivered it over to the Gentiles.

---

1. *ὅτι*는 흔히 (간접이 아닌) 직접 화법을 이끄는데, 이러한 경우에는 그것을 구태여 번역하지 말고 따옴표로 대신하는 것이 좋다.

2. 이와 같은 구문들에서는 *he*가 약간 강조되어 있는데, 이를 헬라어로 표현하려면 *δέ* 앞에서 대명사적인 의미를 갖는 관사를 사용한다.

6. What shall we give back to Him who gave Himself in behalf of us?
7. Behold He gives us eternal life. Let us therefore do His will.
8. What shall anyone give instead of his life?
9. Whatever we give to Him will not be enough.
10. Whatever thou wishest that men should give to thee, give thou also to them.
11. Let them give thanks to those who delivered over to them the gospel.
12. They asked the Lord what they should give to Him. And He answered and said to them that to do the will of God is greater than all the gifts.
13. Those women are giving back to the children the things which they have taken from them, lest the king cast them out of the city.
14. When the priests had said these things to those who were in the city, the apostle departed.
15. What is this? Will he give us his flesh?
16. Whatever He asks I will give. But He gave to me eternal life.

제 32 과

*τίθημι, ἀφίημι, δείκνυμι, ἀπόλλυμι*의 활용
결과를 나타내는 대격과 부정사
가정법과 연결되는 *ἕως*.

523. 어 휘

ἀνοίγω (이 동사 및 기타 동사들의 기본어들은 부록의 일반 어휘를 참조하라), *I open.*

ἀπόλλυμι, 또는 *ἀπολλύω*, *I destroy*; 중간태는 *I perish.*

ἀρχή, *ἡ*, *a beginning.*

ἀφίημι, *I let go, I leave/permit/forgive* (이것이 *forgive*를 뜻할 때, 용서된 일은 대격으로 용서받은 자는 여격으로 된다).

δείκνυμι 또는 *δεικνύω*, *I show.*

εὑρίσκω, *I find.*

ἐπιτίθημι, *I lay upon*, ~을(대격) …에(여격) 놓다.

ἕως, (부사) +속격, *up to, until*; (접속사) *while, until.*

καιρός, *ὁ*, *a time, a fixed/appointed time.*

καθώς, *just as.*

μνημεῖον, *τό*, *a tomb.*

μόνον, *only.*

πῦρ, *πυρός*, *τό*, *a fire.*

σημεῖον, *τό*, *a sign.*

στόμα, *στόματος*, *τό*, *a mouth.*

τίθημι, *I place/put*; *τίθημι τὴν ψυχήν*, *I lay down my life.*

ὑπάγω, *I go away.*

χαίρω, *I rejoice* (*ἐχάρην*, 제2 단순 수동, *I rejoiced*).

χρόνος, *ὁ*, *time* (*καιρός*가 "정해진 때"라면, 이것은 특히 "기간"을 뜻한다.

ὧδε, *hither, here.*

ὥσπερ, *just as.*

ὥστε, *so that.*

524. *μι* 동사에 속하는 *τίθημι*, *I place/put*의 기본어들은 아래와 같다:

τίθημι, θήσω, ἔθηκα, τέθεικα, τέθειμαι, ἐτέθην.

525. 어간은 *θε*-이다. 현재체계에서는 *δίδωμι*와 똑같은 방식으로 접두음이 중첩된다. 미래는 규칙적이다. 제1단순과거는 (*δίδωμι*처럼) *σ* 대신에 *κ*를 갖는다는 것 이외에는 규칙적이다. 완료 능동태와 중간태는 *θε*-가 *θη*- 대신에 *θει*-로 길어진다는 것 이외에는 규칙적이다. 단순과거 수동태는 규칙적이다; 그러나 (1) 어간의 끝 모음이 길어지지 않으며, (2) 어간 *θε*-는 두 개의 *θ*가 잇따른 음절들에 놓이게 되는 것을 막기 위하여 *τε*-로 바뀐다.

526. *τίθημι*의 현재 체계의 능동태 활용은 §599에서 익히도록 하라.

527. 현재 체계의 어간과 어미들은 *δίδωμι*의 경우와 똑같이 다루어진다. 분사 *τιθείς*의 곡용은 *λύω*의 단순과거 수동태 분사 *λυθείς*의 곡용 방식을 따른다.

528. *τίθημι*의 단순과거 체계의 능동태 활용은 §600에서 익히도록 하라.

529. *δίδωμι*와 마찬가지로, *τίθημι*도 직설법에서는 제1단순과거 능동태를, 그 밖의 다른 서법들에서는 제2단순과거 능동태를 갖는다. 제2단순과거 분사 *θείς*는 현재 분사 *τιθείς*처럼 곡용된다.

530. *τίθημι*에서 제2단순과거는 동사 어간 *θε*-를, 현재는 어두음이 중첩된 어간 *τιθε*-를 지닌다는 사실을 기억하고 있으면, 그것의 현재 중간태와 단순과거 중간태의 활용형들은 본문에 나올 때마다 쉽

게 알아볼 수 있다. 일례로, 학생들이 ἀνεθέμην이라는 형태와 마주쳤다면, ἀν-은 전치사 ἀνα-가 분명하며, ε는 접두음, θε는 τίθημι의 어간, 그리고 -μην은 중간태 단수 일인칭의 이차적 어미이므로, 그 형태는 제2단순과거 중간태 직설법 단수 일인칭이라는 것을 알아차릴 수 있어야 한다. 한편 ἐτίθεντο는 현재 체계의 표징인 τι-를 지니므로 이것은 현재 체계에 속하는데, 접두음과 이차적 어미가 붙었으므로 그 시제는 현재가 아니라 미완료이다. 따라서 그것은 미완료 중간/수동태 직설법 복수 삼인칭이다.

ἀφίημι의 활용

531. ἀφίημι, *I let go, I permit/leave/forgive*는 전치사 ἀπό (거친 기음 앞에서는 ἀφ')와 μι 동사에 속하는 ἵημι로 구성된 복합동사이다. ἵημι의 어간은 ἑ-이다.[1]

532. 어간 ἑ- 앞에 붙은 ἱ-는 현재 체계의 표징이며 ἑ-만을 지닌 짧은 형태들은 제2단순과거라는 것을 기억하고 있으면, 그 활용형들은 보통 쉽게 알아 볼 수 있다. 일례로, ἀφείς는 명백히 제2단순과거 분사이다(어간 θε-가 θείς로 되듯이, εἵς는 어간 ἑ-에서 나온 것이다). 직설법에는 δίδωμι와 τίθημι의 경우에서처럼 σ 대신에 κ가 접미소로 붙은 제1단순과거 능동태가 있다. ἀφίημι의 불규칙 형태들은 사전이나 문법 참고서들에서 찾아볼 수 있다.

533. δείκνυμι와 ἀπόλλυμι의 활용

이 두 동사들은 현재 체계에서 μι 형태들을 갖는다(§596을 보라). 그 형태들은 현재 어간에 인칭 어미들이 직접 붙으므로 쉽게 알아볼

1. 이 동사의 원래 형태는 σίσημι(어간 σε-)이다. 이처럼 헬라어에서는 σ가 탈락되고, 대신에 바로 뒤의 모음이 거친 기음을 갖게 되는 현상을 종종 볼 수 있다("일곱"을 뜻하는 헬라어 ἑπτά와 라틴어 *septem*을 비교해 보라).

수 있다. 현재 어간은 υ으로 끝난다.[1] 또한 *δείκνυμι*와 *ἀπόλλυμι*는 현재 체계에서조차 ω 동사들처럼 활용될 때가 가끔 있다. 어휘를 참조하라.

ὥστε에 이어지는 대격과 부정사

534. 결과를 나타내는 접속사 ὥστε, *so that* 다음에 대격과 부정사가 이어지는 때가 있다.

예: *ἐθεράπευσεν αὐτοὺς· ὥστε τὸν ὄχλον θαυμάσαι....*, *he healed them; so that the crowd marvelled.....*

535. ὥστε의 강세는 일반적인 강세 법칙에 어긋난 것처럼 보인다. 그러나 τε는 원래 ὡς와 분리된 전접어였다. 이와 같은 예를 ὥσπερ와 οὔτε에서도 볼 수 있다(후자에 관해서는 33과 어휘를 참조하라).

536. 가정법과 연결되는 ἕως ἄν

접속사 ἕως가 *until*을 뜻할 때에는 ἄν과 함께 가정법을 취한다(ἄν은 가끔 생략된다). 그러나 ἕως가 이끄는 절의 동사가 과거에 실제로 일어났던 일을 가리키는 경우에는 가정법을 취하지 않는다. ἕως가 *while*을 뜻할 때에는 직설법을 취한다. 한편 ἕως가 전치사로서 관계대명사 중성 단수 속격 οὗ와 결합된 관용구 ἕως οὗ는 단독으로 쓰인 접속사 ἕως와 똑같은 의미를 지닌다.

예: (1) *μείνατε ἕως ἂν ἔλθω*, *remain until I come.* (2) *ἔμεινεν ἕως οὗ ἦλθον*, *he remained until I came* (*I came*은 과거에 실제로 일어났던 일이다)

---

1. *δείκνυμι*와 *ἀπόλλυμι*의 어근은 각각 δεικ-와 ὀλ-이다. 여기에 현재 시제 접미소 νυ가 첨가되어 현재 어간이 형성되었다. *ἀπόλλυμι*는 ἀπ(전치사)-ολ-νυ-μι에서 ν가 λ로 동화된 형태이다.

537. 연습문제

I. 1. *διὰ τοῦτό με ὁ πατὴρ ἀγαπᾷ ὅτι ἐγὼ τίθημι τὴν ψυχήν μου, ἵνα πάλιν λάβω αὐτήν. οὐδεὶς ἦρεν αὐτὴν ἀπ' ἐμοῦ, ἀλλ' ἐγὼ τίθημι αὐτὴν ἀπ' ἐμαυτοῦ. ἐξουσίαν ἔχω θεῖναι αὐτήν, καὶ ἐξουσίαν ἔχω πάλιν λαβεῖν αὐτήν· ταύτην τὴν ἐντολὴν ἔλαβον παρὰ τοῦ πατρός μου.*

2. *αὕτη ἐστὶν ἡ ἐντολὴ ἡ ἐμή, ἵνα ἀγαπᾶτε ἀλλήλους καθὼς ἠγάπησα ὑμᾶς. μείζονα ταύτης ἀγάπην οὐδεὶς ἔχει, ἵνα τις τὴν ψυχὴν αὐτοῦ θῇ ὑπὲρ τῶν φίλων*[1] *αὐτοῦ.*

3. *ἀλλὰ ἐλθὼν ἐπίθες τὴν χεῖρά σου ἐπ' αὐτὴν καὶ ζήσεται.*

4. *ὁ δὲ Ἰησοῦς εἶπεν Ἄφετε τὰ παιδία καὶ μὴ κωλύετε*[2] *αὐτὰ ἐλθεῖν πρός με· τῶν γὰρ τοιούτων*[3] *ἐστὶν ἡ βασιλεία τῶν οὐρανῶν. καὶ ἐπιθεὶς τὰς χεῖρας αὐτοῖς ἐπορεύθη ἐκεῖθεν.*[4]

5. *καὶ προσευξάμενοι ἐπέθηκαν αὐτοῖς τὰς χεῖρας.*

6. *τότε ἐπετίθεσαν τὰς χεῖρας ἐπ' αὐτούς, καὶ ἐλάμβανον πνεῦμα ἅγιον.*

7. *ἀκούσαντες δὲ ἐβαπτίσθησαν εἰς τὸ ὄνομα τοῦ κυρίου Ἰησοῦ· καὶ ἐπιθέντος αὐτοῖς τοῦ Παύλου*[5] *χεῖρας ἦλθε τὸ πνεῦμα τὸ ἅγιον ἐπ' αὐτούς.*

---

1. *φίλος, ὁ, a friend.*
2. *κωλύω, I hinder.*
3. *τοιοῦτος, τοιαύτη, τοιοῦτο, such.* 관사와 함께 자주 사용된다.
4. *ἐκεῖθεν, thence.*
5. Παῦλος, ὁ, *Paul.*

8. ζωοποιεῖ[1] ὁ υἱὸς τοῦ θεοῦ οὓς θέλει.

9. ὑμεῖς ὃ ἠκούσατε ἀπ' ἀρχῆς,[2] ἐν ὑμῖν μενέτω. ἐὰν ἐν ὑμῖν μείνῃ ὃ ἀπ' ἀρχῆς ἠκούσατε, καὶ ὑμεῖς ἐν τῷ υἱῷ καὶ ἐν τῷ πατρὶ μενεῖτε.

10. καὶ ἐγένετο ὡσεὶ[3] νεκρός, ὥστε τοὺς πολλοὺς λέγειν ὅτι ἀπέθανεν.

11. ἴσθι ἐκεῖ ἕως ἂν εἴπω σοι· μέλλει γὰρ Ἡρῴδης[4] ζητεῖν τὸ παιδίον τοῦ ἀπολέσαι αὐτό.

12. Κύριε, σῶσον, ἀπολλύμεθα.

13. καὶ ἀνοίξας τὸ βιβλίον εὗρεν τὸν τόπον.

14. τὰ δὲ ἐκπορευόμενα ἐκ τοῦ στόματος ἐκ τῆς καρδίας ἐξέρχεται.

15. οὐ περὶ τούτων δὲ ἐρωτῶ μόνον, ἀλλὰ καὶ περὶ τῶν πιστευόντων διὰ τοῦ λόγου αὐτῶν εἰς ἐμέ, ἵνα πάντες ἓν ὦσιν, καθὼς σύ, πατήρ,[5] ἐν ἐμοὶ κἀγὼ ἐν σοί, ἵνα καὶ αὐτοὶ ἐν ἡμῖν ὦσιν, ἵνα ὁ κόσμος πιστεύῃ ὅτι σύ με ἀπέστειλας.

16. εἶπεν οὖν ὁ Ἰησοῦς Ἔτι χρόνον μικρὸν μεθ' ὑμῶν εἰμι καὶ ὑπάγω πρὸς τὸν πέμψαντά με.

17. ὅτε δὲ ἤγγισεν ὁ καιρὸς τῶν καρπῶν, ἀπέστειλεν τοὺς δούλους αὐτοῦ.

---

1. *ζωοποιέω, I make alive, I quicken.*

2. 이러한 예에서 보듯이, 동일한 구문에서 헬라어는 관사를 생략하지만 영어는 관사를 사용하는 경우가 많이 있다.

3. *ὡσεί*는 *ὡς*가 강조된 형태이다.

4. Ἡρῴδης, ου, ὁ, *Herod.*

5. *πατήρ*에는 호격 형태 *πάτερ*가 있다. 그러나 이와 같은 명사들조차 호격에서 주격 형태를 가끔 사용한다.

18. *αὐτὸς δὲ σωθήσεται, οὕτως δὲ ὡς διὰ πυρός.*

II. 1. This commandment he laid upon them, that they should lay down their lives in behalf of their brethren.
2. If ye forgive those who persecute you, I also will forgive you.
3. When the men had found him who had done this thing they left him and went away.
4. Having put the body into the tomb he went away.
5. We saw those who were laying down their lives in behalf of the children.
6. The women saw where the body was placed.
7. We shall question him until he answers us.
8. We ought to give thanks to Him who has forgiven us our sins.
9. We did not know Him, but He knew us.
10. Give me the body in order that I may place it in a tomb.
11. He showed all things to you, in order that you might place them in your hearts.
12. The apostle answered and said to those who were questioning him that he would not put these gifts into the temple.
13. After we had seen the sign which Jesus had shown to us, we believed on Him.

제 33 과

ἵστημι와 οἶδα의 활용. 기원법. 사실과 다른 조건들. γίνομαι의 용법.

538. 어 휘

ἀνίστημι, (현재·미래·제1단순과거에서는 타동사로서) *I cause to rise*; (제2단순과거·완료 능동태 및 중간태에서는 자동사로서) *I stand up, I arise.*

δοκέω, *I seem/think.*

δύναμαι, (이태; 현재체계에서는 ἵστημι의 중간태처럼 활용됨) *I am able.*

δύναμις, δυνάμεως, ἡ, *power, a miracle.*

ἔβην, 제2단순과거 (μι 형태로서, 어간 βα-의 모음이 η로 길어졌다); βαίνω, *I go* (ἵστημι의 제2단순과거처럼 활용됨).

ἕτερος, α, ον, *another* (항상은 아니지만 때때로 질적인 차이를 뜻한다; 한편 ἄλλος는 단순히 이것이 아닌 저것을 가리킨다.

ὡς, (부사 또는 접속사) *as, when* (몇몇 용법들은 이미 배웠다).

ἵστημι, (현재·미래·제1단순과거에서는 타동사로서) *I cause to stand*; (현재적 의미를 지니는 완료 및 제2단순과거에서는 자동사로서) *I stand.*

κάθημαι, (이태; μι 형태) *I sit*; 현재분사 καθήμενος.

οἶδα, 현재로 사용되는 제2완료, *I know.*

ὅλος, η, ον, *whole, all.*

ὅμοιος, α, ον, *like, similar*, ~과(여격) 비슷한.

οὔτε, *and not, nor* (οὔτε . . . οὔτε, *neither. . . nor*).

παραγίνομαι, *I become near, I arrive/come* (παραγίνομαι εἰς τὴν πόλιν, *I arrive in the city*).

φανερόω, *I make manifest.*

φημί, *I say* (어간이 φα-인 μι 동사. λέγω보다 드물게 쓰임).

539. *μι* 동사에 속하는 ἵστημι, *I cause to stand*의 기본어들은 아래와 같다:
ἵστημι, στήσω, ἔστησα, ἕστηκα, ἕσταμαι, ἐστάθην, 제2단순과거 능동태 ἔστην.

540. 어간은 στα-이다. 현재 체계는 ἱ-가 앞에 덧붙음으로써 중첩되었다.[1] 미래와 제1단순과거 체계들은 완전히 규칙적이다; 시제 접미소의 σ 앞에서 어간 στα-는 στη-로 길어졌다. 완료 능동태도 규칙적이다; ἑ-는 중첩된 어두음 σε-가 변한 것이다(아래 각주를 또한 참조하라). 완료 중간태와 수동태는 어간 στα-의 모음을 장음화시키지 않고 원래대로 유지한다. 단순과거 수동태도 어간 στα-를 그대로 유지하지만,[2] 그 밖의 다른 점들은 규칙적이다.

541. ἵστημι의 현재 체계의 능동태를 §601에서 익히도록 하라.

542. 현재 체계의 어간과 어미들은 δίδωμι와 τίθημι의 경우와 똑같은 방식으로 다루어진다. 분사 ἱστάς의 곡용은 강세만 제외하면 λύω의 단순과거 능동태 분사 λύσας의 곡용과 같다.

543. ἵστημι의 현재 체계의 중간태와 수동태를 §601에서 익히도록 하라. 가정법을 제외하면, 인칭 어미들은 중첩된 어간 ἱστα-에 직접 결합된다는 것에 유의하라.

544. ἵστημι는 서로 완전히 다른 제1단순과거 능동태와 제2단순과거 능동태를 둘 다 지니고 있는데, 이는 δίδωμι와 τίθημι에서 볼 수 없는 특이한 현상이다. 즉, 제1단순과거는 타동사로서 *I caused to*

---

1. 어간 στα-의 첫 자음을 δίδωμι의 δι-처럼 중첩시키면 σι-가 되는데, 이 σ는 모음 앞에서 거친 기음으로 변하여 그 중첩은 ἱ-로 된다.
2. 어간의 끝 모음은 일반적으로 접미소 앞에서 길어진다(§321을 보라).

*stand*를, 제2단순과거는 자동사로서 *I stood*를 의미한다.

545. ἵστημι의 제2단순과거 능동태는 §602에서 익히도록 하라.

546. 그 활용은 λύω의 단순과거 수동태의 활용과 형태상으로 매우 유사하다.[1] 분사 στάς는 현재분사 ἱστάς처럼 곡용된다.

547. ἵστημι의 제2단순과거 중간태는 나타나지 않는다.

548. ἵστημι는 제1완료 능동태 분사 ἑστηκώς에 더하여 다음과 같은 제2완료 분사도 지니고 있다: ἑστώς, ἑστῶσα, ἑστός, 속격 ἑστῶτος, 등. ἑστηκώς와 ἑστώς는 둘 다 *standing*을 의미한다.

549. οἶδα, *I know*(제2완료는 현재로, 과거완료 ᾔδειν은 미완료로 사용된다)의 활용은 §604에서 익히도록 하라.

550. 기원법

고전 시대의 헬라어는 우리가 지금까지 배웠던 서법들 외에 "기원법"(optative mood)이라는 또 다른 서법을 갖고 있었다. 그러나 신약성서 헬라어에서는 기원법의 고전적인 용도들 중 대부분이 사실상 사라지고 말았다. 여태 남아 있는 기원법은 간절한 바람을 표현하기 위한 것이다. 예를 들면, μὴ γένοιτο (γένοιτο는 γίνομαι의 제2단순과거 기원법 단수 삼인칭)는 *May it not take place, God forbid*를 뜻한다. 이 밖에 신약성서에서 사용된 기원법 형태들은 몇 안되기 때문에 이를 별도의 패러다임으로 다루기보다는 본문 가운데서 직접 확인하는 편이 나을 것 같다.

---

1. 일례로, ἔστην, ἔστης, ἔστη와 ἐλύθην, ἐλύθης, ἐλύθη의 형태들(특히 끝 부분)을 서로 비교해 보라.

551. 사실과 다른 조건들

사실과 다른 조건들을 표현하기 위해서는 전제절과 귀결절 양쪽에 이차적 시제의 직설법을 사용한다. 이 때 전제절은 *εἰ*로 접속되며, 귀결절에는 보통 *ἄν*이 나타나는데, 이것은 가끔 생략되기도 한다.

예: *κύριε, εἰ ἦς ὧδε, οὐκ ἂν ἀπέθανεν ὁ ἀδελφός μου*, *Lord, if thou hadst been here, my brother would not have died.*

*γίνομαι*의 용법

552. 지금까지는 연습문제에서 *γίνομαι*를 영어 단어 *become*으로 옮기는 데 별 문제가 없었다. 그러나 신약성서에는 그러한 번역이 불가능 할 때가 매우 흔하다. 영어 단어 *become*은 주격 보어를 필요로 하지만, 그러나 *γίνομαι*는 주격 보어를 취하지 않는 경우가 매우 많으며, 이 때 그 헬라어는 *happen, come into being, come to pass, appear, arise, be made* 등을 의미한다. 또한 그것은 가끔 *come*이나 *be* 같은 단어들로 번역될 수도 있다.

예: (1) *ἐν ἐκείναις ταῖς ἡμέραις ἐγένετο ἱερεύς τις*, *in those days there was (appeared in history) a certain priest.* (2) *πάντα δι' αὐτοῦ ἐγένετο*, *all things came into being* (또는 *were made*) *through him.* (3) *εἶδεν τὰ γενόμενα*, *he saw the things that had happened.* (4) *φωνὴ ἐγένετο ἐκ τῶν οὐρανῶν*, *a voice came out of the heavens.* [그렇다고 해서 *γίνομαι*가 움직임을 나타내는 동사라고 생각해서는 안된다.]

553. 신약성서 헬라어 본문에서 "히브리 말투"(Hebraism)를 반영하는 관용구 *καὶ ἐγένετο*와 *ἐγένετο δέ*[1] (둘 다 *and it came to*

1. 이 관용구들의 바탕이 되는 히브리어는 וַיְהִי이다. 이러한 예에서 보듯이, 신약 헬라어를 잘 이해하기 위해서는 구약 히브리어도 알아야 할 필요가 있다 (또한 §520의 각주 1을 보라).

*pass*를 뜻한다)의 용법은 특별히 언급할 필요가 있다. 이 용법에는 아래와 같은 세 가지 형태가 있다.[1]

(1) *καὶ ἐγένετο αὐτὸν ἐλθεῖν*, *and it came to pass that he came.* 여기서 대격과 부정사는 *ἐγένετο*에 종속된 것으로, 이 방식은 일반적인 헬라어 용법과 조금이나마 비슷한 데가 있다.

(2) *καὶ ἐγένετο καὶ ἦλθεν*, *and it came to pass and he came.* 여기서는 문자적 번역이 통하지 않는다. 이 헬라어 또한 일반적인 헬라어 용법에도 맞지 않는 것으로서, 이는 히브리 語法에서 비롯된 말이다.

(3) *καὶ ἐγένετο ἦλθεν*, *and it came to pass he came.* 이것 역시 일반적인 헬라어 용법이 아니다. 더욱이 *ἦλθεν*은 문장 구조에서 벗어나 있다.

이러한 관용어들의 번역은 (1)뿐만 아니라 (2)와 (3)의 경우도 모두 다음과 같이 뜻을 풀어 옮기는 것이 좋다: *and it came to pass that he came.*

554. 연습문제

I. 1. *διὰ τοῦτο ὁ κόσμος οὐ γινώσκει ἡμᾶς ὅτι οὐκ ἔγνω αὐτόν. Ἀγαπητοί, νῦν τέκνα θεοῦ ἐσμεν, καὶ οὔπω ἐφανερώθη τί ἐσόμεθα. οἴδαμεν ὅτι ἐὰν φανερωθῇ ὅμοιοι αὐτῷ ἐσόμεθα, ὅτι ὀψόμεθα αὐτὸν καθώς ἐστιν.*
2. *ἔλεγον οὖν αὐτῷ Ποῦ ἐστιν ὁ πατήρ σου; ἀπεκρίθη Ἰησοῦς Οὔτε ἐμὲ οἴδατε οὔτε τὸν πατέρα μου· εἰ ἐμὲ ᾔδειτε, καὶ τὸν πατέρα μου ἂν ᾔδειτε.*
3. *ζητήσετέ με καὶ οὐχ εὑρήσετε, καὶ ὅπου εἰμὶ ἐγὼ*

---

1. J. H. Moulton, *Grammar of New Testament Greek*, Vol. I, "Prolegomena," 2nd ed. (Edinburgh: T. & T. Clark, 1906), p. 16을 보라.

ὑμεῖς οὐ δύνασθε ἐλθεῖν.

4. καὶ συνέρχεται πάλιν ὁ ὄχλος, ὥστε μὴ δύνασθαι αὐτοὺς μηδὲ ἄρτον φαγεῖν.

5. ἠκούσατε ὅτι ἐγὼ εἶπον ὑμῖν Ὑπάγω καὶ ἔρχομαι πρὸς ὑμᾶς. εἰ ἠγαπᾶτέ με, ἐχάρητε ἂν ὅτι πορεύομαι πρὸς τὸν πατέρα, ὅτι ὁ πατὴρ μείζων μού ἐστιν.

6. εὗρεν ἄλλους ἑστῶτας καὶ λέγει αὐτοῖς Τί ὧδε ἑστήκατε ὅλην τὴν ἡμέραν;

7. προφήτην ὑμῖν ἀναστήσει κύριος ὁ θεὸς ἐκ τῶν ἀδελφῶν ὑμῶν ὡς ἐμέ· αὐτοῦ ἀκούσεσθε[1] κατὰ πάντα ὅσα ἂν λαλήσῃ ὑμῖν.

8. καὶ ἀναστὰς ὁ ἀρχιερεὺς εἶπεν αὐτῷ Οὐδὲν ἀποκρίνῃ;

9. τότε οὖν εἰσῆλθεν καὶ ὁ ἄλλος μαθητὴς ὁ ἐλθὼν πρῶτος εἰς τὸ μνημεῖον, καὶ εἶδεν καὶ ἐπίστευσεν· οὐδέπω[2] γὰρ ᾔδεισαν τὴν γραφήν, ὅτι δεῖ αὐτὸν ἐκ νεκρῶν ἀναστῆναι.

10. εἰ ἐν Σοδόμοις[3] ἐγενήθησαν αἱ δυνάμεις αἱ γενόμεναι ἐν σοί, ἔμεινεν ἂν μέχρι[4] τῆς σήμερον.[5]

11. ἔδωκεν αὐτοῖς δύναμιν καὶ ἐξουσίαν ἐπὶ πάντα τὰ δαιμόνια.

12. ἐγένετο δὲ ἐν τῷ βαπτισθῆναι ἅπαντα[6] τὸν λαὸν

---

1. 여기서 ἀκούω의 미래는 이태(deponent)를 취하였다.
2. οὐδέπω, *not yet.*
3. Σόδομα, ων, τά, 단수의 의미를 지닌 복수 명사, *Sodom.*
4. μέχρι+속격, *until, up to.*
5. σήμερον, (부사) *today*; ἡ σήμερον (ἡμέρα와 연결시켜라), *today.*
6. ἅπας, ἅπασα, ἅπαν, *all* (πᾶς가 강조된 형태).

καὶ Ἰησοῦ βαπτισθέντος καὶ προσευχομένου ἀνεῳχθῆναι τὸν οὐρανόν, καὶ καταβῆναι τὸ πνεῦμα τὸ ἅγιον.

13. *ἐγένετο δὲ ἐν ταῖς ἡμέραις ἐκείναις ἐξελθεῖν αὐτὸν εἰς τὰ ὄρη προσεύξασθαι.*

14. *ἐξῆλθον δὲ ἰδεῖν τὸ γεγονός, καὶ ἦλθον πρὸς τὸν Ἰησοῦν, καὶ εὗρον καθήμενον τὸν ἄνθρωπον ἀφ' οὗ τὰ δαιμόνια ἐξῆλθον.*

15. *καὶ ἐγένετο ἐν τῷ εἶναι αὐτὸν ἐν τόπῳ τινὶ προσευχόμενον, ὡς ἐπαύσατο,*[1] *εἶπέν τις τῶν μαθητῶν αὐτοῦ πρὸς αὐτὸν Κύριε δίδαξον ἡμᾶς προσεύχεσθαι, καθὼς καὶ Ἰωάνης*[2] *ἐδίδαξεν τοὺς μαθητὰς αὐτοῦ.*

16. *ὁ δὲ ἔφη αὐτῷ Ἀγαπήσεις κύριον τὸν θεόν σου ἐν ὅλῃ τῇ καρδίᾳ σου.*

17. *δοκεῖτε ὅτι εἰρήνην παρεγενόμην δοῦναι ἐν τῇ γῇ;*

18. *περὶ τίνος ὁ προφήτης λέγει τοῦτο; περὶ ἑαυτοῦ ἢ περὶ ἑτέρου τινός;*

19. *αὐτὸς ὑμᾶς βαπτίσει ἐν πνεύματι ἁγίῳ καὶ πυρί.*

II. 1. He forgave those who had risen up against their king.

2. We know that those who are sitting in the house will not go out until they see the apostle.

3. When Jesus had gone down from the mountain, the disciples saw the man sitting in the house.

4. We saw the apostles standing in the presence of the chief priests.

5. When the women had arrived in the city they saw Jesus

---

1. *παύομαι* (중간태), *I cease.*
2. *Ἰωάνης, ου, ὁ, John.*

doing many miracles.

6. In those days there rose up a certain king who did not know us.

7. Thou hast manifested Thyself to those who are sitting in darkness.

8. When he had seen these things he did not know what he was saying.

9. We are not able to know all these things unless the Lord manifests them to us.

10. We have found the One who is able to take away our sins.

11. We know that no one is able to do what the king does.

패러다임

패 러 다 임

제1곡용

555. *ὥρα*, ἡ, 어간 *ὡρα-*, *an hour;* *ἀλήθεια*, ἡ, 어간 *ἀληθεια-*, *truth;* *δόξα*, ἡ, 어간 *δοξα-*, *glory;* *γραφή*, ἡ, 어간 *γραφα-*, *a writing, a Scripture* :

단 수

주.호.	ὥρα	ἀλήθεια	δόξα	γραφή
속.	ὥρας	ἀληθείας	δόξης	γραφῆς
여.	ὥρᾳ	ἀληθείᾳ	δόξῃ	γραφῇ
대.	ὥραν	ἀλήθειαν	δόξαν	γραφήν

복 수

주.호.	ὧραι	ἀλήθειαι	δόξαι	γραφαί
속.	ὡρῶν	ἀληθειῶν	δοξῶν	γραφῶν
여.	ὥραις	ἀληθείαις	δόξαις	γραφαῖς
대.	ὥρας	ἀληθείας	δόξας	γραφάς

556. *προφήτης*, ὁ, 어간 *προφητα-*, *a prophet*; *μαθητής*, ὁ, 어간 *μαθητα-*, *a disciple*:

단 수

주.	προφήτης	μαθητής
속.	προφήτου	μαθητοῦ
여.	προφήτῃ	μαθητῇ
대.	προφήτην	μαθητήν
호.	προφῆτα	μαθητά

복 수

주.호.	προφῆται	μαθηταί
속.	προφητῶν	μαθητῶν
여.	προφήταις	μαθηταῖς
대.	προφήτας	μαθητάς

제2곡용

557. *λόγος*, *ὁ*, 어간 *λογο-*, *a word*; *ἄνθρωπος*, *ὁ*, 어간 *ἀνθρωπο-*, *a man*; *υἱός*, *ὁ*, 어간 *υἱο-*, *a son*; *δοῦλος*, *ὁ*, 어간 *δουλο-*, *a slave*:

	단 수			
주.	λόγος	ἄνθρωπος	υἱός	δοῦλος
속.	λόγου	ἀνθρώπου	υἱοῦ	δούλου
여.	λόγῳ	ἀνθρώπῳ	υἱῷ	δούλῳ
대.	λόγον	ἄνθρωπον	υἱόν	δοῦλον
호.	λόγε	ἄνθρωπε	υἱέ	δοῦλε
	복 수			
주.호.	λόγοι	ἄνθρωποι	υἱοί	δοῦλοι
속.	λόγων	ἀνθρώπων	υἱῶν	δούλων
여.	λόγοις	ἀνθρώποις	υἱοῖς	δούλοις
대.	λόγους	ἀνθρώπους	υἱούς	δούλους

558. *δῶρον*, *τό*, 어간 *δωρο-*, *a gift*:

	단 수		복 수
주.대.호.	δῶρον	주.대.호.	δῶρα
속.	δώρου	속.	δώρων
여.	δώρῳ	여.	δώροις

제3곡용

559. *νύξ*, ἡ, 어간 *νυκτ-*, *a night*; *σάρξ*, ἡ, 어간 *σαρκ-*, *flesh*; *ἄρχων*, ὁ, 어간 *ἀρχοντ-*, *a ruler*:

단 수

주.	νύξ	σάρξ	ἄρχων
속.	νυκτός	σαρκός	ἄρχοντος
여.	νυκτί	σαρκί	ἄρχοντι
대.	νύκτα	σάρκα	ἄρχοντα
호.	νύξ	σάρξ	ἄρχων

복 수

주.호.	νύκτες	σάρκες	ἄρχοντες
속.	νυκτῶν	σαρκῶν	ἀρχόντων
여.	νυξί(ν)	σαρξί(ν)	ἄρχουσι(ν)
대.	νύκτας	σάρκας	ἄρχοντας

560. *ἐλπίς*, ἡ, 어간 *ἐλπιδ-*, *hope*; *χάρις*, ἡ, 어간 *χαριτ-*, *grace*:

단 수

주.	ἐλπίς	χάρις
속.	ἐλπίδος	χάριτος
여.	ἐλπίδι	χάριτι
대.	ἐλπίδα	χάριν
호.	ἐλπί	χάρις

복 수

주.호.	ἐλπίδες	χάριτες
속.	ἐλπίδων	χαρίτων
여.	ἐλπίσι(ν)	χάρισι(ν)
대.	ἐλπίδας	χάριτας

561. *ὄνομα, τό*, 어간 *ὀνοματ-*, *a name*:

	단 수		복 수
주.대.호.	*ὄνομα*	주.대.호.	*ὀνόματα*
속.	*ὀνόματος*	속.	*ὀνομάτων*
여.	*ὀνόματι*	여.	*ὀνόμασι(ν)*

562. *γένος, τό*, 어간 *γενεσ-*, *a race*:

	단 수		복 수
주.대.호.	*γένος*	주.대.호.	*γένη*
속.	*γένους*	속.	*γενῶν*
여.	*γένει*	여.	*γένεσι(ν)*

563. *πόλις, ἡ*, 어간 *πολι-*, *a city*:

	단 수		복 수
주.	*πόλις*	주.호.	*πόλεις*
속.	*πόλεως*	속.	*πόλεων*
여.	*πόλει*	여.	*πόλεσι(ν)*
대.	*πόλιν*	대.	*πόλεις*
호.	*πόλι*		

564. *βασιλεύς, ὁ*, 어간 *βασιλευ-*, *a king*:

	단 수		복 수
주.	*βασιλεύς*	주.호.	*βασιλεῖς*
속.	*βασιλέως*	속.	*βασιλέων*
여.	*βασιλεῖ*	여.	*βασιλεῦσι(ν)*
대.	*βασιλέα*	대.	*βασιλεῖς*
호.	*βασιλεῦ*		

565. *πατήρ*, ὁ, 어간 *πατερ-*, *a father*; *ἀνήρ*, ὁ, 어간 *ἀνερ-*, *a man*:

단 수

주.	*πατήρ*	*ἀνήρ*
속.	*πατρός*	*ἀνδρός*
여.	*πατρί*	*ἀνδρί*
대.	*πατέρα*	*ἄνδρα*
호.	*πάτερ*	*ἄνερ*

복 수

주.호.	*πατέρες*	*ἄνδρες*
속.	*πατέρων*	*ἀνδρῶν*
여.	*πατράσι(ν)*	*ἀνδράσι(ν)*
대.	*πατέρας*	*ἄνδρας*

μήτηρ, *μητρός*, ἡ, *a mother*는 *πατήρ*처럼 곡용된다.

566. *χείρ*, ἡ, 어간 *χειρ-*, *a hand*; *γυνή*, ἡ, 어간 *γυναικ-*, *a woman*:

단 수

주.	*χείρ*	*γυνή*
속.	*χειρός*	*γυναικός*
여.	*χειρί*	*γυναικί*
대.	*χεῖρα*	*γυναῖκα*
호.	*χείρ*	*γύναι*

복 수

주.호.	*χεῖρες*	*γυναῖκες*
속.	*χειρῶν*	*γυναικῶν*
여.	*χερσί(ν)*	*γυναιξί(ν)*
대.	*χεῖρας*	*γυναῖκας*

567. 관 사

관사 ὁ, ἡ, τό, *the*의 곡용은 아래와 같다:

	단수 남.	단수 여.	단수 중.		복수 남.	복수 여.	복수 중.
주.	ὁ	ἡ	τό	주.	οἱ	αἱ	τά
속.	τοῦ	τῆς	τοῦ	속.	τῶν	τῶν	τῶν
여.	τῷ	τῇ	τῷ	여.	τοῖς	ταῖς	τοῖς
대.	τόν	τήν	τό	대.	τούς	τάς	τά

형 용 사

568. *ἀγαθός, ή, όν, good*의 곡용은 아래와 같다:

	단수 남.	단수 여.	단수 중.		복수 남.	복수 여.	복수 중.
주.	ἀγαθός	ἀγαθή	ἀγαθόν	주.호.	ἀγαθοί	ἀγαθαί	ἀγαθά
속.	ἀγαθοῦ	ἀγαθῆς	ἀγαθοῦ	속.	ἀγαθῶν	ἀγαθῶν	ἀγαθῶν
여.	ἀγαθῷ	ἀγαθῇ	ἀγαθῷ	여.	ἀγαθοῖς	ἀγαθαῖς	ἀγαθοῖς
대.	ἀγαθόν	ἀγαθήν	ἀγαθόν	대.	ἀγαθούς	ἀγαθάς	ἀγαθά
호.	ἀγαθέ	ἀγαθή	ἀγαθόν				

569. *μικρός, ά, όν, small*의 곡용은 아래와 같다:

	단수 남.	단수 여.	단수 중.		복수 남.	복수 여.	복수 중.
주.	μικρός	μικρά	μικρόν	주.호.	μικροί	μικραί	μικρά
속.	μικροῦ	μικρᾶς	μικροῦ	속.	μικρῶν	μικρῶν	μικρῶν
여.	μικρῷ	μικρᾷ	μικρῷ	여.	μικροῖς	μικραῖς	μικροῖς
대.	μικρόν	μικράν	μικρόν	대.	μικρούς	μικράς	μικρά
호.	μικρέ	μικρά	μικρόν				

570. *δίκαιος, α, ον, righteous*의 곡용은 아래와 같다:

	단 수				복 수		
	남.	여.	중.		남.	여.	중.
주.	δίκαιος	δικαία	δίκαιον	주.호.	δίκαιοι	δίκαιαι	δίκαια
속.	δικαίου	δικαίας	δικαίου	속.	δικαίων	δικαίων	δικαίων
여.	δικαίῳ	δικαίᾳ	δικαίῳ	여.	δικαίοις	δικαίαις	δικαίοις
대.	δίκαιον	δικαίαν	δίκαιον	대.	δικαίους	δικαίας	δίκαια
호.	δίκαιε	δικαία	δίκαιον				

571. *μείζων, μεῖζον, greater*의 곡용은 아래와 같다:

	단 수			복 수	
	남. 여.	중.		남. 여.	중.
주.	μείζων	μεῖζον	주.	μείζονες(μείζους)	μείζονα(μείζω)
속.	μείζονος	μείζονος	속.	μειζόνων	μειζόνων
여.	μείζονι	μείζονι	여.	μείζοσι(ν)	μείζοσι(ν)
대.	μείζονα(μείζω)	μεῖζον	대.	μείζονας(μείζους)	μείζονα(μείζω)

572. *ἀληθής, ές, true*의 곡용은 아래와 같다:

	단 수			복 수	
	남. 여.	중.		남. 여.	중.
주.	ἀληθής	ἀληθές	주.호.	ἀληθεῖς	ἀληθῆ
속.	ἀληθοῦς	ἀληθοῦς	속.	ἀληθῶν	ἀληθῶν
여.	ἀληθεῖ	ἀληθεῖ	여.	ἀληθέσι(ν)	ἀληθέσι(ν)
대.	ἀληθῆ	ἀληθές	대.	ἀληθεῖς	ἀληθῆ
호.	ἀληθές	ἀληθές			

573. *πᾶς, πᾶσα, πᾶν, all*의 곡용은 아래와 같다:

	단 수				복 수		
	남.	여.	중.		남.	여.	중.
주.	πᾶς	πᾶσα	πᾶν	주.	πάντες	πᾶσαι	πάντα
속.	παντός	πάσης	παντός	속.	πάντων	πασῶν	πάντων
여.	παντί	πάσῃ	παντί	여.	πᾶσι(ν)	πάσαις	πᾶσι(ν)
대.	πάντα	πᾶσαν	πᾶν	대.	πάντας	πάσας	πάντα

574. *πολύς*, *πολλή*, *πολύ*, *much*의 곡용은 아래와 같다:

	단수				복수		
	남.	여.	중.		남.	여.	중.
주.	πολύς	πολλή	πολύ	주.	πολλοί	πολλαί	πολλά
속.	πολλοῦ	πολλῆς	πολλοῦ	속.	πολλῶν	πολλῶν	πολλῶν
여.	πολλῷ	πολλῇ	πολλῷ	여.	πολλοῖς	πολλαῖς	πολλοῖς
대.	πολύν	πολλήν	πολύ	대.	πολλούς	πολλάς	πολλά

575. *μέγας*, *μεγάλη*, *μέγα*, *great*의 곡용은 아래와 같다:

	단수				복수		
	남.	여.	중.		남.	여.	중.
주.	μέγας	μεγάλη	μέγα	주.호.	μεγάλοι	μεγάλαι	μεγάλα
속.	μεγάλου	μεγάλης	μεγάλου	속.	μεγάλων	μεγάλων	μεγάλων
여.	μεγάλῳ	μεγάλῃ	μεγάλῳ	여.	μεγάλοις	μεγάλαις	μεγάλοις
대.	μέγαν	μεγάλην	μέγα	대.	μεγάλους	μεγάλας	μεγάλα
호.	μεγάλε	μεγάλη	μέγα				

분 사

576. *λύω*의 현재 능동태 분사 *λύων*, *λύουσα*, *λῦον*, *loosing*의 곡용은 아래와 같다:

	단수				복수		
	남.	여.	중.		남.	여.	중.
주.	λύων	λύουσα	λῦον	주.	λύοντες	λύουσαι	λύοντα
속.	λύοντος	λυούσης	λύοντος	속.	λυόντων	λυουσῶν	λυόντων
여.	λύοντι	λυούσῃ	λύοντι	여.	λύουσι(ν)	λυούσαις	λύουσι(ν)
대.	λύοντα	λύουσαν	λῦον	대.	λύοντας	λυούσας	λύοντα

577. *λύω*의 단순과거 능동태 분사 *λύσας*, *λύσασα*, *λῦσαν*, *having loosed*의 곡용은 아래와 같다:

단 수

	남.	여.	중.
주.	*λύσας*	*λύσασα*	*λῦσαν*
속.	*λύσαντος*	*λυσάσης*	*λύσαντος*
여.	*λύσαντι*	*λυσάσῃ*	*λύσαντι*
대.	*λύσαντα*	*λύσασαν*	*λῦσαν*

복 수

	남.	여.	중.
주.	*λύσαντες*	*λύσασαι*	*λύσαντα*
속.	*λυσάντων*	*λυσασῶν*	*λυσάντων*
여.	*λύσασι(ν)*	*λυσάσαις*	*λύσασι(ν)*
대.	*λύσαντας*	*λυσάσας*	*λύσαντα*

578. *λύω*의 완료 능동태 분사 *λελυκώς*, *λελυκυῖα*, *λελυκός*의 곡용은 아래와 같다:

단 수

	남.	여.	중.
주.	*λελυκώς*	*λελυκυῖα*	*λελυκός*
속.	*λελυκότος*	*λελυκυίας*	*λελυκότος*
여.	*λελυκότι*	*λελυκυίᾳ*	*λελυκότι*
대.	*λελυκότα*	*λελυκυῖαν*	*λελυκός*

복 수

	남.	여.	중.
주.	*λελυκότες*	*λελυκυῖαι*	*λελυκότα*
속.	*λελυκότων*	*λελυκυιῶν*	*λελυκότων*
여.	*λελυκόσι(ν)*	*λελυκυίαις*	*λελυκόσι(ν)*
대.	*λελυκότας*	*λελυκυίας*	*λελυκότα*

579. *λύω*의 단순과거 수동태 분사 *λυθείς*, *λυθεῖσα*, *λυθέν*, *having been loosed*의 곡용은 아래와 같다:

단 수

	남.	여.	중.
주.	λυθείς	λυθεῖσα	λυθέν
속.	λυθέντος	λυθείσης	λυθέντος
여.	λυθέντι	λυθείσῃ	λυθέντι
대.	λυθέντα	λυθεῖσαν	λυθέν

복 수

	남.	여.	중.
주.	λυθέντες	λυθεῖσαι	λυθέντα
속.	λυθέντων	λυθεισῶν	λυθέντων
여.	λυθεῖσι(ν)	λυθείσαις	λυθεῖσι(ν)
대.	λυθέντας	λυθείσας	λυθέντα

580. *εἰμί*의 현재 분사 *ὤν*, *οὖσα*, *ὄν*, *being*의 곡용은 아래와 같다:

	단 수				복 수		
	남.	여.	중.		남.	여.	중.
주.	ὤν	οὖσα	ὄν	주.	ὄντες	οὖσαι	ὄντα
속.	ὄντος	οὔσης	ὄντος	속.	ὄντων	οὐσῶν	ὄντων
여.	ὄντι	οὔσῃ	ὄντι	여.	οὖσι(ν)	οὔσαις	οὖσι(ν)
대.	ὄντα	οὖσαν	ὄν	대.	ὄντας	οὔσας	ὄντα

대명사

581. 인칭 대명사 *ἐγώ*, *I*, *σύ*, *thou*, 및 *αὐτός*, *ή*, *ό*, *he*, *she*, *it*의 곡용은 아래와 같다:

단 수

主.	ἐγώ	σύ	αὐτός	αὐτή	αὐτό
속.	ἐμοῦ(μου)	σοῦ	αὐτοῦ	αὐτῆς	αὐτοῦ
여.	ἐμοί(μοι)	σοί	αὐτῷ	αὐτῇ	αὐτῷ
대.	ἐμέ(με)	σέ	αὐτόν	αὐτήν	αὐτό

복 수

主.	ἡμεῖς	ὑμεῖς	αὐτοί	αὐταί	αὐτά
속.	ἡμῶν	ὑμῶν	αὐτῶν	αὐτῶν	αὐτῶν
여.	ἡμῖν	ὑμῖν	αὐτοῖς	αὐταῖς	αὐτοῖς
대.	ἡμᾶς	ὑμᾶς	αὐτούς	αὐτάς	αὐτά

582. *οὗτος*, *αὕτη*, *τοῦτο*, *this*의 곡용은 아래와 같다:

단 수			복 수		
남.	여.	중.	남.	여.	중.
主. οὗτος	αὕτη	τοῦτο	主. οὗτοι	αὗται	ταῦτα
속. τούτου	ταύτης	τούτου	속. τούτων	τούτων	τούτων
여. τούτῳ	ταύτῃ	τούτῳ	여. τούτοις	ταύταις	τούτοις
대. τοῦτον	ταύτην	τοῦτο	대. τούτους	ταύτας	ταῦτα

ἐκεῖνος, *η*, *ο*, *that*는 *αὐτός*처럼 곡용된다.

583. 관계 대명사 *ὅς*, *ἥ*, *ὅ*, *who*, *which*, *what*의 곡용은 아래와 같다:

	단 수				복 수		
	남.	여.	중.		남.	여.	중.
主.	ὅς	ἥ	ὅ	主.	οἵ	αἵ	ἅ
속.	οὗ	ἧς	οὗ	속.	ὧν	ὧν	ὧν
여.	ᾧ	ᾗ	ᾧ	여.	οἷς	αἷς	οἷς
대.	ὅν	ἥν	ὅ	대.	οὕς	ἅς	ἅ

584. 의문대명사 τίς, τί, *who? which? what?* 및 부정대명사 τις, τι, *some one, something*의 곡용은 아래와 같다:

	τίς, τί,		τις, τι	
	단 수			
	남. 여.	중.	남. 여.	중.
주.	τίς	τί	τις	τι
속.	τίνος	τίνος	τινός	τινός
여.	τίνι	τίνι	τινί	τινί
대.	τίνα	τί	τινά	τι
	복 수			
	남. 여.	중.	남. 여.	중.
주.	τίνες	τίνα	τινές	τινά
속.	τίνων	τίνων	τινῶν	τινῶν
여.	τίσι(ν)	τίσι(ν)	τισί(ν)	τισί(ν)
대.	τίνας	τίνα	τινάς	τινά

585. 재귀대명사 ἐμαυτοῦ, ῆς, *of myself* 및 σεαυτοῦ, ῆς, *of thyself*의 곡용은 아래와 같다:

	ἐμαυτοῦ, ῆς		σεαυτοῦ, ῆς	
	단 수			
	남.	여.	남.	여.
속.	ἐμαυτοῦ	ἐμαυτῆς	σεαυτοῦ	σεαυτῆς
여.	ἐμαυτῷ	ἐμαυτῇ	σεαυτῷ	σεαυτῇ
대.	ἐμαυτόν	ἐμαυτήν	σεαυτόν	σεαυτήν
	복 수			
	남.	여.	남.	여.
속.	ἑαυτῶν	ἑαυτῶν	ἑαυτῶν	ἑαυτῶν
여.	ἑαυτοῖς	ἑαυταῖς	ἑαυτοῖς	ἑαυταῖς
대.	ἑαυτούς	ἑαυτάς	ἑαυτούς	ἑαυτάς

586. 재귀대명사 ἑαυτοῦ, ῆς, οῦ, *of himself, of herself. of itself* 의 곡용은 아래와 같다:

단 수				복 수		
	남.	여.	중.	남.	여.	중.
속.	ἑαυτοῦ	ἑαυτῆς	ἑαυτοῦ	속. ἑαυτῶν	ἑαυτῶν	ἑαυτῶν
여.	ἑαυτῷ	ἑαυτῇ	ἑαυτῷ	여. ἑαυτοῖς	ἑαυταῖς	ἑαυτοῖς
대.	ἑαυτόν	ἑαυτήν	ἑαυτό	대. ἑαυτούς	ἑαυτάς	ἑαυτά

수 사

587. εἷς, μία, ἕν, *one*의 곡용은 아래와 같다:

	남.	여.	중.
주.	εἷς	μία	ἕν
속.	ἑνός	μιᾶς	ἑνός
여.	ἑνί	μιᾷ	ἑνί
대.	ἕνα	μίαν	ἕν

588. τρεῖς, τρία, *three*의 곡용은 아래와 같다:

남. 여.		중.	
주.	τρεῖς	주.	τρία
속.	τριῶν	속.	τριῶν
여.	τρισί(ν)	여.	τρισί(ν)
대.	τρεῖς	대.	τρία

τέσσαρες, τέσσαρα, *four*의 곡용은 아래와 같다:

남. 여.		중.	
주.	τέσσαρες	주.	τέσσαρα
속.	τεσσάρων	속.	τεσσάρων
여.	τέσσαρσι(ν)	여.	τέσσαρσι(ν)
대.	τέσσαρας	대.	τέσσαρα

589. 규 칙

λύω, I loose,

기본어	λύω				λύσω		ἔλυσα
	현재·능	미완·능	현재·중/수	미완·중/수	미래·능	미래·중	단순·능
직설. 단.	1. λύω	ἔλυον	λύομαι	ἐλυόμην	λύσω	λύσομαι	ἔλυσα
	2. λύεις	ἔλυες	λύῃ	ἐλύου	λύσεις	λύσῃ	ἔλυσας
	3. λύει	ἔλυε(ν)	λύεται	ἐλύετο	λύσει	λύσεται	ἔλυσε(ν)
복.	1. λύομεν	ἐλύομεν	λυόμεθα	ἐλυόμεθα	λύσομεν	λυσόμεθα	ἐλύσαμεν
	2. λύετε	ἐλύετε	λύεσθε	ἐλύεσθε	λύσετε	λύσεσθε	ἐλύσατε
	3. λύουσι(ν)	ἔλυον	λύονται	ἐλύοντο	λύσουσι(ν)	λύσονται	ἔλυσαν
가정. 단.	1. λύω		λύωμαι				λύσω
	2. λύῃς		λύῃ				λύσῃς
	3. λύῃ		λύηται				λύσῃ
복.	1. λύωμεν		λυώμεθα				λύσωμεν
	2. λύητε		λύησθε				λύσητε
	3. λύωσι(ν)		λύωνται				λύσωσι(ν)
명령. 단.	2. λῦε		λύου				λῦσον
	3. λυέτω		λυέσθω				λυσάτω
복.	2. λύετε		λύεσθε				λύσατε
	3. λυέτωσαν		λυέσθωσαν				λυσάτωσαν
부정.	λύειν		λύεσθαι				λῦσαι
분사.	λύων		λυόμενος				λύσας
	λύουσα		λυομένη				λύσασα
	λῦον		λυόμενον				λῦσαν

동 사

어간 λυ- :

←	λέλυκα		λέλυμαι	ἐλύθην	
단순·중	완료·능	과완·능	완료·중/수	단순·수	미래·수
ἐλυσάμην	λέλυκα	(ἐ)λελύκειν	λέλυμαι	ἐλύθην	λυθήσομαι
ἐλύσω	λέλυκας	(ἐ)λελύκεις	λέλυσαι	ἐλύθης	λυθήσῃ
ἐλύσατο	λέλυκε(ν)	(ἐ)λελύκει	λέλυται	ἐλύθη	λυθήσεται
ἐλυσάμεθα	λελύκαμεν	(ἐ)λελύκειμεν	λελύμεθα	ἐλύθημεν	λυθησόμεθα
ἐλύσασθε	λελύκατε	(ἐ)λελύκειτε	λέλυσθε	ἐλύθητε	λυθήσεσθε
ἐλύσαντο	λελύκασι(ν) λέλυκαν	(ἐ)λελύκεισαν	λέλυνται	ἐλύθησαν	λυθήσονται
λύσωμαι				λυθῶ	
λύσῃ				λυθῇς	
λύσηται				λυθῇ	
λυσώμεθα				λυθῶμεν	
λύσησθε				λυθῆτε	
λύσωνται				λυθῶσι(ν)	
λῦσαι				λύθητι	
λυσάσθω				λυθήτω	
λύσασθε				λύθητε	
λυσάσθωσαν				λυθήτωσαν	
λύσασθαι	λελυκέναι		λελύσθαι	λυθῆναι	
λυσάμενος	λελυκώς		λελυμένος	λυθείς	
λυσαμένη	λελυκυῖα		λελυμένη	λυθεῖσα	
λυσάμενον	λελυκός		λελυμένον	λυθέν	

단 축 동 사

590. *τιμάω, I honor*의 현재 체계는 아래와 같다:

	현재·능동		미완료·능동		현재·중간/수동		미완료·중간/수동	
직설. 단.1.	(τιμάω)	τιμῶ	(ἐτίμαον)	ἐτίμων	(τιμάομαι)	τιμῶμαι	(ἐτιμαόμην)	ἐτιμώμην
2.	(τιμάεις)	τιμᾷς	(ἐτίμαες)	ἐτίμας	(τιμάῃ)	τιμᾷ	(ἐτιμάου)	ἐτιμῶ
3.	(τιμάει)	τιμᾷ	(ἐτίμαε)	ἐτίμα	(τιμάεται)	τιμᾶται	(ἐτιμάετο)	ἐτιμᾶτο
복.1.	(τιμάομεν)	τιμῶμεν	(ἐτιμάομεν)	ἐτιμῶμεν	(τιμαόμεθα)	τιμώμεθα	(ἐτιμαόμεθα)	ἐτιμώμεθα
2.	(τιμάετε)	τιμᾶτε	(ἐτιμάετε)	ἐτιμᾶτε	(τιμάεσθε)	τιμᾶσθε	(ἐτιμάεσθε)	ἐτιμᾶσθε
3.	(τιμάουσι(ν))	τιμῶσι(ν)	(ἐτίμαον)	ἐτίμων	(τιμάονται)	τιμῶνται	(ἐτιμάοντο)	ἐτιμῶντο
가정. 단.1.	(τιμάω)	τιμῶ			(τιμάωμαι)	τιμῶμαι		
2.	(τιμάῃς)	τιμᾷς			(τιμάῃ)	τιμᾷ		
3.	(τιμάῃ)	τιμᾷ			(τιμάηται)	τιμᾶται		
복.1.	(τιμάωμεν)	τιμῶμεν			(τιμαώμεθα)	τιμώμεθα		
2.	(τιμάητε)	τιμᾶτε			(τιμάησθε)	τιμᾶσθε		
3.	(τιμάωσι(ν))	τιμῶσι(ν)			(τιμάωνται)	τιμῶνται		
명령. 단.2.	(τίμαε)	τίμα			(τιμάου)	τιμῶ		
3.	(τιμαέτω)	τιμάτω			(τιμαέσθω)	τιμάσθω		
복.2.	(τιμάετε)	τιμᾶτε			(τιμάεσθε)	τιμᾶσθε		
3.	(τιμαέτωσαν)	τιμάτωσαν			(τιμαέσθωσαν)	τιμάσθωσαν		
부정.	(τιμάειν)	τιμᾶν			(τιμάεσθαι)	τιμᾶσθαι		
분사.	(τιμάων)	τιμῶν			(τιμαόμενος)	τιμώμενος		
	(τιμάουσα)	τιμῶσα			(τιμαομένη)	τιμωμένη		
	(τιμάον)	τιμῶν			(τιμαόμενον)	τιμώμενον		

591. *φιλέω, I love*의 현재 체계는 아래와 같다:

		현재·능동		미완료·능동		현재·중간/수동		미완료·중간/수동	
직설.	단.1.	(φιλέω)	φιλῶ	(ἐφίλεον)	ἐφίλουν	(φιλέομαι)	φιλοῦμαι	(ἐφιλεόμην)	ἐφιλούμην
	2.	(φιλέεις)	φιλεῖς	(ἐφίλεες)	ἐφίλεις	(φιλέῃ)	φιλῇ	(ἐφιλέου)	ἐφιλοῦ
	3.	(φιλέει)	φιλεῖ	(ἐφίλεε)	ἐφίλει	(φιλέεται)	φιλεῖται	(ἐφιλέετο)	ἐφιλεῖτο
	복.1.	(φιλέομεν)	φιλοῦμεν	(ἐφιλέομεν)	ἐφιλοῦμεν	(φιλεόμεθα)	φιλούμεθα	(ἐφιλεόμεθα)	ἐφιλούμεθα
	2.	(φιλέετε)	φιλεῖτε	(ἐφιλέετε)	ἐφιλεῖτε	(φιλέεσθε)	φιλεῖσθε	(ἐφιλέεσθε)	ἐφιλεῖσθε
	3.	(φιλέουσι(ν))	φιλοῦσι(ν)	(ἐφίλεον)	ἐφίλουν	(φιλέονται)	φιλοῦνται	(ἐφιλέοντο)	ἐφιλοῦντο
가정.	단.1.	(φιλέω)	φιλῶ			(φιλέωμαι)	φιλῶμαι		
	2.	(φιλέῃς)	φιλῇς			(φιλέῃ)	φιλῇ		
	3.	(φιλέῃ)	φιλῇ			(φιλέηται)	φιλῆται		
	복.1.	(φιλέωμεν)	φιλῶμεν			(φιλεώμεθα)	φιλώμεθα		
	2.	(φιλέητε)	φιλῆτε			(φιλέησθε)	φιλῆσθε		
	3.	(φιλέωσι(ν))	φιλῶσι(ν)			(φιλέωνται)	φιλῶνται		
명령.	단.2.	(φίλεε)	φίλει			(φιλέου)	φιλοῦ		
	3.	(φιλεέτω)	φιλείτω			(φιλεέσθω)	φιλείσθω		
	복.2.	(φιλέετε)	φιλεῖτε			(φιλέεσθε)	φιλεῖσθε		
	3.	(φιλεέτωσαν)	φιλείτωσαν			(φιλεέσθωσαν)	φιλείσθωσαν		
부정.		(φιλέειν)	φιλεῖν			(φιλέεσθαι)	φιλεῖσθαι		
분사.		(φιλέων)	φιλῶν			(φιλεόμενος)	φιλούμενος		
		(φιλέουσα)	φιλοῦσα			(φιλεομένη)	φιλουμένη		
		(φιλέον)	φιλοῦν			(φιλεόμενον)	φιλούμενον		

592. *δηλόω, I make manifest*의 현재 체계는 아래와 같다:

	현재·능동		미완료·능동		현재·중간/수동		미완료·중간/수동	
직설. 단.1.	(δηλόω)	δηλῶ	(ἐδήλοον)	ἐδήλουν	(δηλόομαι)	δηλοῦμαι	(ἐδηλοόμην)	ἐδηλούμην
2.	(δηλόεις)	δηλοῖς	(ἐδήλοες)	ἐδήλους	(δηλόῃ)	δηλοῖ	(ἐδηλόου)	ἐδηλοῦ
3.	(δηλόει)	δηλοῖ	(ἐδήλοε)	ἐδήλου	(δηλόεται)	δηλοῦται	(ἐδηλόετο)	ἐδηλοῦτο
복.1.	(δηλόομεν)	δηλοῦμεν	(ἐδηλόομεν)	ἐδηλοῦμεν	(δηλοόμεθα)	δηλούμεθα	(ἐδηλοόμεθα)	ἐδηλούμεθα
2.	(δηλόετε)	δηλοῦτε	(ἐδηλόετε)	ἐδηλοῦτε	(δηλόεσθε)	δηλοῦσθε	(ἐδηλόεσθε)	ἐδηλοῦσθε
3.	(δηλόουσι(ν))	δηλοῦσι(ν)	(ἐδήλοον)	ἐδήλουν	(δηλόονται)	δηλοῦνται	(ἐδηλόοντο)	ἐδηλοῦντο
가정. 단.1.	(δηλόω)	δηλῶ			(δηλόωμαι)	δηλῶμαι		
2.	(δηλόῃς)	δηλοῖς			(δηλόῃ)	δηλοῖ		
3.	(δηλόῃ)	δηλοῖ			(δηλόηται)	δηλῶται		
복.1.	(δηλόωμεν)	δηλῶμεν			(δηλοώμεθα)	δηλώμεθα		
2.	(δηλόητε)	δηλῶτε			(δηλόησθε)	δηλῶσθε		
3.	(δηλόωσι(ν))	δηλῶσι(ν)			(δηλόωνται)	δηλῶνται		
명령. 단.2.	(δήλοε)	δήλου			(δηλόου)	δηλοῦ		
3.	(δηλοέτω)	δηλούτω			(δηλοέσθω)	δηλούσθω		
복.2.	(δηλόετε)	δηλοῦτε			(δηλόεσθε)	δηλοῦσθε		
3.	(δηλοέτωσαν)	δηλούτωσαν			(δηλοέσθωσαν)	δηλούσθωσαν		
부정.	(δηλόειν)	δηλοῦν			(δηλόεσθαι)	δηλοῦσθαι		
분사.	(δηλόων)	δηλῶν			(δηλοόμενος)	δηλούμενος		
	(δηλόουσα)	δηλοῦσα			(δηλοομένη)	δηλουμένη		
	(δηλόον)	δηλοῦν			(δηλοόμενον)	δηλούμενον		

593. 제2단순과거 능동태와 중간태

λείπω, *I leave*의 제2단순과거 능동태와 중간태는 아래와 같다:

		제2단순·능동	제2단순·중간
		직설법	직설법
단수	1.	ἔλιπον	ἐλιπόμην
	2.	ἔλιπες	ἐλίπου
	3.	ἔλιπε(ν)	ἐλίπετο
복수	1.	ἐλίπομεν	ἐλιπόμεθα
	2.	ἐλίπετε	ἐλίπεσθε
	3.	ἔλιπον	ἐλίποντο
		가정법	가정법
단수	1.	λίπω	λίπωμαι
	2.	λίπῃς	λίπῃ
	3.	λίπῃ	λίπηται
복수	1.	λίπωμεν	λιπώμεθα
	2.	λίπητε	λίπησθε
	3.	λίπωσι(ν)	λίπωνται
		명령법	명령법
단수	2.	λίπε	λιποῦ
	3.	λιπέτω	λιπέσθω
복수	2.	λίπετε	λίπεσθε
	3.	λιπέτωσαν	λιπέσθωσαν
		부정사	부정사
		λιπεῖν	λιπέσθαι
		분사	분사
		λιπών, λιποῦσα, λιπόν	λιπόμενος, η, ον

유음 동사의 미래와 단순과거

594. *κρίνω*, *I judge*의 미래 능동태와 중간태:

미래·능동

직설법

단. 1.	κρινῶ
2.	κρινεῖς
3.	κρινεῖ
복. 1.	κρινοῦμεν
2.	κρινεῖτε
3.	κρινοῦσι(ν)

미래·중간

직설법

단. 1.	κρινοῦμαι
2.	κρινῇ
3.	κρινεῖται
복. 1.	κρινούμεθα
2.	κρινεῖσθε
3.	κρινοῦνται

595. *κρίνω*, *I judge*의 제1단순과거 능동태와 중간태:

	제1단순·능동	제1단순·중간
	직설법	직설법
단. 1.	ἔκρινα	ἐκρινάμην
2.	ἔκρινας	ἐκρίνω
3.	ἔκρινε(ν)	ἐκρίνατο
복. 1.	ἐκρίναμεν	ἐκρινάμεθα
2.	ἐκρίνατε	ἐκρίνασθε
3.	ἔκριναν	ἐκρίναντο
	가정법	가정법
단. 1.	κρίνω	κρίνωμαι
2.	κρίνῃς	κρίνῃ
3.	κρίνῃ	κρίνηται
복. 1.	κρίνωμεν	κρινώμεθα
2.	κρίνητε	κρίνησθε
3.	κρίνωσι(ν)	κρίνωνται
	명령법	명령법
단. 2.	κρῖνον	κρῖναι
3.	κρινάτω	κρινάσθω
복. 2.	κρίνατε	κρίνασθε
3.	κρινάτωσαν	κρινάσθωσαν
	부정사	부정사
	κρῖναι	κρίνασθαι
	분사	분사
	κρίνας, κρίνασα, κρῖναν	κρινάμενος, η, ον

μι 동사

596. *δείκνυμι*, 어간 *δεικ-*, *I show*의 현재 체계는 아래와 같다:

	현재·능동 직설법	미완료·능동 직설법	현재·중/수 직설법	미완료·중/수 직설법
단. 1.	δείκνυμι	ἐδείκνυν	δείκνυμαι	ἐδεικνύμην
2.	δείκνυς	ἐδείκνυς	δείκνυσαι	ἐδείκνυσο
3.	δείκνυσι	ἐδείκνυ	δείκνυται	ἐδείκνυτο
복. 1.	δείκνυμεν	ἐδείκνυμεν	δεικνύμεθα	ἐδεικνύμεθα
2.	δείκνυτε	ἐδείκνυτε	δείκνυσθε	ἐδείκνυσθε
3.	δεικνύασι	ἐδείκνυσαν	δείκνυνται	ἐδείκνυντο

	가정법	가정법
단. 1.	δεικνύω	δεικνύωμαι
2.	δεικνύῃς	δεικνύῃ
3.	δεικνύῃ	δεικνύηται
복. 1.	δεικνύωμεν	δεικνυώμεθα
2.	δεικνύητε	δεικνύησθε
3.	δεικνύωσι	δεικνύωνται

	명령법	명령법
단. 1.	δείκνυ	δείκνυσο
2.	δεικνύτω	δεικνύσθω
복. 1.	δείκνυτε	δείκνυσθε
2.	δεικνύντων	δεικνύσθων

	부정사	부정사
	δεικνύναι	δείκνυσθαι

	분사	분사
	δεικνύς(-νύντος), -ῦσα, -ύν	δεικνύμενος, -η, -ον

597. *δίδωμι*, 어간 *δο-*, *I give*의 현재 체계는 아래와 같다:

	현재·능동 직설법	미완료·능동 직설법	현재·중/수 직설법	미완료·중/수 직설법
단. 1.	δίδωμι	ἐδίδουν	δίδομαι	ἐδιδόμην
2.	δίδως	ἐδίδους	δίδοσαι	ἐδίδοσο
3.	δίδωσι(ν)	ἐδίδου	δίδοται	ἐδίδοτο
복. 1.	δίδομεν	ἐδίδομεν	διδόμεθα	ἐδιδόμεθα
2.	δίδοτε	ἐδίδοτε	δίδοσθε	ἐδίδοσθε
3.	διδόασι(ν)	ἐδίδοσαν	δίδονται	ἐδίδοντο

	가정법	가정법
단. 1.	διδῶ	(διδῶμαι
2.	διδῷς	διδῷ
3.	διδῷ	διδῶται
복. 1.	διδῶμεν	διδώμεθα
2.	διδῶτε	διδῶσθε
3.	διδῶσι(ν)	διδῶνται)

	명령법	명령법
단. 2.	δίδου	(δίδοσο
3.	διδότω	διδόσθω
복. 2.	δίδοτε	δίδοσθε
3.	διδότωσαν	διδόσθωσαν)

부정사	부정사
διδόναι	δίδοσθαι

분사	분사
διδούς, διδοῦσα, διδόν	διδόμενος, η, ον

598. *δίδωμι*, *I give*의 단순과거 능동태와 중간태는 아래와 같다:

	단순·능동	단순·중간
	직설법	직설법
단. 1.	ἔδωκα	ἐδόμην
2.	ἔδωκας	ἔδου
3.	ἔδωκε(ν)	ἔδοτο
복. 1.	ἐδώκαμεν	ἐδόμεθα
2.	ἐδώκατε	ἔδοσθε
3.	ἔδωκαν	ἔδοντο
	가정법	가정법
단. 1.	δῶ	(δῶμαι
2.	δῷς	δῷ
3.	δῷ	δῶται
복. 1.	δῶμεν	δώμεθα
2.	δῶτε	δῶσθε
3.	δῶσι(ν)	δῶνται)
	명령법	명령법
단. 2.	δός	(δοῦ
3.	δότω	δόσθω
복. 2.	δότε	δόσθε
3.	δότωσαν	δόσθωσαν)
	부정사	부정사
	δοῦναι	(δόσθαι)
	분사	분사
	δούς, δοῦσα, δόν	(δόμενος, η, ον)

599. *τίθημι*, 어간 *θε-*, *I place*의 현재 체계는 아래와 같다:

	현재·능동 직설법	미완료·능동 직설법	현재·중/수 직설법	미완료·중/수 직설법
단. 1.	τίθημι	ἐτίθην	τίθεμαι	ἐτιθέμην
2.	τίθης	ἐτίθεις	τίθεσαι	ἐτίθεσο
3.	τίθησι(ν)	ἐτίθει	τίθεται	ἐτίθετο
복. 1.	τίθεμεν	ἐτίθεμεν	τιθέμεθα	ἐτιθέμεθα
2.	τίθετε	ἐτίθετε	τίθεσθε	ἐτίθεσθε
3.	τιθέασι(ν)	ἐτίθεσαν	τίθενται	ἐτίθεντο

	가정법	가정법
단. 1.	τιθῶ	(τιθῶμαι
2.	τιθῇς	τιθῇ
3.	τιθῇ	τιθῆται
복. 1.	τιθῶμεν	τιθώμεθα
2.	τιθῆτε	τιθῆσθε
3.	τιθῶσι(ν)	τιθῶνται)

	명령법	명령법
단. 2.	τίθει	τίθεσο
3.	τιθέτω	τιθέσθω
복. 2.	τίθετε	τίθεσθε
3.	τιθέτωσαν	τιθέσθωσαν

부정사	부정사
τιθέναι	τίθεσθαι

분사	분사
τιθείς, τιθεῖσα, τιθέν	τιθέμενος, η, ον

600. *τίθημι*, *I place*의 단순과거 능동태와 중간태는 아래와 같다:

	단순·능동	단순·중간
	직설법	직설법
단. 1.	ἔθηκα	ἐθέμην
2.	ἔθηκας	ἔθου
3.	ἔθηκε(ν)	ἔθετο
복. 1.	ἐθήκαμεν	ἐθέμεθα
2.	ἐθήκατε	ἔθεσθε
3.	ἔθηκαν	ἔθεντο
	가정법	가정법
단. 1.	θῶ	θῶμαι
2.	θῇς	θῇ
3.	θῇ	θῆται
복. 1.	θῶμεν	θώμεθα
2.	θῆτε	θῆσθε
3.	θῶσι(ν)	θῶνται
	명령법	명령법
단. 2.	θές	θοῦ
3.	θέτω	θέσθω
복. 2.	θέτε	θέσθε
3.	θέτωσαν	θέσθωσαν
	부정사	부정사
	θεῖναι	θέσθαι
	분사	분사
	θείς, θεῖσα, θέν	θέμενος, η, ον

601. *ἵστημι*, 어간 *στα-*, *I cause to stand*의 현재 체계는 아래와 같다:

	현재·능동 직설법	미완료·능동 직설법	현재·중/수 직설법	미완료·중/수 직설법
단. 1.	ἵστημι	ἵστην	ἵσταμαι	ἱστάμην
2.	ἵστης	ἵστης	ἵστασαι	ἵστασο
3.	ἵστησι(ν)	ἵστη	ἵσταται	ἵστατο
복. 1.	ἵσταμεν	ἵσταμεν	ἱστάμεθα	ἱστάμεθα
2.	ἵστατε	ἵστατε	ἵστασθε	ἵστασθε
3.	ἱστᾶσι(ν)	ἵστασαν	ἵστανται	ἵσταντο

	가정법	가정법
단. 1.	ἱστῶ	(ἱστῶμαι
2.	ἱστῇς	ἱστῇ
3.	ἱστῇ	ἱστῆται
복. 1.	ἱστῶμεν	ἱστώμεθα
2.	ἱστῆτε	ἱστῆσθε
3.	ἱστῶσι(ν)	ἱστῶνται)

	명령법	명령법
단. 2.	ἵστη	ἵστασο
3.	ἱστάτω	ἱστάσθω
복. 2.	ἵστατε	ἵστασθε
3.	ἱστάτωσαν	ἱστάσθωσαν

부정사	부정사
ἱστάναι	ἵστασθαι

분사	분사
ἱστάς, ἱστᾶσα, ἱστάν	ἱστάμενος, η, ον

602. ἵστημι, *I cause to stand*(제2단순과거에서는 자동사), 그리고 γινώσκω, 어간 γνο-, *I know*의 제2단순과거 능동태는 아래와 같다:

	직설법	직설법
단. 1.	ἔστην	ἔγνων
2.	ἔστης	ἔγνως
3.	ἔστη	ἔγνω
복. 1.	ἔστημεν	ἔγνωμεν
2.	ἔστητε	ἔγνωτε
3.	ἔστησαν	ἔγνωσαν
	가정법	가정법
단. 1.	στῶ	γνῶ
2.	στῇς	γνῷς
3.	στῇ	γνῷ (γνοῖ)
복. 1.	στῶμεν	γνῶμεν
2.	στῆτε	γνῶτε
3.	στῶσι(ν)	γνῶσι(ν)
	명령법	명령법
단. 2.	στῆθι	γνῶθι
3.	στήτω	γνώτω
복. 2.	στῆτε	γνῶτε
3.	στήτωσαν	γνώτωσαν
	부정사	부정사
	στῆναι	γνῶναι
	분사	분사
	στάς, στᾶσα, στάν	γνούς, γνοῦσα, γνόν

603. *εἰμί*, *I am*의 활용은 아래와 같다:

	현재 직설법	미완료 직설법	미래 직설법
단. 1.	εἰμί	ἤμην	ἔσομαι
2.	εἶ	ἦς	ἔσῃ
3.	ἐστί(ν)	ἦν	ἔσται
복. 1.	ἐσμέν	ἦμεν	ἐσόμεθα
2.	ἐστέ	ἦτε	ἔσεσθε
3.	εἰσί(ν)	ἦσαν	ἔσονται

	가정법
단. 1.	ὦ
2.	ᾖς
3.	ᾖ
복. 1.	ὦμεν
2.	ἦτε
3.	ὦσι(ν)

	명령법
단. 2.	ἴσθι
3.	ἔστω
복. 2.	ἔστε
3.	ἔστωσαν

부정사

εἶναι

분사

ὤν, οὖσα, ὄν

οἶδα의 활용

604. *οἶδα*, *I know*의 활용은 아래와 같다:

	완료	과거완료
	직설법	직설법
단. 1.	οἶδα	ᾔδειν
2.	οἶδας	ᾔδεις
3.	οἶδε(ν)	ᾔδει
복. 1.	οἴδαμεν	ᾔδειμεν
2.	οἴδατε	ᾔδειτε
3.	οἴδασι(ν)	ᾔδεισαν

	가정법
단. 1.	εἰδῶ
2.	εἰδῇς
3.	εἰδῇ
복. 1.	εἰδῶμεν
2.	εἰδῆτε
3.	εἰδῶσι(ν)

	명령법
단. 2.	ἴσθι
3.	ἴστω
복. 2.	ἴστε
3.	ἴστωσαν

부정사

εἰδέναι

분사

εἰδώς, εἰδυῖα, εἰδός.

어 휘 집

I. 헬라어—국어

(신약성서에 전혀 나타나지 않는 시제 체계를 가리키는 동사 형태는 괄호 안에 표기하였다. 숫자는 항목 번호를 가리킨다.)

ἀγαθός, ή, όν, 61, 568, 좋은.
ἀγαπάω, ἀγαπήσω, ἠγάπησα, ἠγάπηκα, ἠγάπημαι, ἠγαπήθην, 313, 사랑하다.
ἀγάπη, ἡ, 사랑.
ἄγγελος, ὁ, 사자(使者), 천사.
ἁγιάζω, (ἁγιάσω), ἡγίασα, (ἡγίακα), ἡγίασμαι, ἡγιάσθην, 거룩하게 하다, 신성하게 하다, 성별하다.
ἅγιος, α, ον, 거룩한, 신성한.
ἀγρός, ὁ, 들, 밭.
ἄγω, ἄξω, ἤγαγον, (ἦχα), ἦγμαι, ἤχθην, 이끌다.
ἀδελφός, ὁ, 형 또는 아우.
αἷμα, αἵματος, τό, 피, 혈(血).
αἴρω, ἀρῶ, ἦρα, ἦρκα, ἦρμαι, ἤρθην, 들어올리다, 제거하다.
αἰτέω, αἰτήσω, ᾔτησα, ᾔτηκα, (ᾔτημαι), ᾐτήθην, 요구하다.
αἰών, αἰῶνος, ὁ, 세대, 시대, 세월.
αἰώνιος, ον, 481, 영원한.
ἀκήκοα, 제2완료; ἀκούω.
ἀκολουθέω, ἀκολουθήσω, ἠκολούθησα, ἠκολούθηκα, 따르다, 좇다(여격을 취한다).
ἀκούω, ἀκούσω, ἤκουσα, ἀκήκοα, (ἤκουσμαι), ἠκούσθην, 듣다(속격 또는 대격을 취한다).
ἀλήθεια, ἡ, 53, 555, 진리.
ἀληθής, ές, 360-362, 572, 참된, 진실한.
ἀλλά, 그러나(δέ보다 강한 반의 접속사).
ἀλλήλων, οις, ους, 상호대명사, 343, 서로.
ἄλλος, η, ο, 다른, 또 다른.
ἁμαρτάνω, ἁμαρτήσω, ἡμάρτησα 또는 ἥμαρτον, ἡμάρτηκα, (ἡμάρτημαι), (ἡμαρτήθην), 죄짓다.
ἁμαρτία, ἡ, 죄, 잘못.
ἁμαρτωλός, ὁ, 죄인.
ἄν, 불변사로서 따로 옮길 만한 적당한 말이 없다; 400, 536, 551.
ἀναβαίνω, 올라가다.

ἀναβλέπω, 쳐다보다, 보게 되다, 시력을 회복하다.

ἀναλαμβάνω, 들어올리다.

ἀνεῳχθῆναι, aor. pass. infin.; ἀνοίγω.

ἀνήρ, ἀνδρός, ὁ, 565, (여자나 어린이와 구별되는) 남자.

ἄνθρωπος, ὁ, 31-33, 557, (다른 존재들과 구별되는) 사람.

ἀνίστημι, 일어나게 하다; 자동사로 바뀌는 시제들(ἵστημι를 보라)과 중간태에서, 일어서다, 일어나다.

ἀνοίγω, ἀνοίξω, ἀνέῳξα 또는 ἤνοιξα 또는 ἠνέῳξα, ἀνέῳγα, ἀνέῳγμαι 또는 ἠνέῳγμαι 또는 ἤνοιγμαι, ἀνεῴχθην 또는 ἠνοίχθην 또는 ἠνεῴχθην, 열다.

ἀντί, (전)+속격, *instead of*.

ἀπέθανον, 2nd. aor.; ἀποθνήσκω.

ἀπέρχομαι, 가버리다, 떠나다.

ἀπέστειλα, aor.; ἀποστέλλω.

ἀπό, (전)+속, *from*.

ἀποδίδωμι, 돌려주다, 갚다.

ἀποθνήσκω, ἀποθανοῦμαι, ἀπέθανον, 죽다.

ἀποκρίνομαι, (ἀποκρινοῦμαι) ἀπεκρινάμην, (ἀποκέκριμαι), ἀπεκρίθην, ~에게(여격) 대답하다.

ἀποκτείνω, ἀποκτενῶ, ἀπέκτεινα, aor. pass. ἀπεκτάνθην, 죽이다.

ἀπόλλυμι 또는 ἀπολλύω, ἀπολέσω 또는 ἀπολῶ, ἀπώλεσα, ἀπόλωλα, 2nd aor. mid. ἀπωλόμην, 533, 멸하다; mid. 망하다.

ἀπολύω, 풀어주다, 가게하다.

ἀποστέλλω, ἀποστελῶ, ἀπέστειλα, ἀπέσταλκα, ἀπέσταλμαι, ἀπεστάλην, (사명을 맡겨) 보내다, 파송하다.

ἀπόστολος, ὁ, 사도(使徒).

ἄρτος, ὁ, 빵(떡) 조각/덩어리, 빵(떡).

ἀρχή, ἡ, 처음, 시작.

ἀρχιερεύς, ἀρχιερέως, ὁ, 대제사장.

ἄρχω, ἄρξω, ἦρξα, ~을(속격) 다스리다; mid., 344(각주), 시작하다.

ἄρχων, ἄρχοντος, ὁ, 211, 559, 다스리는 자, 통치자.

ἀρῶ, fut.; αἴρω.

αὐτός, ή, ό, 96f., 105f., 581, *him-*

self, herself, itself, same; he, she, it.

ἀφίημι, ἀφήσω, ἀφῆκα, ἀφεῖκα, ἀφεῖμαι, (ἀφείθην), 531f., 가게하다, 남겨두다, 허락하다, ~에게(여격) …을(대격) 용서해 주다.

βαίνω, βήσομαι, ἔβην, βέβηκα, 164, 538, 가다(신약성서에는 전치사와 결합된 복합동사로서만 나타난다).

βάλλω, βαλῶ, ἔβαλον, βέβληκα, βέβλημαι, ἐβλήθην, 던지다, 놓다.

βαπτίζω, βαπτίσω, ἐβάπτισα, (βεβάπτικα), βεβάπτισμαι, ἐβαπτίσθην, 세례를 주다.

βασιλεία, ἡ, 나라, 왕국.

βασιλεύς, βασιλέως, ὁ, 355-357, 564, 왕.

βήσομαι, fut.; βαίνω.

βιβλίον, τό, 책.

βλέπω, βλέψω, ἔβλεψα, 보다(βλέπω는 현재와 미완료에서 "보다"를 뜻하는 일반적인 말이다. 그 밖의 다른 시제들에서는 ὁράω에서 나온 기본어들이 보통 사용된다).

Γαλιλαία, ἡ, 갈릴리.

γάρ, (후치 접속사) for.

γέγονα, 제2완료; γίνομαι.

γενήσομαι, fut.; γίνομαι.

γεννάω, γεννήσω, ἐγέννησα, γεγέννηκα, γεγέννημαι, ἐγεννήθην, 낳다(주어는 아버지되고 어머니도 된다).

γένος, γένους, τό, 352-354, 562, 족속, 자손, 친족, 종류.

γῆ, ἡ, 403, 땅, 세상, 흙, 뭍.

γίνομαι, γενήσομαι, ἐγενόμην, γέγονα, γεγένημαι, ἐγενήθην, 424(각주 2), 550, 552f., 되다, 생기다, ~이다(*be*); γίνεται, 일어나다(*it comes to pass, it happens*).

γινώσκω, γνώσομαι, ἔγνων, ἔγνωκα, ἔγνωσμαι, ἐγνώσθην, 516f., 602, 알다.

γνώσομαι, fut.; γινώσκω.

γράμμα, γράμματος, τό, 글, 문서, 편지.

γραμματεύς, γραμματέως, ὁ, 서기관.

γραφή, ἡ, 56-58, 555, 글, 경; αἱ γραφαί, 성경.

γράφω, γράψω, ἔγραψα, γέγραφα, γέγραμμαι, ἐγρά-

φην, 206, 258, 쓰다, 기록하다.
γυνή, γυναικός, ἡ, 566, 여자.

δαιμόνιον, τό, 귀신.
δέ, (후치 접속사) 90f., 그리고, 그러나.
δεῖ, (비인칭 동사; 부정사와 함께 쓰임) 292, *it is necessary*.
δείκνυμι 또는 δεικνύω, δείξω, ἔδειξα, (δέδειχα), δέδειγμαι, ἐδείχθην, 533, 보이다.
δέχομαι, δέξομαι, ἐδεξάμην, δέδεγμαι, ἐδέχθην, 받다, 영접하다.
δηλόω, δηλώσω, ἐδήλωσα, (δεδήλωκα), (δεδήλωμαι), ἐδηλώθην, 317-322, 592, 밝히다, (분명히) 나타내다.
διά, (전) +속격, *through*; +대격, *on account of*.
διδάσκαλος, ὁ, 선생, 교사.
διδάσκω, διδάξω, ἐδίδαξα, (δεδίδαχα), (δεδίδαγμαι), ἐδιδάχθην, 가르치다.
δίδωμι, δώσω, ἔδωκα, δέδωκα, δέδομαι, ἐδόθην, 482-515, 597f., 주다.
διέρχομαι, 지나가다.
δίκαιος, α, ον, 62, 570, 의로운, 옳은, 무죄한.
δικαιοσύνη, ἡ, 의(義).
διώκω, διώξω, ἐδίωξα, δεδίωκα, δεδίωγμαι, ἐδιώχθην, 좇다, 추구하다, 핍박하다.
δοκέω, (δόξω), ἔδοξα, 생각하다, 여기다.
δόξα, ἡ, 54f., 555, 영광.
δοξάζω, δοξάσω, ἐδόξασα, (δεδόξακα), δεδόξασμαι, ἐδοξάσθην, 영광을 돌리다, 영화롭게 하다.
δοῦλος, ὁ, 38, 557, 종, 하인.
δύναμαι, δυνήσομαι, (δεδύνημαι), ἠδυνήθην 또는 ἠδυνάσθην, 미완료 ἐδυνάμην 또는 ἠδυνάμην, 538, 할 수 있다 (*be able*).
δύναμις, δυνάμεως, ἡ, 힘, 능력, 권능, 권세.
δύο, 373, 여격 δυσί(ν), 둘.
δῶρον, τό, 41f., 558, 예물.

ἐάν, (가정법을 취한다) 288, 만일 (*if*); 관계대명사와 부사 뒤에서 ἄν처럼 사용되는 때도 있다; ἐὰν μή, *unless, except*.
ἑαυτοῦ, ῆς, οῦ, 재귀대명사, 339f., 586, *of himself, of herself, of*

itself.
ἔβαλον, 2nd. aor.; βάλλω.
ἐβλήθην, aor. pass.; βάλλω.
ἐγγίζω, ἐγγιῶ 또는 ἐγγίσω, ἤγγισα, ἤγγικα, 가까이 오다.
ἐγγύς, 가까이.
ἐγείρω, ἐγερῶ, ἤγειρα, —, ἐγήγερμαι, ἠγέρθην, 일으키다, 살리다; (때로는 수동태로) 일어나다, 살아나다.
ἐγενήθην, aor. pass.(그러나 의미는 능동이다); γίνομαι.
ἐγενόμην, 2nd. aor.; γίνομαι.
ἔγνωκα, perf.; γινώσκω.
ἔγνων, 2nd. aor.; γινώσκω.
ἐγνώσθην, aor. pass.; γινώσκω.
ἐγώ, ἐμοῦ 또는 μου, 94, 581, 나(*I*).
ἐδιδάχθην, aor. pass.; διδάσκω.
ἔθνος, ἔθνους, τό, 민족, 나라; pl., 민족들, 이방인들.
εἰ, 288-290, *if, whether*; εἰ μή, *unless, except.*
εἶδον, 2nd. aor.; ὁράω.
εἰμί, ἔσομαι, 580, 603, ~이다, 있다, *be.*
εἶπον, 2nd. aor.; λέγω (때로는 φημί의 2nd. aor.로 취급됨).
εἰρήνη, ἡ, 평화.
εἰς, (전) +대격, *into.*
εἷς, μία, ἕν, 371, 587, 하나.
εἰσέρχομαι, 들어가다.
ἐκ, 모음 앞에서는 ἐξ, (전)+속격, *out of.*
ἐκβάλλω, 내던지다, 쫓아내다.
ἐκεῖ, 거기에, *there.*
ἐκεῖνος, η, ο, (대명사) 103f., *that.*
ἐκηρύχθην, aor. pass.; κηρύσσω.
ἐκκλησία, ἡ, 교회.
ἐκπορεύομαι, 나가다, 나오다.
ἔλαβον, 2nd. aor.; λαμβάνω.
ἐλεέω, ἐλεήσω, ἠλέησα, (ἠλέηκα), ἠλέημαι, ἠλεήθην, 불쌍히/긍휼히 여기다.
ἐλεύσομαι, fut.; ἔρχομαι.
ἐλήλυθα, 2nd. perf.; ἔρχομαι.
ἐλήμφθην, aor. pass.; λαμβάνω.
ἐλπίζω, ἐλπίσω 또는 ἐλπιῶ, ἤλπισα, ἤλπικα, 바라다, 소망하다.
ἐλπίς, ἐλπίδος, ἡ, 211, 560, 소망.
ἐμαυτοῦ, ῆς, (재귀대명사) 337,

585, *of myself.*
ἔμεινα, aor.; μένω.
ἐμός, ή, όν, 473f., *my, belonging to me.*
ἔμπροσθεν, *in front, before, in the presence of.*
ἐν, (전)+여격, *in.*
ἐντολή, ἡ, 계명, 명령.
ἐνώπιον, *in front of, in the presence of, before.*
ἐξ, 모음 앞에서 쓰이는 ἐκ 형태.
ἕξ, (곡용되지 않음) 여섯.
ἐξέρχομαι, 나오다, 나가다.
ἔξεστι(ν), 비인칭 동사, 292, *it is lawful.*
ἐξουσία, ἡ, 권세, 권한.
ἔξω, 밖에, *outside.*
ἕξω, fut.; ἔχω.
ἑόρακα 또는 ἑώρακα, perf.; ὁράω.
ἐπαγγελία, ἡ, 약속.
ἔπεσον, 2nd. aor.; πίπτω.
ἐπερωτάω, 묻다, 캐묻다.
ἐπί, (전)+속격, *over, on, at the time of*; +여격, *on the basis of, at*; +대격, *on, to, against.*
ἐπιστρέφω, ἐπιστρέψω, ἐπέστρεψα, (ἐπέστροφα), ἐπέστραμμαι, ἐπεστράφην, 돌이키다, 돌아오다, 돌아가다.
ἐπιτίθημι, ~에(여격) …을(대격) 얹다, 놓다.
ἔργον, τό, 일, 행위.
ἔρημος, ἡ, 광야.
ἐρρέθην 또는 ἐρρήθην, aor. pass.; λέγω(또는 φημί).
ἔρχομαι, ἐλεύσομαι, ἦλθον, ἐλήλυθα, 오다, 가다.
ἐρῶ, fut.; λέγω (때로는 φημί 의 미래로 간주됨).
ἐρωτάω, ἐρωτήσω, ἠρώτησα, (ἠρώτηκα), (ἠρώτημαι), ἠρωτήθην, 묻다, 청하다, 구하다 (원래는 질문하는 말이지만 신약에서는 요청하는 뜻으로도 쓰인다).
ἐσθίω, φάγομαι, ἔφαγον, 먹다.
ἔσομαι, fut.; εἰμί.
ἔσχατος, η, ον, 마지막, 끝.
ἔσχον, 2nd. aor.; ἔχω.
ἕτερος, α, ον, 538, 다른.
ἔτι, 아직, 여전히.
ἑτοιμάζω, ἑτοιμάσω, ἡτοίμασα, ἡτοίμακα, ἡτοίμασμαι, ἡτοιμάσθην, 예비하다.
ἔτος, ἔτους, τό, 해, 년(年).
ευ-로 시작되는 동사들에 접두음

이 붙으면 ηυ-로 길어질 때도 있고, 변하지 않을 때도 있다.

εὐαγγελίζω, (εὐαγγελίσω), εὐηγγέλισα, (εὐηγγέλικα), εὐηγγέλισμαι, εὐηγγελίσθην, 복음을 전파하다, ~에게 (대격 또는 여격) 어떤 소식을 (대격) 전하다.

εὐαγγέλιον, τό, 복음.

εὐθέως, 곧, 즉시.

εὐθύς, 곧, 즉시.

εὐλογέω, εὐλογήσω, εὐλόγησα, εὐλόγηκα, εὐλόγημαι, εὐλογήθην, 복주다, 축복하다, 찬송하다.

εὑρίσκω, εὑρήσω, εὗρον, εὕρηκα, (εὕρημαι), εὑρέθην, 찾다, 발견하다.

εὐχαριστέω, εὐχαριστήσω, εὐχαρίστησα, (εὐχαρίστηκα), (εὐχαρίστημαι), εὐχαριστήθην, 감사하다.

ἔφαγον, 2nd. aor.; ἐσθίω.

ἔφη, 미완료 능동 직설법 삼인칭 단수; φημί.

ἐχθρός, ὁ, 원수, 적.

ἔχω, ἕξω, ἔσχον, ἔσχηκα, 미완료 εἶχον, 갖다.

ἑώρακα 또는 ἑόρακα, perf.; ὁράω.

ἕως, (부사)+속격, *up to, until*; (접속사), 536, *while, until.*

ζάω, ζήσω 또는 ζήσομαι, ἔζησα, 살다.

ζητέω, ζητήσω, ἐζήτησα, 찾다, 구하다.

ζωή, ἡ, 생, 생명, 삶.

ἤ, 462, ~보다(*than*), 또는(*or*).

ἤγαγον, 2nd. aor.; ἄγω.

ἠγέρθην, aor. pass.; ἐγείρω.

ἤδη, 이미, 벌써.

ἤθελον, imperf.; θέλω.

ἦλθον, 2nd. aor.; ἔρχομαι.

ἡμέρα, ἡ, 날, 낮.

ἡμέτερος, α, ον, 473f., *our, belonging to us.*

ἤνεγκα 또는 ἤνεγκον, aor.; φέρω.

ἠνέχθην, aor. pass.; φέρω.

ἦρα, aor.; αἴρω.

θάλασσα, ἡ, 호수, 바다.

θάνατος, ὁ, 죽음, 사망.

θαυμάζω, θαυμάσομαι, ἐθαύμασα, (τεθαύμακα), aor. pass. ἐθαυμάσθην, 기이히

여기다, 놀라다.

θέλημα, θελήματος, τό, 뜻.

θέλω, θελήσω, ἠθέλησα, 미완료 *ἤθελον*, 364, 원하다.

θεός, ὁ, 하나님.

θεραπεύω, θεραπεύσω, ἐθεράπευσα, (τεθεράπευκα), τεθεράπευμαι, ἐθεραπεύθην, 고치다, 치료하다.

θεωρέω, θεωρήσω, ἐθεώρησα, 보다, 바라보다.

θνήσκω, (신약에서는 완료 *τέθνηκα*와 과거완료에서만 사용됨) 죽다.

Ἰάκωβος, *ὁ*, 야고보.

ἴδιος, α, ον, *one's own.*

ἰδού, 보라!

ἰδών, ἰδοῦσα, ἰδόν, 2nd. aor. ptc.; *ὁράω*.

ἱερεύς, ἱερέως, ὁ, 제사장.

ἱερόν, τό, 성전 (*ναός*와 비교하라).

Ἰησοῦς, -*οῦ*, *ὁ*, 310. 예수.

ἱκανός, ή, όν, 충분한, 상당한, 할 수 있는.

ἱμάτιον, τό, 옷.

ἵνα, 286f., 477, *so that, in order that* (가정법이 연결됨).

Ἰουδαῖος, *ὁ*, 유대인.

ἵστημι, στήσω, ἔστησα, 2nd. aor. *ἔστην, ἕστηκα, (ἕσταμαι), ἐστάθην*, 539-548, 601f., (현재, 미완료, 미래, 제1단순과거 및 수동태에서) 세우다; (제2단순과거와 완료에서) 서다.

ἰσχυρότερος, α, ον, 더 강한 (*ἰσχυρός, ά, όν*의 비교급).

κἀγώ = *καὶ ἐγώ*.

καθαρός, ά, όν, 깨끗한, 맑은, 정결한.

κάθημαι, 앉다.

καθώς, 같이, *just as.*

καί, 146, *and, even, also*; *καί ... καί*, 148, *both ... and.*

καιρός, ὁ, (정해진) 때.

κακός, ή, όν, 나쁜, 악한.

καλέω, καλέσω, ἐκάλεσα, κέκληκα, κέκλημαι, ἐκλήθην, 323, 부르다.

καλός, ή, όν, 좋은, 아름다운.

καλῶς, 잘, *well.*

καρδία, ἡ, 마음.

καρπός, ὁ, 열매.

κατά, (전) +속격, *down from, against*; +대격, *according to, throughout, during.*

καταβαίνω, 내려가다.

κατέρχομαι, 내려가다/오다.

κελεύω, (*κελεύσω*), *ἐκέλευσα*, 명하다, 분부하다.

κηρύσσω, *κηρύξω*, *ἐκήρυξα*, (*κεκήρυχα*), (*κεκήρυγμαι*), *ἐκηρύχθην*, 전파/선포하다.

κόσμος, *ὁ*, 세상.

κρείσσων, *ον*, 더 좋은, 보다 나은 (*ἀγαθός*의 비교급으로 사용됨).

κρίνω, *κρινῶ*, *ἔκρινα*, *κέκρικα*, *κέκριμαι*, *ἐκρίθην*, 328-331, 594f. 심판하다, 판단하다.

κρίσις, *κρίσεως*, *ἡ*, 심판, 판단.

κύριος, *ὁ*, 주인, 主(*the Lord*).

κώμη, *ἡ*, 촌, 마을.

λαλέω, *λαλήσω*, *ἐλάλησα*, *λελάληκα*, *λελάλημαι*, *ἐλαλήθην*, 말하다.

λαμβάνω, *λήμψομαι*, *ἔλαβον*, *εἴληφα*, *εἴλημμαι*, *ἐλήμφθην*, 받다, 취하다.

λαός, *ὁ*, 백성, 인민, 동족.

λέγω, *ἐρῶ*, *εἶπον*, *εἴρηκα*, *εἴρημαι*, *ἐρρέθην* 또는 *ἐρρήθην*, 말하다.

λείπω, *λείψω*, *ἔλιπον*, (*λέλοιπα*), *λέλειμμαι*, *ἐλείφθην*, 190-194, 296, 593, 남기다, 부족하다.

λήμψομαι, fut.; *λαμβάνω*.

λίθος, *ὁ*, 돌.

λόγος, *ὁ*, 557, 말, *a word*.

λοιπός, *ή*, *όν*, 남은; *οἱ λοιποί*, 나머지.

λύω, *λύσω*, *ἔλυσα*, *λέλυκα*, *λέλυμαι*, *ἐλύθην*, 589, 풀다, 헐다, 멸하다.

μαθητής, *ὁ*, 556, 제자.

μακάριος, *α*, *ον*, 복있는, 복된.

μᾶλλον, 더욱, 하물며, 오히려.

μαρτυρέω, *μαρτυρήσω*, *ἐμαρτύρησα*, *μεμαρτύρηκα*, *μεμαρτύρημαι*, *ἐμαρτυρήθην*, 증거하다.

μαρτυρία, *ἡ*, 증거.

μέγας, *μεγάλη*, *μέγα*, 370, 575, 큰.

μείζων, *ον*, 459, 461, 571, 더 큰 (*μέγας*의 비교급).

μέλλω, *μελλήσω*, 미완료 *ἤμελλον* 또는 *ἔμελλον*, *be about (to do)*, *be going (to do)*.

μέν. . . *δέ*, 한편으로는 . . . 다른

한편으로는 (대조할 때 사용됨. 종종 *μέν*은 그대로 두고 *δέ*만 "그러나"로 번역하는 것이 더 나을 때가 있다).

μένω, *μενῶ*, *ἔμεινα*, *μεμένηκα*, 머물다, 거하다.

μετά, (전) +속격, *with*; +대격, *after*.

μετανοέω, *μετανοήσω*, *μετενόησα*, 회개하다.

μή, 256, 478f., *not* (직설법 이외의 서법들에서 사용됨).

μή, 475f., *lest, in order that not* (가정법이 연결됨).

μηδέ, *and not, nor, not even*; *μηδέ*... *μηδέ*, *neither*... *nor*.

μηδείς, *μηδεμία*, *μηδέν*, 372, *no one, nothing*.

μηκέτι, *no longer*, 더 이상 ~ 않다.

μήποτε, *lest perchance*, ~않도록 (가정법이 연결됨).

μήτηρ, *μητρός*, *ἡ*, 565, 어머니, 모친.

μικρός, *ά*, *όν*, 62, 569, 작은.

μνημεῖον, *τό*, 무덤.

μόνον, 오직, 다만.

μόνος, *η*, *ον*, 홀로, 하나뿐인.

μυστήριον, *τό*, 비밀.

ναός, *ὁ*, 성전 (성전 건물 자체를 뜻한다; 한편 *ἱερόν*은 신성한 경내 전체를 말한다).

νεκρός, *ά*, *όν*, 죽은.

νόμος, *ὁ*, 법, 율법.

νῦν, 지금, 이제.

νύξ, *νυκτός*, *ἡ*, 211, 559, 밤.

ὁ, *ἡ*, *τό*, 정관사, 63, 567, *the*.

ὁδός, *ἡ*, 길, 도(道).

οἶδα, 2nd. perf., 현재 시제처럼 사용됨, 549, 604, 알다.

οἰκία, *ἡ*, 집.

οἶκος, *ὁ*, 집.

ὀλίγος, *η*, *ον*, 작은, 적은.

ὅλος, *η*, *ον*, 모든, 온, 전부.

ὅμοιος, *α*, *ον*, 같은, 비슷한.

ὄνομα, *ὀνόματος*, *τό*, 222, 561, 이름.

ὅπου, (관계부사) *where*.

ὅπως, *in order that* (가정법이 연결됨).

ὁράω, *ὄψομαι*, *εἶδον*, *ἑώρακα* 또는 *ἑόρακα*, (*ὦμμαι*), *ὤφθην*, 2nd aor. ptc. *ἰδών*, 186 (각주), 249-251, 보다 (현재 시제에서는 *βλέπω*가 *ὁράω*보다 더 자주 쓰임).

ὄρος, *ὄρους*, *τό*, 산(山).

ὅς, ἥ, ὅ, (관계대명사) 395-399, 583, *who, which.*

ὅσος, ὅση, ὅσον, *as great as, as much as, as many as.*

ὅστις, ἥτις, ὅτι, (부정관계대명사) *whoever, whichever, whatever.*

ὅταν, *whenever* (가정법이 연결됨).

ὅτε, ~할(일) 때, *when.*

ὅτι, 307f., 522(각주), *that, because.*

οὐ (모음 앞에서는 οὐκ, 거친 기음 앞에서는 οὐχ), 118, 256, *not.*

οὐδέ, *and not, nor, not even,* 147; οὐδέ . . . οὐδέ, *neither . . . nor.*

οὐδείς, οὐδεμία, οὐδέν, 372, *no one, nothing.*

οὐκ, 부드러운 기음을 지닌 모음 앞에서 οὐ가 변한 형태.

οὐκέτι, *no longer.*

οὖν, (후치사), 그러므로, 따라서.

οὔπω, *not yet.*

οὐρανός, ὁ, 하늘.

οὖς, ὠτός, τό, 귀.

οὔτε, 535, *and not;* οὔτε . . . οὔτε, *neither . . . nor.*

οὗτος, αὕτη, τοῦτο, (지시대명사) 102, 104, 582, *this.*

οὕτως, 이같이, 이로써.

οὐχ, 거친 기음을 지닌 모음 앞에서 οὐ가 변한 형태.

ὀφείλω, 빚지다, 마땅히 해야 하다(*ought*).

ὀφθαλμός, ὁ, 눈(目).

ὄχλος, ὁ, 무리, 군중.

ὄψομαι, fut.; ὁράω.

παιδίον, τό, 아이, 어린이.

πάλιν, 다시.

παρά, (전) +속격, *from;* +여격, *beside, in the presence of;* +대격, *alongside of.*

παραβολή, ἡ, 비유.

παραγίνομαι, 이르다, 오다, 나오다.

παραδίδωμι, 넘겨/전해 주다.

παρακαλέω, 권하다, 권면하다, 간구하다, 위로하다.

παραλαμβάνω, 받다, 영접하다, 데리고 다니다, 거느리다.

πᾶς, πᾶσα, πᾶν, 365-369, 573, *all, every.*

πάσχω, (πείσομαι), ἔπαθον, πέπονθα, 고난받다, 당하다.

πατήρ, πατρός, ὁ, 565, 아버지, 부친.

πείθω, πείσω, ἔπεισα, πέποιθα, πέπεισμαι, ἐπείσθην, 권유하다, 설득하다.

πειράζω, (πειράσω), ἐπείρασα, (πεπείρακα), πεπείρασμαι, ἐπειράσθην, 유혹하다, 시험하다, 애쓰다.

πέμπω, πέμψω, ἔπεμψα, (πέπομφα), (πέπεμμαι), ἐπέμφθην, 보내다.

πεντακισχίλιοι, αι, α, 오천.

πέντε, (곡용되지 않음) 다섯.

περί, (전) +속격, *concerning, about*; +대격, *around*.

περιπατέω, περιπατήσω, περιεπάτησα, περιπεπάτηκα, 걷다, 행하다.

Πέτρος, ὁ, 베드로.

πίνω, πίομαι, ἔπιον, πέπωκα, (πέπομαι), ἐπόθην, 마시다.

πίπτω, πεσοῦμαι, ἔπεσον 또는 ἔπεσα, πέπτωκα, 떨어지다.

πιστεύω, πιστεύσω, ἐπίστευσα, πεπίστευκα, πεπίστευμαι, ἐπιστεύθην, 184, ~을 (여격) 믿다, *believe*; πιστεύω εἰς +대격, ~을 믿다, *believe in/on*.

πίστις, πίστεως, ἡ, 믿음.

πιστός, ή, όν, 신실한.

πλείων, ον, 더, 더욱 (πολύς의 비교급).

πλῆθος, πλήθους, τό, 무리.

πλήρης, ες (곡용되지 않을 때도 있다), 가득한, 충만한.

πληρόω, πληρώσω, ἐπλήρωσα, πεπλήρωκα, πεπλήρωμαι, ἐπληρώθην, 채우다, 이루다, 완수하다.

πλοῖον, τό, 배, *boat*.

πνεῦμα, πνεύματος, τό, 바람, 영, 성령.

ποιέω, ποιήσω, ἐποίησα, πεποίηκα, πεποίημαι, (ἐποιήθην), 하다, 만들다.

ποῖος, α, ον, 무슨?, 어떤?

πόλις, πόλεως, ἡ, 349-351, 563, 성읍.

πολύς, πολλή, πολύ, 370, 574, *much, great*; (복수에서) *many*.

πονηρός, ά, όν, 악한.

πορεύομαι, πορεύσομαι, ἐπορευσάμην, πεπόρευμαι, ἐπορεύθην, 가다.

πότε, (의문사), 언제?

ποτέ, (전접어) 언젠가, 어느 때, *at some time*; μήποτε, *lest perchance*.

ποῦ, (의문사) 어디?
πούς, *ποδός*, *ὁ*, 발.
πρό, (전) +속격, *before.*
πρός, (전) +대격, *to.*
προσέρχομαι, ~로(여격) 오다/가다.
προσεύχομαι, *προσεύξομαι*, *προσηυξάμην*, 기도하다.
προσκυνέω, *προσκυνήσω*, *προσεκύνησα*, ~을 (보통은 여격이지만, 대격일 때도 있음) 경배하다, 예배하다.
προσφέρω, ~을(대격) …에게 (여격) 가져오다, 드리다, 데려오다.
πρόσωπον, *τό*, 얼굴, 외모.
προφήτης, *ου*, *ὁ*, 79, 556, 예언자.
πρῶτος, *η*, *ον*, 첫째.
πῦρ, *πυρός*, *τό*, 불.
πῶς, (의문사) 어떻게? *how?*

ῥηθείς, *ῥηθεῖσα*, *ῥηθέν*, aor. pass. ptc.; *λέγω*(*φημί*).
ῥῆμα, *ῥήματος*, *τό*, 말.

σάββατον, *τό*, (pl. *σάββατα*, *σαββάτων*, *σάββασι*(*ν*), 단수를 뜻할 때도 있다), 안식일.
σάρξ, *σαρκός*, *ἡ*, 219, 221, 559, 몸, 살, 육체.
σεαυτοῦ, *ῆς*, (재귀대명사) 338, 585, *of thyself.*
σημεῖον, *τό*, 표적, 징조.
Σίμων, *Σίμωνος*, *ὁ*, 시몬.
σκότος, *σκότους*, *τό*, 어두움.
σός, *ή*, *όν*, 473f., *thy*, *belonging to thee.*
σοφία, *ἡ*, 지혜.
σπείρω, (*σπερῶ*), *ἔσπειρα*, —, *ἔσπαρμαι*, *ἐσπάρην*, (씨를) 뿌리다.
στάδιον, *τό*; pl., *τὰ στάδια* 또는 *οἱ στάδιοι*, 경기장, 리(里), 마장(거리 단위).
σταυρόω, *σταυρώσω*, *ἐσταύρωσα*, (*ἐσταύρωκα*), *ἐσταύρωμαι*, *ἐσταυρώθην*, 십자가에 못박다.
στόμα, *στόματος*, *τό*, 입.
στρατιώτης, *ου*, *ὁ*, 군인.
σύ, *σοῦ*, 95, 581, *thou.*
σύν, (전) +여격, *with*, 함께.
συνάγω, 모으다.
συναγωγή, *ἡ*, 회당.
συνέρχομαι, 모이다, 함께 오다.
σχῶ, 2nd aor. subj.; *ἔχω*.
σώζω, *σώσω*, *ἔσωσα*, *σέσω*-

κα, σέσω(σ)μαι, ἐσώθην, 구원하다.
σῶμα, σώματος, τό, 몸.
σωτηρία, ἡ, 구원.

τέθνηκα, perf.; θνήσκω.
τέκνον, τό, 자식, 아이.
τέσσαρες, τέσσαρα, 588, 넷.
τηρέω, τηρήσω, ἐτήρησα, τετήρηκα, τετήρημαι, ἐτηρήθην, 지키다.
τίθημι, θήσω, ἔθηκα, τέθεικα, τέθειμαι, ἐτέθην, 524-530, 599f., 두다, 놓다.
τιμάω, τιμήσω, ἐτίμησα, (τετίμηκα), τετίμημαι, (ἐτιμήθην), 317-321, 590, 귀히 여기다, 존경하다, 공경하다.
τίς, τί, (의문대명사) 385-387, 390f., 584, *who? which? what?*
τις, τι, (부정대명사) 388-390, 584, *someone, something, a certain one, a certain thing, anyone, anything.*
τόπος, ὁ, 곳, 장소.
τότε, 그 때에, *then.*
τρεῖς, τρία, 588, 셋.
τυφλός, ὁ, 맹인.

ὕδωρ, ὕδατος, τό, 물.
υἱός, ὁ, 39f., 557, 아들.
ὑμέτερος, α, ον, 473f., *your, belonging to you.*
ὑπάγω, 떠나다, 물러가다.
ὑπέρ, (전) +속격, *in behalf of*; +대격, *above.*
ὑπό, (전) +속격, (행위자를 이끄는) *by*; +대격, *under.*
ὑποστρέφω, ὑποστρέψω, ὑπέστρεψα, 돌이키다, 돌아오다, 돌아가다.

φανερόω, φανερώσω, ἐφανέρωσα, (πεφανέρωκα), πεφανέρωμαι, ἐφανερώθην, 드러내다, 나타내다.
Φαρισαῖος, ὁ, 바리새인.
φέρω, οἴσω, ἤνεγκα 또는 ἤνεγκον, ἐνήνοχα, (ἐνήνεγμαι), ἠνέχθην, 가져오다, 지니다, 견디다, 참다.
φημί, ἐρῶ, εἶπον, εἴρηκα, εἴρημαι, ἐρρέθην 또는 ἐρρήθην, 말하다 (λέγω는 주로 현재 시제에서 사용되며, 그 밖의 다른 시제들에서는 φημί의 기본어들을 빌려 쓴다).
φιλέω, (φιλήσω), ἐφίλησα, πε-

φίληκα, (πεφίλημαι), (ἐφιλήθην), 317-321, 591, 사랑하다.
φοβέομαι, aor. ἐφοβήθην, (수동 형태들을 취하는 이태동사) 두려워하다, 무서워하다.
φυλακή, ἡ, 옥(獄), 간수, 파수.
φωνή, ἡ, 소리, 음성.
φῶς, φωτός, τό, 빛.

χαίρω, χαρήσομαι, 2nd. aor. pass. ἐχάρην, 기뻐하다.
χαρά, ἡ, 기쁨.
χάρις, χάριτος, ἡ, 347f., 560, 은혜.
χείρ, χειρός, ἡ, 566, 손.
Χριστός, ὁ, 그리스도. 참고로, ὁ Χριστός를 아람어로 번역하면 מְשִׁיחָא가 되는데 이를 우리말로 정확히 음역하면 "메시하"이다(개역은 "메시야," 공동번역과 표준새번역은 "메시아"로 음역하였다); 헬라어 음역은 Μεσσίας, ου, ὁ이다.
χρόνος, ὁ, 시간, 때.
χώρα. ἡ, 지방.
χωρίς, (부사) +속격, ~을 제외하고, ~외에.

ψυχή, ἡ, 목숨, 생명, 영혼.
ὧδε, 여기, 이리로.
ὤν, οὖσα, ὄν, pres. ptc.; εἰμί.
ὥρα, ἡ, 48-51, 555, 시(時), 때.
ὡς, (부사와 접속사) *as*; (수를 나타내는 말에서) *about*.
ὥσπερ, 535, *just as*.
ὥστε, 534f., *so that* (대격과 부정사가 이어질 때가 자주 있다).
ὤφθην, aor. pass.; ὁράω.

II. 국어—헬라어

가게 하다, *ἀφίημι*.
가까이 오다, *ἐγγίζω*.
가까이, *ἐγγύς*.
가능한, *ἱκανός*.
가다, *πορεύομαι*, *ἔρχομαι*, *βαίνω*.
가득한, *πλήρης*.
가르치다, *διδάσκω*.
가져가다, *προσφέρω*.
가져오다, *φέρω*.
간수, *φυλακή*.
간청하다, *παρακαλέω*.
갈릴리, Γαλιλαία.
감사하다, *εὐχαριστέω*.
갖다, *ἔχω*.
같이, *ὡς*.
갚다, *ἀποδίδωμι*.
거기에, *ἐκεῖ*.
거느리다, *παραλαμβάνω*.
거룩하게 하다, *ἁγιάζω*.
거룩한, *ἅγιος*.
걷다, *περιπατέω*.
것(접속사 that), *ὅτι*.
경(經), *γραφή*.
경기장, *στάδιον*.
곁에, *παρά* +대격.
계명, *ἐντολή*.
고난받다, *πάσχω*.
곧, *εὐθέως*, *εὐθύς*.
관하여, *περί* +속격.
광야, *ἔρημος*.
교회, *ἐκκλησία*.
구원, *σωτηρία*.
구원하다, *σῴζω*.
군인, *στρατιώτης*.
군중, *πλῆθος*, *ὄχλος*.
권면하다, *παρακαλέω*.
권세, *ἐξουσία*.
권하다, *παρακαλέω*.
귀, *οὖς*.
귀신, *δαιμόνιον*.
귀히 여기다, *τιμάω*.
그 때, *τότε*.
그 자신, (강조) *αὐτός*; (재귀) *ἑαυτοῦ*.
그 자체, (강의) *αὐτός*의 중성(또는 여성이나 남성으로 표현될 때도 있다); (재귀) *ἑαυτοῦ*의 중성(또는 여성이나 남성으로 표현될 때도 있다).

그(he), *αὐτός*.
그(the), *ὁ*.
그것, *αὐτός*의 중성(또는 여성이 나 남성으로 표현될 때도 있다).
그녀 자신, (강조) *αὐτός*의 여성; (재귀) *ἑαυτοῦ*의 여성.
그녀, *αὐτός*의 여성.
그래서, *ὥστε*.
그러나, *ἀλλά*, *δέ*.
그러므로, *οὖν*.
그리고 ~아니다, *οὐδέ*, *οὔτε*, *μηδέ*.
그리고, *καί*, *δέ*.
그리스도, Χριστός.
근거하여, *ἐπί* +여격.
글, *γράμμα*.
긍휼히 여기다, *ἐλεέω*.
기도하다, *προσεύχομαι*.
기록, *γραφή*.
기뻐하다, *χαίρω*.
기쁨, *χαρά*.
기이히 여기다, *θαυμάζω*.
길, *ὁδός*.
까지, *ἕως* +속격.
깨끗한, *καθαρός*.
깨뜨리다, *λύω*.

나 자신, *ἐμαυτοῦ*.
나, *ἐγώ*.
나가다, *ἐκπορεύομαι*, *ἐξέρχομαι*.
나라, *ἔθνος*.
나르다, *φέρω*.
나머지, *λοιπός*.
나쁜, *κακός*.
나오다, *ἐξέρχομαι*.
나의, *ἐμός*.
나타내다, *φανερόω*, *δηλόω*.
날, *ἡμέρα*.
남기다, *ἀφίημι*, *λείπω*.
남다, *μένω*.
낳다, *γεννάω*.
내던지다, *ἐκβάλλω*.
내려가다, *καταβαίνω*, *κατέρχομαι*.
내려오다, *κατέρχομαι*.
너, *σύ*.
너의, *σός*.
너희의, *ὑμέτερος*.
넘겨주다, *παραδίδωμι*.
네 자신 (재귀), *σεαυτοῦ*.
넷, *τέσσαρες*.
년(年), *ἔτος*.
놀라다, *θαυμάζω*.
놓다, *τίθημι*, *βάλλω*.
누구?, *τίς*.
누구든지, *ὅστις*.
눈, *ὀφθαλμός*.

능력, δύναμις.

다가오다, ἐγγίζω.
다른, ἄλλος, ἕτερος.
다섯, πέντε.
다스리다, ἄρχω.
다시, πάλιν.
답하다, ἀποκρίνομαι.
당하다, πάσχω.
대신에, ἀντί +속격.
대제사장, ἀρχιερεύς.
대하여, ἐπί +대격, κατά +속격.
더 강한, ἰσχυρότερος.
더 나은, κρείσσων.
더 많은, πλείων.
더 이상 아니다, οὐκέτι, μηκέτι.
더 큰, μείζων.
더욱, μᾶλλον.
던지다, βάλλω.
도(道), ὁδός.
도달하다, παραγίνομαι.
도시, πόλις.
돌, λίθος.
돌려주다, ἀποδίδωμι.
돌아오다, ὑποστρέφω.
돌이키다, ἐπιστρέφω.
동안, ἕως, κατά +대격.
되다, γίνομαι.
두다, τίθημι.
두루, κατά +대격.
둘, δύο.
드러내다, φανερόω, δηλόω.
듣다, ἀκούω.
들, ἀγρός.
들어가다, εἰσέρχομαι.
들어올리다, αἴρω, ἀναλαμβάνω.
따라서, κατά +대격.
따로, χωρίς.
따르다, ἀκολουθέω.
땅, γῆ.
때, καιρός, χρόνος.
때문에, διά +대격.
때에(At the time of), ἐπί +속격.
떠나다, ὑπάγω, ἀπέρχομαι.
떨어지다, πίπτω.
또는, ἤ.
또한, καί.
또한 아니다, οὐδέ, μηδέ.
똑같이, καθώς, ὥσπερ.
뜻, θέλημα.
뜻하다, θέλω.

마시다, πίνω.
마음, καρδία.
마장(거리단위), στάδιον.

마지막, ἔσχατος.
만들다, ποιέω.
만일, εἰ, ἐάν.
만큼, ὅσος.
많은, πολύς.
말, λόγος, ῥῆμα.
말하다, λέγω, φημί, λαλέω.
망하다, ἀπόλλυμι의 중간태.
맹인, τυφλός.
맺다, φέρω; γεννάω.
머물다, μένω.
먹다, ἐσθίω.
메시야, Χριστός.
면전에서, παρά +여격, ἐνώπιον, ἔμπροσθεν.
멸하다, ἀπόλλυμι, λύω.
명하다, κελεύω.
모든, πᾶς, ὅλος.
모으다, συνάγω.
몸, σῶμα.
못박다, σταυρόω.
무덤, μνημεῖον.
무리, ὄχλος.
무서워하다, φοβέομαι.
무슨 종류의?, ποῖος.
무엇?, τίς의 중성.
무엇이든, ὅστις의 중성.
묻다, ἐρωτάω, ἐπερωτάω.
물, ὕδωρ.
물러가다, ὑπάγω, ἀπέρχομαι.
믿다, πιστεύω.
믿음, πίστις.

바다, θάλασσα.
바라다, ἐλπίζω.
바리새인, Φαρισαῖος.
밖에, ἔξω.
밖으로(out of), ἐκ +속격.
반드시 ... 해야 하다, δεῖ.
받다, δέχομαι, παραλαμβάνω, λαμβάνω.
발, πούς.
발견하다, εὑρίσκω.
밤, νύξ.
배, πλοῖον.
백성, λαός.
보내다, πέμπω, ἀποστέλλω.
보다(than), ἤ.
보다, βλέπω, ὁράω, θεωρέω.
보라!, ἰδού.
보이다, δείκνυμι, δηλόω.
복음, εὐαγγέλιον.
복음을 전파하다, εὐαγγελίζω.
복있는, μακάριος.
복주다, εὐλογέω.
부르다, καλέω.
부터, ἀπό +속격, παρά +속격.
불, πῦρ.

불쌍히 여기다, ἐλεέω.
비밀, μυστήριον.
비슷한, ὅμοιος.
비유, παραβολή.
빚지다, ὀφείλω.
빛, φῶς.
빵(떡) 조각, ἄρτος.
빵, ἄρτος.
뿌리다, σπείρω.

사도, ἀπόστολος.
사람, ἄνθρωπος, ἀνήρ.
사랑, ἀγάπη.
사랑하다, ἀγαπάω, φιλέω.
사자(使者), ἄγγελος.
산, ὄρος.
살다, ζάω.
삶, ζωή.
상당한, ἱκανός.
생각하다, δοκέω.
생기다, γίνομαι.
서게 하다, ἵστημι.
서기관, γραμματεύς.
서다, ἵστημι(자동사로 되는 시제들에서).
서로, ἀλλήλων.
선생, διδάσκαλος.
선포하다, κηρύσσω; 복음을 선포하다, εὐαγγελίζω.
설득하다, πείθω.
성별하다, ἁγιάζω.
성전, ἱερόν(성역), ναός(성전 건물).
세례주다, βαπτίζω.
세상, κόσμος.
셋, τρεῖς.
소리, φωνή.
소망, ἐλπίς.
손, χείρ.
시(時), ὥρα.
시대, αἰών.
시력을 회복하다, ἀναβλέπω.
시몬, Σίμων.
시작, ἀρχή.
시작하다, ἄρχω의 중간태.
신실한, πιστός.
심판, κρίσις.
심판하다, κρίνω.
쓰다, γράφω.

아니다, οὐ, μή.
아니다(neither . . . nor), οὐδέ . . . οὐδέ, μηδέ. . .μηδέ, οὔτε. . . .οὔτε.
아니라면, εἰ μή, ἐὰν μή.
아들, υἱός.
아래로, κατά －속격.
아래에, ὑπό ＋대격.

아름답다, *καλός*.
아무도 아니다, 아무 것도 아니다, *οὐδείς*, *μηδείς*.
아버지, *πατήρ*.
아이, *τέκνον*.
아직, *ἔτι*.
아직 아니다, *οὔπω*.
악한, *πονηρός*, *κακός*.
안식일, *σάββατον*.
안에(in), *ἐν* +여격.
안으로(into), *εἰς* +대격.
앉다, *κάθημαι*.
않도록, *ἵνα μή*, *μή*.
알다, *γινώσκω*, *οἶδα*.
앞에, *ἐνώπιον*.
야고보, *Ἰάκωβος*.
약 (수를 나타내는 말에서), *ὡς*.
약속, *ἐπαγγελία*.
어느 것, *τις*의 중성.
어느 것이든, *ὅστις*.
어느 누구, *τις*.
어느 때, *ποτέ*.
어느?, *τίς*.
어두움, *σκότος*.
어디에?, *ποῦ*.
어떤 것, *τις*의 중성.
어떤 사람, *τις*; 어떤 것, *τις*의 중성.
어떤 자, *τις*.
어떻게?, *πῶς*.
어린 아이, *παιδίον*.
어린이, *παιδίον*.
어머니, *μήτηρ*.
언제?, *πότε*.
언제든지, *ὅταν*.
얼굴, *πρόσωπον*.
에(at), *ἐπί* +여격.
에게, *πρός* +대격, *ἐπί* +대격; 간접목적어는 전치사 없이 여격으로 표현한다.
여기다, *δοκέω*.
여자, *γυνή*.
여전히, *ἔτι*.
열다, *ἀνοίγω*.
영, *πνεῦμα*.
영광, *δόξα*.
영광을 돌리다, *δοξάζω*.
영원한, *αἰώνιος*.
영원히, *εἰς τὸν αἰῶνα*.
영혼, *ψυχή*.
옆에, *παρά* +여격.
예물, *δῶρον*.
예배하다, *προσκυνέω*.
예비하다, *ἑτοιμάζω*.
예수, *Ἰησοῦς*.
예언자, *προφήτης*.
오다, *ἔρχομαι*, *προσέρχομαι*.
오직, *μόνον*.

오천, πεντακισχίλιοι.
오히려, μᾶλλον.
옥(獄), φυλακή.
올라가다, ἀναβαίνω.
옳다, ἔξεστι(ν).
옷, ἱμάτιον.
왕, βασιλεύς.
왕국, βασιλεία.
왜?, τί.
용모, πρόσωπον.
용서하다, ἀφίημι.
우리의, ἡμέτερος.
원수, ἐχθρός.
원하다, θέλω.
위로하다, παρακαλέω.
위에 놓다, ἐπιτίθημι.
위에(on, over), ἐπί +속격.
위로(above), ὑπέρ +대격.
위하여, ὑπέρ +속격, 또는 여격으로 표현.
유대인, Ἰουδαῖος.
유일한, μόνος.
유혹하다, πειράζω.
육체, σάρξ.
율법, νόμος.
으로, πρός +대격.
은혜, χάρις.
의(義), δικαιοσύνη.
의로운, δίκαιος.
의해서, ὑπό+속격.
이같이, οὕτως.
이것, οὗτος.
이끌다, ἄγω.
이다, εἰμί, γίνομαι.
이로써, οὕτως.
이루다, πληρόω.
이름, ὄνομα.
이므로, γάρ.
이미, ἤδη.
이방인들, ἔθνος의 복수.
일, ἔργον.
일어나게 하다, ἀνίστημι.
일어나다, γίνομαι
일어서다, ἀνίστημι (자동사로 되는 시제들과 중간태에서), ἐγείρω의 수동태.
일으키다, ἐγείρω.
입, στόμα.
있다, παραγίνομαι.

자기 자신의, ἴδιος.
작은, μικρός, ὀλίγος.
잘, καλῶς.
장소, τόπος.
저것(지시사 that), ἐκεῖνος.
적은, ὀλίγος의 복수.
전에(before), πρό +속격.
전해주다, παραδίδωμι.

정결한, καθαρός.
제거하다, αἴρω.
제사장, ἱερεύς.
제외하면, εἰ μή, ἐὰν μή.
제자, μαθητής.
조각, ἄρτος.
조차, καί.
족속, γένος.
존경하다, τιμάω.
종, δοῦλος.
종류, γένος.
좇다, διώκω.
좋은, ἀγαθός, καλός.
죄, ἁμαρτία.
죄인, ἁμαρτωλός.
죄짓다, ἁμαρτάνω.
주(主), κύριος.
주다, δίδωμι.
주위에, περί + 대격.
죽다, ἀποθνήσκω, θνήσκω의 완료.
죽은, νεκρός.
죽음, θάνατος.
죽이다, ἀποκτείνω.
즉시, εὐθέως, εὐθύς.
증거, μαρτυρία.
증거하다, μαρτυρέω.
지금, νῦν.
지나가다, διέρχομαι.
지방, χώρα.
지키다, τηρέω.
지혜, σοφία.
진리, ἀλήθεια.
진실한, ἀληθής.
질문하다, ἐπερωτάω.
집, οἶκος, οἰκία.
징조, σημεῖον.

찾다, ζητέω.
채우다, πληρόω.
책, βιβλίον.
첫째, πρῶτος.
청하다, αἰτέω, ἐρωτάω.
쳐다보다, ἀναβλέπω.
촌, κώμη.
충분한, ἱκανός.
취하다, λαμβάνω.
치료하다, θεραπεύω.

캐묻다, ἐπερωτάω.
큰, μέγας, πολύς.

통치자, ἄρχων.
통하여, διά + 속격.

평화, εἰρήνη.
풀다, λύω.
풀어주다, ἀπολύω.

피, αἷμα.
핍박하다, διώκω.

하기 때문에, ὅτι.
하나, εἷς.
하나님, θεός.
하는 곳(관계부사), ὅπου.
하는 때(관계부사), ὅτε.
하는 자(관계대명사), ὅς.
하늘, οὐρανός.
하다, ποιέω.
하도록, ἵνα, ὅπως.
하인, δοῦλος.
한편으로는 . . . . 다른 한편으로는, μέν. . . . δέ.
할 것이다, μέλλω.
할 때, ὡς.
할 때까지, ἕως.
할 수 있다, δύναμαι.
함께 오다, συνέρχομαι.
함께, μετά +속격, σύν +여격.
합당하다, ἔξεστι(ν).
해야 하다, ὀφείλω.
허락하다, ἀφίημι.
형제, ἀδελφός.
호수, θάλασσα.
혹시...않도록, μήποτε.
회개하다, μετανοέω.
회당, συναγωγή.
후에, μετά +대격.
힘, δύναμις.

III. 영어—헬라어

A certain one, τις; a certain thing, τις의 중성.
Abide, μένω.
Able, am, δύναμαι.
Able, ἱκανός.
About (수를 나타내는 말에서), ὡς.
About, περί +속격.
Above, ὑπέρ +대격.
According to, κατά +대격.
Accordingly, οὖν.
After, μετά +대격.
Again, πάλιν.
Against, ἐπί +대격, κατά +속격.
Age, αἰών.
All, πᾶς, ὅλος.
Alongside of, παρά +대격.
Already, ἤδη.
Also, καί.
Am, εἰμί, γίνομαι.
And, καί, δέ.
And not, οὐδέ, οὔτε, μηδέ.
Angel, ἄγγελος.
Another, ἄλλος, ἕτερος.
Answer, ἀποκρίνομαι.
Anyone, τις.
Anything, τις의 중성.
Apart from, χωρίς.
Apostle, ἀπόστολος.
Appear in history, γίνομαι.
Around, περί +대격.
Arrive, παραγίνομαι.
As, ὡς.
As great as, as much as, as many as, ὅσος.
Ask (a question), ἐρωτάω.
Ask (request), αἰτέω, ἐρωτάω.
Ask a question of, ἐπερωτάω.
At, ἐπί +여격.
At some time, ποτέ.
At the time of, ἐπί +속격.
Authority, ἐξουσία.

Bad, κακός.
Baptize, βαπτίζω.
Be, εἰμί.
Be able, δύναμαι.
Be about (to do), μέλλω.
Be going (to do), μέλλω.
Be willing, θέλω.
Bear, φέρω; γεννάω.

Bear witness, μαρτυρέω.
Beautiful, καλός.
Because, ὅτι.
Become, γίνομαι.
Become present, παραγίνομαι.
Before, πρό +속격.
Beget, γεννάω.
Begin, ἄρχω의 중간태.
Beginning, ἀρχή.
Behold ! (불변사), ἰδού.
Behold(동사), θεωρέω.
Believe, πιστεύω.
Beseech, παρακαλέω.
Beside, παρά +여격.
Better, κρείσσων.
Bless, εὐλογέω.
Blessed, μακάριος.
Blind man, τυφλός.
Blood, αἷμα.
Boat, πλοῖον.
Body, σῶμα.
Book, βιβλίον.
Both . . . and, καί. . . καί.
Bread, ἄρτος.
Break, λύω.
Bring, φέρω.
Bring to, προσφέρω.
Brother, ἀδελφός.
But, ἀλλά, δέ.
By (행위자를 나타낼 때), ὑπό +속격.
By means of, 여격으로 표현.
By the side of, παρά +여격.

Call, καλέω.
Carry, φέρω.
Cast, βάλλω.
Cast out, ἐκβάλλω.
Cause to rise, ἀνίστημι.
Cause to stand, ἵστημι.
Chief priest, ἀρχιερεύς.
Child, τέκνον; little child, παιδίον.
Christ, Χριστός.
Church, ἐκκλησία.
City, πόλις.
Clean, καθαρός.
Come, ἔρχομαι.
Come down, κατέρχομαι.
Come into being, γίνομαι.
Come near, ἐγγίζω.
Come out, ἐξέρχομαι.
Come to, προσέρχομαι.
Come to pass, γίνομαι.
Come together, συνέρχομαι.
Comfort, παρακαλέω.
Command, κελεύω.
Commandment, ἐντολή.

Concerning, περί +속격.
Consecrate, ἁγιάζω.
Considerable, ἱκανός.
Countenance, πρόσωπον.
Country, χώρα.
Crowd, ὄχλος.
Crucify, σταυρόω.

Darkness, σκότος.
Day, ἡμέρα.
Dead, νεκρός.
Dead, am, θνήσκω의 완료.
Death, θάνατος.
Deliver over, παραδίδωμι.
Demon, δαιμόνιον.
Depart, ὑπάγω, ἀπέρχομαι.
Desert, ἔρημος.
Destroy, ἀπόλλυμι, λύω.
Die, ἀποθνήσκω.
Disciple, μαθητής.
Dismiss, ἀπολύω.
Do, ποιέω.
Down from, κατά +속격.
Drink, πίνω.
During, κατά +대격.

Each other, ἀλλήλων.
Ear, οὖς.
Earth, γῆ.
Eat, ἐσθίω.
Encourage, παρακαλέω.
Enemy, ἐχθρός.
Enter, εἰσέρχομαι.
Eternal, αἰώνιος.
Evangelize, εὐαγγελίζω.
Even, καί.
Evil, πονηρός, κακός.
Except, εἰ μή, ἐὰν μή.
Exhort, παρακαλέω.
Experience, πάσχω.
Eye, ὀφθαλμός.

Face, πρόσωπον.
Faith, πίστις.
Faithful, πιστός.
Fall, πίπτω.
Father, πατήρ.
Fear, φοβέομαι.
Few, ὀλίγος의 복수.
Field, ἀγρός.
Fill, πληρόω.
Find, εὑρίσκω.
Fire, πῦρ.
First, πρῶτος.
Five, πέντε.
Five thousand, πεντακισχίλιοι.
Flesh, σάρξ.

Follow, ἀκολουθέω.
Foot, πούς.
For (전치사), 여격으로 표현.
For (접속사), γάρ.
Forever, εἰς τὸν αἰῶνα.
Forgive, ἀφίημι.
Four, τέσσαρες.
From, ἀπό +속격, παρά +속격.
Fulfil, πληρόω.
Full, πλήρης.
Furlong, στάδιον.

Galilee, Γαλιλαία.
Garment, ἱμάτιον.
Gather together, συνάγω.
Gentiles, ἔθνος의 복수.
Gift, δῶρον.
Give, δίδωμι.
Give thanks, εὐχαριστέω.
Give what is owed/promised, ἀποδίδωμι.
Glorify, δοξάζω.
Glory, δόξα.
Go, πορεύομαι, ἔρχομαι, βαίνω.
Go away, ὑπάγω, ἀπέρχομαι.
Go down, καταβαίνω, κατέρχομαι.
Go in, εἰσέρχομαι.
Go out, ἐκπορεύομαι, ἐξέρχομαι.
Go through, διέρχομαι.
Go to, προσέρχομαι.
Go together, συνέρχομαι.
Go up, ἀναβαίνω.
God, θεός.
Good, ἀγαθός, καλός.
Gospel, εὐαγγέλιον; preach the gospel, εὐαγγελίζω.
Grace, χάρις.
Great, μέγας, πολύς.
Greater, μείζων.
Guard, φυλακή.

Hallow, ἁγιάζω.
Hand, χείρ.
Hand over, παραδίδωμι.
Have, ἔχω.
Have mercy upon, ἐλεέω.
He, αὐτός.
Heal, θεραπεύω.
Hear, ἀκούω.
Heart, καρδία.
Heaven, οὐρανός.
Herself (강조), αὐτός의 여성.
Herslef (재귀), ἑαυτοῦ의 여성.
High priest, ἀρχιερεύς.
Himself (강조), αὐτός.

Himself (재귀), ἑαυτοῦ.
Holy, ἅγιος.
Honor (동사), τιμάω.
Hope (동사), ἐλπίζω.
Hope (명사), ἐλπίς.
Hour, ὥρα.
House, οἶκος, οἰκία.
How?, πῶς.

I, ἐγώ.
If, εἰ, ἐάν.
Immediately, εὐθέως, εὐθύς.
In, ἐν +여격.
In behalf of, ὑπέρ +속격.
In front of, ἐνώπιον.
In order that, ἵνα, ὅπως.
In order that not, ἵνα μή, μή.
In the presence of, παρά +여격, ἐνώπιον, ἔμπροσθεν.
Instead of, ἀντί +속격.
Interrogate, ἐπερωτάω.
Into, εἰς +대격.
It, αὐτός의 중성(또는 여성이나 남성으로 표현될 때도 있다).
It is lawful, ἔξεστι(ν).
Itself (강의), αὐτός의 중성(또는 여성이나 남성으로 표현될 때도 있다).
Itself (재귀), ἑαυτοῦ의 중성(또는 여성이나 남성으로 표현될 때도 있다).

James, Ἰάκωβος.
Jesus, Ἰησοῦς.
Jew, Ἰουδαῖος.
Joy, χαρά.
Judge, κρίνω.
Judgment, κρίσις.
Just as, καθώς, ὥσπερ.

Keep, τηρέω.
Kill, ἀποκτείνω.
Kind, γένος.
King, βασιλεύς.
Kingdom, βασιλεία.
Know, γινώσκω, οἶδα.

Lake, θάλασσα.
Land, γῆ
Last, ἔσχατος.
Law, νόμος.
Lawful, it is, ἔξεστι(ν).
Lay down (one's life), τίθημι.
Lay upon, ἐπιτίθημι.
Lead, ἄγω.
Leave, ἀφίημι, λείπω.
Lest, μή.
Lest perchance, μήποτε.

Let go, ἀφίημι.
Letter, γράμμα.
Life, ζωή.
Light, φῶς.
Like, ὅμοιος.
Little, μικρός, ὀλίγος.
Little child, παιδίον.
Live, ζάω.
Lo !, ἰδού.
Loaf, ἄρτος.
Look up, ἀναβλέπω.
Loose, λύω.
Lord, κύριος.
Love (동사), ἀγαπάω, φιλέω.
Love (명사), ἀγάπη.

Make, ποιέω.
Make manifest, φανερόω, δηλόω.
Man, ἄνθρωπος, ἀνήρ.
Manifest (동사), φανερόω, δηλόω.
Manifest, make, φανερόω, δηλόω.
Many, πολύς (in plural).
Marvel, θαυμάζω.
Mercy, have—upon, ἐλεέω.
Messenger, ἄγγελος.
Messiah, Χριστός.
Miracle, δύναμις.
More (부사), μᾶλλον.
More (형용사), πλείων.
Mother, μήτηρ.
Mountain, ὄρος.
Mouth, στόμα.
Much, πολύς.
Multitude, πλῆθος, ὄχλος.
My, ἐμός.
Myself (재귀), ἐμαυτοῦ.
Mystery, μυστήριον.

Name, ὄνομα.
Nation, ἔθνος.
Near (부사), ἐγγύς.
Near, come, ἐγγίζω.
Necessary, it is, δεῖ.
Neither . . . nor, οὐδέ . . . οὐδέ, μηδέ. . .μηδέ, οὔτε. . .οὔτε.
Night, νύξ.
No longer, οὐκέτι, μηκέτι.
No one, nothing, οὐδείς, μηδείς.
Not, οὐ, μή.
Not even, οὐδέ, μηδέ.
Not yet, οὔπω.
Now, νῦν.

On, ἐπί +속격.

On account of, διά + 대격.
On the basis of, ἐπί + 여격.
On the one hand . . . . on the other, μέν. . . . δέ.
One, εἷς.
One another, ἀλλήλων.
One's own, ἴδιος.
Only (부사), μόνον.
Only (형용사), μόνος.
Open, ἀνοίγω.
Or, ἤ.
Other, ἄλλος, ἕτερος.
Ought, ὀφείλω.
Our, ἡμέτερος.
Out of, ἐκ + 속격.
Outside, ἔξω.
Over, ἐπί + 속격.
Owe, ὀφείλω.
Own, one's, ἴδιος.

Parable, παραβολή.
Pay (동사), ἀποδίδωμι.
Peace, εἰρήνη.
People, λαός.
Perish, ἀπόλλυμι의 중간태.
Permit, ἀφίημι.
Persecute, διώκω.
Persuade, πείθω.
Pharisee, Φαρισαῖος.
Piece of bread, ἄρτος.
Pity, ἐλεέω.
Place (동사), τίθημι.
Place (명사), τόπος.
Power, δύναμις.
Pray, προσεύχομαι.
Preach, κηρύσσω; preach the gospel, εὐαγγελίζω.
Prepare, ἑτοιμάζω.
Priest, ἱερεύς.
Prison, φυλακή.
Proclaim, κηρύσσω.
Promise, ἐπαγγελία.
Prophet, προφήτης.
Pure, καθαρός.
Pursue, διώκω.
Put, τίθημι, βάλλω.
Put upon, ἐπιτίθημι.

Question (동사), ἐπερωτάω.

Race, γένος.
Raise up, ἐγείρω.
Rather, μᾶλλον.
Receive, δέχομαι, παραλαμβάνω, λαμβάνω.
Receive one's sight, ἀναβλέπω.
Rejoice, χαίρω.
Release, ἀπολύω.

Remain, μένω.
Remaining, λοιπός.
Repent, μετανοέω.
Rest, the, λοιπός를 보라.
Return, ὑποστρέφω.
Righteous, δίκαιος.
Righteousness, δικαιοσύνη.
Rise, ἀνίστημι(자동사로 되는 시제들과 중간태에서), ἐγείρω의 수동태.
Road, ὁδός.
Rule, ἄρχω.
Ruler, ἄρχων.

Sabbath, σάββατον.
Saint, ἅγιος.
Salvation, σωτηρία.
Same, αὐτός.
Sanctify, ἁγιάζω.
Save, σῴζω.
Say, λέγω, φημί.
Scribe, γραμματεύς.
Scripture, γραφή.
Sea, θάλασσα.
See, βλέπω, ὁράω.
Seek, ζητέω.
Seem, δοκέω.
Send, πέμπω, ἀποστέλλω.
Servant, δοῦλος.
She, αὐτός의 여성.
Show, δείκνυμι, δηλόω.
Sign, σημεῖον.
Similar, ὅμοιος.
Simon, Σίμων.
Sin (동사), ἁμαρτάνω.
Sin (명사), ἁμαρτία.
Sinner, ἁμαρτωλός.
Sit, κάθημαι.
Slave, δοῦλος.
Small, μικρός.
So, οὕτως.
So that, ὥστε.
Soldier, στρατιώτης.
Some one, τις.
Something, τις의 중성.
Son, υἱός.
Soul, ψυχή.
Sow, σπείρω.
Speak, λαλέω.
Spirit, πνεῦμα.
Stadium, στάδιον.
Stand, ἵστημι (자동사로 되는 시제들에서).
Still, ἔτι.
Stone, λίθος.
Straightway, εὐθέως, εὐθύς.
Stronger, ἰσχυρότερος.
Suffer, πάσχω.

Sufficient, ἱκανός.
Synagogue, συναγωγή.

Take, λαμβάνω.
Take along, παραλαμβάνω.
Take away, αἴρω.
Take up, αἴρω, ἀναλαμβάνω.
Teach, διδάσκω.
Teacher, διδάσκαλος.
Temple, ἱερόν(성역), ναός(성전 건물).
Tempt, πειράζω.
Than, ἤ.
Thanks, give, εὐχαριστέω.
That (접속사), ὅτι.
That (지시사), ἐκεῖνος.
The, ὁ.
Then, τότε.
There, ἐκεῖ.
Therefore, οὖν.
Think, δοκέω.
This, οὗτος.
Thou, σύ.
Three, τρεῖς.
Through, διά +속격.
Throughout, κατά +대격.
Throw, βάλλω.
Throw out, ἐκβάλλω.
Thus, οὕτως.
Thy, σός.
Thyself (재귀), σεαυτοῦ.
Time, καιρός(정해진 때), χρόνος(기간).
To, πρός +대격, ἐπί +대격; 간접목적어는 전치사 없이 여격으로 표현한다.
Together, gather, συνάγω.
Tomb, μνημεῖον.
True, ἀληθής.
Truth, ἀλήθεια.
Turn to, turn, ἐπιστρέφω.
Two, δύο.

Under, ὑπό +대격.
Unless, εἰ μή, ἐὰν μή.
Until, ἕως.
Unto, πρός +대격.
Up to, ἕως +속격.

Value, τιμάω.
Village, κώμη.
Voice, φωνή.

Walk, περιπατέω.
Water, ὕδωρ.
Way, ὁδός.
Well, καλῶς.
What?, τίς의 중성.

What sort of?, ποῖος.
Whatever, ὅστις의 중성.
When (관계부사), ὅτε.
When?, πότε.
Whenever, ὅταν.
Where (관계부사), ὅπου.
Where?, ποῦ.
Which (관계대명사), ὅς.
Which?, τίς.
Whichever, ὅστις.
While, ἕως.
Who (관계대명사), ὅς.
Who?, τίς.
Whoever, ὅστις.
Whole, ὅλος.
Why?, τί.
Wicked, πονηρός.
Will, θέλημα.
Willing am, θέλω.
Wisdom, σοφία.
Wish, θέλω.
With, μετά +속격, σύν +여격.
Witness (동사), μαρτυρέω.
Witness (명사), μαρτυρία.
Woman, γυνή.
Wonder, wonder at, θαυμάζω.
Word, λόγος, ῥῆμα.
Work, ἔργον.
World, κόσμος.
Worship, προσκυνέω.
Write, γράφω.
Writing, γραφή.

Year, ἔτος.
Yet, ἔτι.
Your, ὑμέτερος.

찾아보기

찾아보기

(숫자들은 앞에 p. 또는 pp.가 표기되지 않았다면 항목 번호를 가리킨다.)

■ 개정번역자 소개

서울대학교와 장로회신학대학교 대학원에서 수학하였으며, 현재는 비블리카 아카데미아의 연구원장으로 일하고 있다. 역서로는 「구약학 입문」(J. H. 헤이즈), 「데이빗슨 히브리어 문법」(A. B. 데이빗슨) 및 「휠록 라틴어 문법」(F. M. 휠록) 등이 있고, 편저로는 「히브리어 문법 해설」이 있다.

신약성서 헬라어 문법

2002. 1. 2. 제1판 발행
2011. 4. 1. 제2판 2쇄 발행
지 은 이 J. Gresham Machen
개정번역 이 영 근
발 행 인 이 두 경
발 행 처 비블리카 아카데미아
주소 서울특별시 광진구 광장동 114번지 크레스코 빌딩 102호
전화 (02) 456-3123
팩스 (02) 456-3174
홈페이지 www.biblica.net
전자우편 biblica@biblica.net
등록 1997년 8월 8일, 제10-1477호

값은 표지에 기재되어 있음.
ISBN 89-88015-09-6 93790